恶意的消散

校园欺凌调解研究

顾彬彬 著

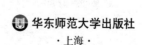华东师范大学出版社
·上海·

图书在版编目(CIP)数据

恶意的消散:校园欺凌调解研究/顾彬彬著.

上海:华东师范大学出版社,2025. —ISBN 978 - 7
- 5760 - 6175 - 8

Ⅰ. G474

中国国家版本馆 CIP 数据核字第 2025XH5303 号

恶意的消散
校园欺凌调解研究

著　者　顾彬彬
策划编辑　彭呈军
责任编辑　吴　伟
责任校对　张　筝　时东明
装帧设计　刘怡霖

出版发行　华东师范大学出版社
社　　址　上海市中山北路 3663 号　邮编 200062
网　　址　www.ecnupress.com.cn
电　　话　021 - 60821666　行政传真 021 - 62572105
客服电话　021 - 62865537　门市(邮购)电话 021 - 62869887
地　　址　上海市中山北路 3663 号华东师范大学校内先锋路口
网　　店　http://hdsdcbs.tmall.com

印　刷　者　上海展强印刷有限公司
开　　本　787 毫米×1092 毫米　1/16
印　　张　14.5
字　　数　204 千字
版　　次　2025 年 8 月第 1 版
印　　次　2025 年 8 月第 1 次
书　　号　ISBN 978 - 7 - 5760 - 6175 - 8
定　　价　52.00 元

出 版 人　王　焰

献给 Anatol Pikas

是你指引着我的方向

教育部人文社会科学研究一般项目"校园欺凌调解研究"（20YJA880010）成果

目　　录

序　言

近年来,校园欺凌一直是公众关注的热点议题、政府关注的焦点,防治校园欺凌甚至被列入《教育强国建设规划纲要(2024—2035 年)》之中。我从事校园欺凌调解研究,出于机缘,受益于多名学者的引领和启发。2013 年,我博士毕业后就到南京师范大学道德教育研究所,跟随高德胜教授做博士后研究。当时,高老师正率领一个团队编写义务教育阶段小学《品德与社会》①教科书。高老师邀我加入,并将四年级下册第一单元的两篇课文交由我负责设计和编写。单元主题是同伴关系,一课从正面讲交友,另一课则聚焦冲突解决②。学生冲突解决教育的研究工作将我引向了职业生涯中一个重要的研究方向——校园欺凌干预。

通过文献搜索,我发现国内最早对校园欺凌问题进行研究的是山东师范大学张文新教授。20 世纪末,张老师在英国谢菲尔德大学访学时,将挪威教授丹·奥维斯(Dan Olweus)的儿童欺凌问卷译成中文,用于研究我国的校园欺凌现象。③ 张老师和他的研究生还将英国人称作"质量环"(quality circle)的反欺凌教育方法引入我国学校,在行动研究中检验其效果④。除此之外,我国很少有人关注欺凌并对欺凌进行

① 2016 年改名为《道德与法治》。

② 道德与法治(四年级上册)[M].北京:人民教育出版社,2019.

③ 张文新,武建芬. Olweus 儿童欺负问卷中文版的修订[J].心理发展与教育,1999(2):8—12,38;张文新,谷传华,王美萍,等.中小学生欺负问题中的性别差异的研究[J].心理科学,2000(4):435—439;王美芳,张文新.中小学中欺负者、受欺负者与欺负-受欺负者的同伴关系[J].心理发展与教育,2002(2):1—5;张文新,王丽萍,宫秀丽,等.儿童对待欺负问题态度的研究[J].心理科学,2002(2):226—227;张文新.中小学生欺负/受欺负的普遍性与基本特点[J].心理学报,2002(4):387—394.

④ 鞠玉翠.学生欺负问题及其干预的研究——采用行动研究法在一所小学中的实践[D]. (转下页)

研究。直到 2016 年，多起校园欺凌事件引发舆论风波和社会关注，校园欺凌才成为我国的一个研究热点。所以，我在 2013—2015 年编写教材草案时，可以参考的国内研究成果甚少，不得不将研究的目光转向国外。

2014 年，我去美国访学，参加道德教育协会（Association for Moral Education，AME）学术年会，在会场上遇见华东师范大学黄向阳教授。当时，我正为反欺凌教材的编写而苦恼。没想到黄老师一听我在研究校园欺凌，立刻表示了极大的兴趣。他给我讲述了他于 20 世纪末在无锡市扬名中心小学所做的研究①，他发现那所小学"大手牵小手""大孩子带小孩子"的传统"助小"活动可以充分满足大孩子在小孩子面前的力量感和存在感，有效地预防学生间"以大欺小"现象的发生。黄老师主张从教育的角度去解决学生间的欺凌问题。从教育的角度解决问题，就不可以抛弃学生，即便他/她是作恶者；从教育的角度解决问题，就是从拯救和重建关系与环境的角度来解决欺凌问题；从教育的角度解决问题，西方一些国家针对欺凌的零容忍措施是不是值得我们效仿就得三思了。

会后，我跟随黄老师拜访了年届 80 却依旧精神矍铄的社会心理学家埃利奥特·阿伦森（Elliot Aronson）教授。临别时，阿伦森教授送给我们一本书：*Nobody Left To Hate：Teaching Compassion After Columbine*②。后来我将这本书翻译成中文，由华东师范大学出版社以《不让一个孩子受伤害》书名出版③。这本书专门针对美国一起因同伴欺凌而起的校园枪杀案进行个案研究，并且向教育界推荐了一种名为"拆拼制"（Jigsaw）的小组合作学习方法，用以对冲弥漫于学校的排他性竞争氛围所造成的恶劣影响。"拆拼制"通过结构性合作学习（学生间互教互学）化解学生间的恩恩怨怨，使课堂里无人可恨。这种别出心裁防治学生欺凌的方法，跟黄老师提及的通过

（接上页）济南：山东师范大学，2000；鞠玉翠，张文新.学生欺负问题的一项干预研究[J].中学教育，2003,8(20):14—16,31.

① 尤仁德，黄向阳."学会关心"研究[M].上海：上海三联书店，2001.

② Elliot Aronson. Nobody Left To Hate: Teaching Compassion After Columbine [M]. New York: W. H. Freeman and Company, 2000.

③ 埃利奥特·阿伦森.不让一个孩子受伤害[M].顾彬彬，译.上海：华东师范大学出版社，2019.

"大手牵小手"的"同伴辅导制"来预防校园欺凌的思路相比,具体做法上多有不同,但基本精神是一致的——两者都是通过教育措施来应对校园欺凌,这对我造成了很大冲击,也给我很多启发。

2016年,我在查阅国外校园欺凌研究文献的过程中,偶然发现了一位名叫阿纳托尔·皮卡斯(Anatol Pikas)的瑞典教授。当时,我并不知道他与奥维斯齐名,是全球校园欺凌研究的先驱。或许正因为这么无知,我才那么无畏地给这位教授写了封邮件,请教他研究中的一些问题。皮卡斯很快就给了我答复。一来一往我们便建立了网络联系,此后几年我们通信不断。在皮卡斯的引领下,我开始尝试用调解的方法来解决校园欺凌问题。皮卡斯的调解方法很特殊,成年人充当调解员的方法名为"共同关切法"(Shared Concern Method)①,学生充当调解员的方法称为"全班参与欺凌调解"(All in the Class Become Mediators,ACBM)②。皮卡斯的调解方法使我联想到了阿伦森的"拆拼制"小组合作学习以及无锡市扬名中心小学"大手牵小手"的"同伴辅导制"。基于这些,我觉察到了校园欺凌干预从"严惩"到"调解"的发展趋势③,并且在上海宝山区教研员毛志峰老师的全力支持下,进行了学生欺凌同伴调解的教学实验。那场实验的成果后来被纳入全国统编教材《道德与法治》小学四年级下册的教师用书中④,作为教材的一种补充。

2018年,我到英国伦敦大学金史密斯学院访学,与皮特·史密斯(Peter K. Smith)教授合作研究校园欺凌。我充当史密斯教授的助手,参加并亲历了他在伦敦开展的为期6周的同伴交涉和同伴调解培训。史密斯所用培训方法叫"质量环",在英国更通俗的称呼为"circle time"或"circle meeting",后来我们把它译为"围谈时间"或"围谈会"。"围谈会"在英美学校有广泛的应用,英国人将其作为培训冲突调解员

① Pikas, A. New Developments of the Shared Concern Method [J]. School Psychology International, 2002,23(3):307 - 326.

② Pikas, A. ACBM Teacher's Manual (Vers. 6th)[EB/OL]. https://www.pikas.se/scm/.

③ 顾彬彬.从严惩到调解:校园欺凌干预取向的演变及趋势[J].教育发展研究,2019(2):54—63.

④ 人民教育出版社课程教材研究所小学德育课程教材研究开发中心.道德与法治教师教学用书(四年级上册)[M].北京:人民教育出版社,2019:272—278.

的一种特殊方法。① 其实，这是一种训练学生社会交往技能的简便易行的独特方法，引进它或许可以开启我国中小学冲突解决教育的新篇章。②

　　这次访学，我最大的收获是赴爱尔兰都柏林参加 2019 年全球第二届"反欺凌论坛"，了解世界反校园欺凌的状况。我们发现半个多世纪以来，对欺凌的研究无非就是两种方向，一种是心理学对欺凌卷入者个体的研究，研究各种变量之间的关系；另一种是更接近教育学的对欺凌关系的研究，研究如何重建同伴关系。我们的研究采取的是后一种方向，即坚定不移地用调解的方法来干预不过分严重的校园欺凌和学生冲突，以期恢复和重建健康的同伴关系和校园氛围，从而杜绝欺凌。我们的研究取向得到了理解和支持，2019 年被列入教育部人文社科研究一般项目③。本书报告的就是该项目的研究成果。

　　为了验证调解法是否可行，以及其效果如何，我们先后在南通、上海等地进行田野研究。本书重点展示两则校园欺凌调解案例。它们再现了校园欺凌的真实样态，不仅显示出校园欺凌的复杂性、欺凌卷入者们的真实心理，也说明为什么惩罚对校园欺凌无效，以及调解法可行。这两个欺凌调解案例，一个是我亲自做的，一个是上海市长宁区教育学院张心怡老师做的。课题立项的时候，张心怡老师还是华东师范大学教育学系的研究生。她的硕士学位论文报告就是一场校园欺凌调解实验，而本书第七章则是在其论文基础上的修改稿。我们在中小学所做的欺凌调解实验都受到皮卡斯共同关切法的影响，但都根据国情和校情以及当事人实情做了调整和修改。

　　皮卡斯的欺凌调解法很特别，他指导我的方法也很特别。他不厌其烦地将他在学校调解欺凌的故事发送给我，告诉我校园欺凌发生的心理机制，教我如何具体地使用"共同关切法"。同时，他也鼓励我把在中国调解学生欺凌的工作写成故事发送给他。他提议我们两个能够共同出一本书，讲述关于校园欺凌调解的故事，用于指导学校老师干预校园欺凌。他连书名都想好了，叫做《新匹克威克传》(*The New Pickwick*

---

① 顾彬彬.围谈会：英国中小学同伴调解训练的一种组织形式[J].上海教育，2023(12)：35—37.
② 顾彬彬.冲突解决教育探索：英式同伴调解述评[J].全球教育展望，2024(5)：64—78.
③ 教育部人文社会科学研究一般课题"校园欺凌调解研究"(20YJA880010)。

Papers）。这显然是在模仿大文豪狄更斯（Charle Dickens）的《匹克威克外传》（*The Pickwick Papers*），试图续写新的调解传奇。

2019 年圣诞节，我们互致问候，相互祝福，然后皮卡斯开始抱怨起他家对面的教堂声音太吵，光线太亮，有碍环保。2020 年圣诞节前夕，我将自己刚刚发表的一篇运用认知失调理论去解释共同关切法程序和效能的文章①翻译成英文传给他，以示敬意。不料皮卡斯意兴阑珊，不置可否，反而问起我关于欺凌调解的故事写得怎么样了——他心心念念的还是我们的《新匹克威克传》何时能成书出版。2021 年圣诞节，我又写邮件问候皮卡斯，却没有得到他的回复。不久，我得到消息，说老人家已于 2021 年 11 月 1 日溘然长逝，享年 93 岁。

我终究未能与这位我崇敬的学者合著成《新匹克威克传》，但愿这本书可聊表我对这位学者的怀念和哀思，也衷心希望皮卡斯发明的"共同关切法"这么好的方法能在中国得到推广和运用，为欺凌者"迷途知返"提供途径和帮助。

---

① 顾彬彬.恶意是怎么消失的？——"共同关切法"与"皮卡斯效应"[J].教育发展研究,2020(22)：
　　65—76.

第一章

校园欺凌的真相

　　这是一个即时通讯、全球信息共享的时代，智能手机广泛应用，自媒体越来越发达，校长和教师们再也难以关门办学了。学校里发生的事情，尤其是校园欺凌之类的负面事件，一经公布就流传甚快、流传甚广、流传甚远。一个地方、一所学校发生欺凌丑闻，往往会让世界各地的人关注到。这就给民众一种印象：校园欺凌越来越频繁，越来越严重，中国中小学校园欺凌也很严重。另一方面，无论是官方，还是民众，都普遍认为校园是最阳光、最安全的地方，就不该发生欺凌之类的恶劣事件。在学校这种专门教育机构中，学生之间发生欺凌事件是一种极其不正常的现象，对此不能姑息纵容，必须零容忍，坚决予以铲除。这些印象和观点是不是合乎事实，是令人怀疑的。校园欺凌的真相究竟如何，需要历史的考察和国际的比较才能查明。

一、同伴欺凌历史久远

　　同伴欺凌自古有之，而非当代新问题。有学者通过文献分析，将欺凌的历史追溯到了英国的维多利亚时代、日本的江户时代、朝鲜的王国时代[1]。其实，同伴欺凌的历史更为久远。我国唐代志怪小说《宣室志》讲述过一则望族子弟长期讥讽辱骂寒门同学的故事。寒门学子忍气吞声多年，最后郁郁而终。这固然属于小说虚构，却反映

---

[1] Koo, H. A Time Line of the Evolution of School Bullying in Differing Social Contexts [J]. Asia Pacific Education Review, 2007,8(1):107-116.

我国唐代私塾里已经存在同伴欺凌现象。

> 有荥阳郑又玄，名家子也。居长安中，自小与邻舍闾丘氏子偕读书于师
> 氏。又玄性骄，率以门望清贵，而闾丘氏寒贱者，往往戏而骂之曰："闾丘氏，
> 非吾类也，而我偕学于师氏，我虽不语，汝宁不愧于心乎？"闾丘子默然有惭
> 色。后数岁，闾丘子病死。
>
> 及十年，又玄以明经上第，其后调补参军于唐安郡。既至官，郡守命假
> 尉唐兴。有同舍仇生者，大贾之子，年始冠，其家资产万计，日与又玄会。又
> 玄累受其金钱赂遗，常与宴游。然仇生非士族，未尝以礼貌接之。尝一日，
> 又玄置酒高会，而仇生不得预。及酒阑，有谓又玄者曰："仇生与子同舍，会
> 宴而仇生不得预，岂非有罪乎？"又玄惭，即召仇生至。生至，又玄以卮饮之，
> 生辞不能引满。固谢。又玄怒骂曰："汝市井之民，徒知锥刀尔，何为僭居官
> 秩邪？且吾与汝为伍，实汝之幸，又何敢辞酒乎？"因振衣起。仇生羞且甚，
> 挽而退。遂弃官闭门，不与人往来。经数月病卒。[1]

相似的情节在古代小说中也多有淋漓尽致的表现，如小说《红楼梦》第九回"恋风
流情友入家塾，起嫌疑顽童闹学堂"。在贾府附学的两名学童秦钟与金荣发生口角，
因学堂先生不在，学童们趁机大打出手，大闹学堂。秦钟是宝玉的好友，而金荣的背
后并没有很大的势力，在宝玉及其奴仆的弹压下，金荣吃了亏。"金荣强不得，只得与
秦钟作了揖。宝玉还不依，偏定要磕头……金荣无奈，只得进前来与秦钟磕头。"本来
作揖也就罢了，算是赔礼道歉。而磕头则有羞辱的意思，这算得上是欺侮。

欺凌存在的另一个佐证是学堂规程。古代教育家办学，明令禁止欺凌。比如明
代教育家吕坤在《社学要略》中提出学中"五禁"，其第五禁即为"禁有恃凌人"。明末
清初教育家颜元制定的"习斋教条"，其中特例"尚和睦"一条，指出"同学之人，长幼相

---

① 张读，裴铏.宣室志·裴铏传奇[M].上海：上海古籍出版社，2012：62.

敬，情义相关，最戒以大凌小，以幼欺长"，违反者将"重责"。石成金在《传家宝》"学堂规条"中也言"不许以大欺小，不许排挤殴打"。相信正是因为私塾中存在欺凌这种现象，所以教育家才会有不许欺凌的禁令。①

日本自古以来就有一种特殊的欺凌形式，叫做"いじめ"（ijime）（现译为"欺凌"）。这种欺凌，最早可追溯到日本江户时期（1603—1868 年）。它被当作一种惩戒或威胁手段，用来孤立和隔离那些古怪不合群的孩子，以告诫他们紧密团结在一起对于个人生存的重要意义②。在家庭或学校中，当某个孩子与群体格格不入时，就使用 ijime 来教育或教训他。通过把这个孩子与其他孩子隔离开，或者告诫儿童群体不要与这个奇怪的孩子玩耍或说话，从而孤立他，逼迫这个孩子就范，以使其融入集体。因为，成人实施 ijime 最良好的目的在于教训不懂事的孩子，使他们懂得要生存下去就要跟其他人紧紧团结在一起③，所以直到 20 世纪 80 年代之前，在日本，ijime 都未被认为是不良行为④，受欺凌者也得不到支持和同情。一项针对 100 名 12—14 岁中学生的调查发现，大多数学生斥责受欺凌者，并认为欺凌是正确的，是为了集体着想。⑤ 直到 1994 年，一个 13 岁男孩因不堪凌辱，在自家的庭院上吊自杀，引起社会公愤，校园欺凌才引起日本社会广泛的关注和谴责。

在西方，同伴欺凌的历史甚至可以追溯到古罗马帝国时期。奥古斯丁（Saint Aurelius Augustinus，354—430）曾经在《忏悔录》里回忆他少年时代就读雄辩术学校的一段经历：他的同学中有些"捣乱鬼"经常恶作剧，"欺侮胆怯的新学生，毫无理由地戏弄他们，取笑作乐"。奥古斯丁厌恶欺凌行为，不参与其中，不和欺凌者同流合污，

---

① 张礼永.教育欺凌的历史镜像学考察[J].教育发展研究，2019(22):78.

② Hendry, J. Becoming Japanese [M]. Honolulu: University of Hawaii. 1996.

③ Sakai, T. Child Welfare in Japan Today [J]. Japan Quarterly, 1985(32):18 - 22.

④ Crystal, D. S. Concepts of Deviance in Children and Adolescents: The Case of Japan [J]. Deviant Behavior: An Interdisciplinary Journal, 1994, 15 (3): 241 - 266. Maniwa, M. The Sociology of Japanese Collectivity(in Japanese)[M]. Tokyo: Kwadeshobo. 1990.

⑤ Akiba, M. Nature and Correlates of Ijime-Bullying in Japanese Middle School [J]. International Journal of Educational Research, 2004,41(3):216 - 236.

却依然"和他们在一起,有时也欢喜和他们结交",道出了旁观者面对同伴欺凌的尴尬和痛苦[1]。此例说明同伴欺凌距今至少有 1 600 多年的历史。可以说,但凡同伴求学一师,同学一室,共戏一处,就不免有同伴欺凌。

在英国,甚至一直就有人认为儿童的天性之中就有欺负同伴的倾向。托马斯·休斯(Thomas Hughes,1822—1893)的小说《汤姆求学记》(1857)生动地描述了英国公学盛行的形形色色恃强凌弱的行为,校方视如常态,任由学生内部自行解决,仅在欺凌产生严重后果时才予以干涉,最后不得不开除一个劣迹斑斑的校园恶霸[2]。实际上,当时英国人对学校中的同伴欺凌更加宽容。人们常常将校园欺凌看作是人性中自然存在的现象,因此没有人将之作为一个"不良行为"来干预。1862 年,英国首次对欺凌作出这样的定义:"一般来说,人性中有欺凌的倾向。这种倾向具有如下显著特点,即具有流荡、振荡、飘荡的特性;不稳定的欲望,跳跃着从一个对象换到另一个对象;但当他们决定了某一对象为欺凌对象后,就会紧紧地跟着,忠实且执着地去欺凌。它们是这个变化无常的世界所拥有的最不会改变的东西。"据《泰晤士报》1885年 4 月 27 日报道:剑桥国王学校一群年长的学生午间休息时热衷于手挽手,以最快的速度冲过学校长廊,以绊倒小同学取乐,致使一名 12 岁男孩倒地受伤,不治身亡。虽然有人投诉,调查委员会却宣称这类欺凌行为可以是男生学校生活的正常部分,因而将此事定性为意外事故,涉事男生一个也没有遭受处罚。由此可见,当时英国人普遍认为同伴欺凌在男生当中是一种可以接受的行为[3]。

直到第二次世界大战之后,欺凌才被当作对人的基本权利和尊严的侵犯而受到关注和研究。在 1948 年和 1949 年,联合国宣布了平等权、生命权、自由权和安全权,提高了人民对自身权利的认识。1948 年,联合国《世界人权宣言》第三条规定:"人人

---

① 奥古斯丁.忏悔录[M].周士良,译.北京:商务印书馆,1996:39.

② Hughes, T. Tom Brown's School Days [M]. Macmillan. 1857.

③ Koo, H. A Time Line of the Evolution of School Bullying in Differing Social Contexts [J]. Asia Pacific Education Review, 2007,8(1):107-116.

有权享有生命、自由和人身安全。"①公众,尤其是在战争中成长的一代人,可能逐渐
意识到任何人都有可能成为仇恨和暴力的目标②,因此公民个体更可能成为暴力的
对象。这些观念的变化,可能让民众产生了对欺凌的关注,将之看作是严重的暴力
行为。③

　　20世纪60年代末和70年代初,斯堪的纳维亚地区首次对欺凌这一现象产生了
浓厚的兴趣。但当时,他们关注和研究的是一种名为"磨兵"(mobbing)的青少年群
体欺凌现象,其与后来在英语世界普遍使用的欺凌(bullying)这一概念有很大的差
别。mobbing是一个德语词汇,表示一群人对一个人的攻击。最早在斯堪的纳维亚
地区使用这个德语词汇的是一位名叫海涅曼(P. P. Heinemann)的校医。mobbing这
个单词最早由动物行为学家用来表示动物间的攻击,指的是一群动物对另一种体型
较大的动物的集体攻击。在德国动物行为学家康拉德·洛伦茨(Konrad Lorenz)的
书中,mobbing也被用来描述一个学校的班级或一群士兵联合起来对抗一个偏离正
道的个体的行为④。但也有人声称⑤,事实上,这个词是由瑞典翻译家斯韦拉·斯霍
兰德(Sverre Sjolander)引入瑞典的。斯韦拉·斯霍兰德本身就是一名行为学家。将
动物的行为迁移到人类的行为上,在人权运动的氛围下,人类的mobbing现象就引
起了人们的关注。1982年,挪威有三名少年因不堪欺凌而自杀,这一事件成为挪威
全国反欺凌运动的导火索。媒体的兴趣、公众的关心,以及早期有关欺凌的研究认为
欺凌是普遍的校园恶性事件而非个别特殊事件,导致了挪威全国3550所学校的反欺

---

① United Nations. Event for Human Rights: Adoption by the General Assembly of the Convention
　on the Prevention and Punishment of the Crime of Genocide [M]. New York: United Nations.
　1948.
② Geen, R. G. , & Donnerstein, E. I. Aggression: Theoretical and Empirical Reviews. Vol. 1.
　Theoretical and Methodological Issues [M]. New York: Academic Press. 1983.
③ Koo, H. A Time Line of the Evolution of School Bullying in Differing Social Contexts [J]. Asia
　Pacific Education Review, 2007,8(1):107 - 116.
④ Lorenz, K. On Aggression [M]. London: Methuen. 1966.
⑤ Lagerspetz, K. M. J. , Björkqvist, K. , Berts, M. , & King, E. Group Aggression among School
　Children in Three Schools. Scandinavian Journal of Psychology, 1982,23(1):45 - 52.

凌运动。半个世纪后,发端于斯堪的纳维亚半岛国家的反校园欺凌运动和研究逐渐扩展至全球。

二、校园欺凌遍及全球

国际上经常组织大规模校园欺凌调查来进行国际比较,掌握各国校园欺凌的发生情况。这类国际调查中比较知名的有"学龄儿童健康行为"(The Health Behaviour in School-Aged Children,HBSC)、"欧盟儿童在线"(EU Kids Online,EUKO)、"全球学校健康调查"(Global School Health Survey,GSHS)、"国际数学和科学学习趋势"(Trends in International Mathematics and Science Study,TIMSS)、"国际学生评估项目"(Programme for International Student Assessment,PISA)。这些调查主要运用量化研究的方法,即借助问卷调查和同伴提名方法,收集数据进行统计,发现有关欺凌的一般情况。

表 1-1　校园欺凌国际调查

调查	调查的国家和地区	调查的时间	调查对象的年龄
学龄儿童健康行为(HBSC)	40 多个国家,大多数是欧洲国家,还包括美国、加拿大和俄罗斯等	从 1993/1994 年开始,每 4 年一次	11 岁、13 岁和 15 岁
欧盟儿童在线(EUKO)	25 个欧洲国家	2010 年	9—16 岁
全球学校健康调查(GSHS)	大约 80 个国家,大部分为发展中国家	不规律	13—17 岁
国际数学和科学学习趋势(TIMSS)	大约 60 个国家和地区	从 1995 年开始,每 4 年一次	4 年级(9—10 岁)和 8 年级(13—14 岁)
国际学生评估项目(PISA)	52 个国家和地区	2015 年	15 岁

  从调查的国家、调查的时间以及调查对象的年龄来看,学龄儿童健康行为(以下简称为 HBSC)研究项目收集的数据较其他数据更为可靠。分析该项目的数据,大致可以看出校园欺凌的全球发展趋势以及地区间的差异。下文就通过分析 HBSC 的调查数据,来考察全球校园欺凌发生的普遍情况。

  HBSC 研究于 1982 年发起。当时,英格兰、芬兰和挪威的研究者商定,共同研制和实施一套研究方案,对在校儿童进行健康行为调查。这项课题在 1983 年得到世界卫生组织欧洲地区办公室重视,被批准为世界卫生组织的一项国际合作研究项目。参与这个项目的主要是欧洲国家,后来推广到北美洲和亚洲。到目前为止,总共有 45 个国家和地区正式参与这项研究。各国各地统一使用国际标准问卷,每 4 年对 11、13、15 岁男女学生进行一轮抽样调查,既调查这三个年龄阶段学生的健康与福利水平,也调查与其健康相关的社会背景及行为习惯(见表 1-2)。其中,社会背景调查涉及学龄儿童的家庭关系、同伴关系和学校环境;行为调查除涉及有助于维护少年健康的基本健康行为外,还涉及一些有损于其健康的典型风险行为[①]。实际上最初的 HBSC 研究主要针对的就是青少年抽烟行为,后来才逐步拓展,把喝酒、吸食大麻、性行为、打架等有害少年学生健康的风险行为纳入调查之中。到 1994 年,校园欺凌也被世界卫生组织视为妨碍学龄儿童健康的风险行为,列为 HBSC 的调查项目[②]。

表 1-2 学龄儿童健康行为(HBSC)分析框架

社会背景	家庭关系:与母亲的沟通,与父亲的沟通,感受到的家庭支持 同伴关系:感受到的同伴支持,与朋友相处的时间(晚上 8 点之前),电子媒介交往——社会媒介 学校环境:喜欢上学,感受到的在校表现,学校作业压力,同班同学支持

---

① Inchley, J., et al. (eds.) Growing up Unequal: Gender and Socioeconomic Differences in Young People's Health and Well-Being. Health Behaviour in School-aged Children (HBSC) Study: International Report from the 2013/2014 Survey. Health Policy for Children and Adolescents, No.7 [R]. Copenhagen: WHO Regional Office for Europe, 2016.

② King, A. et al. (eds.) Health Behaviour in School-Aged Children: A World Health Organization Cross-National Study [R]. Copenhagen: WHO Regional Office for Europe, 1996.

（续表）

健康成果	积极的健康状况：自评的健康状况，生活满意度，多样的医疗投诉 伤病：得到医疗照顾的伤病 体重：超重与肥胖，身材，减肥行为
健康行为	饮食行为：吃早餐，吃蔬菜，喝软饮料，与家人共进晚餐 口腔卫生 身体运动与久坐行为：中等激烈程度的身体运动，看电视
风险行为	抽烟 喝酒 吸大麻 性行为：性交经历，使用避孕套和避孕药 打架 欺凌：被人欺凌和欺凌他人，网络欺凌

（根据《学龄儿童健康行为研究 2013—2014 年度国际调查报告》整理）

从学龄儿童健康出发审视校园欺凌行为，与从教育、心理、社会、司法等角度有所不同。参与 HBSC 研究的学者，不但关注欺凌行为的流行趋势、全球共性、地域特征、文化差异、性别差异、年龄特点，更关注欺凌作为一种风险行为对学龄儿童健康状况的影响。此外，他们还特别关注欺凌与其他风险行为之间的关系，尤其关注欺凌与学生社会经济背景的关联。由于 HBSC 研究致力于同时收集世界各地数十万样本的社会背景、健康成果、健康行为、风险行为等数据，为人们从更加宽广的视野对校园欺凌进行大数据的量化研究提供了便利。

HBSC 研究采用挪威学者奥维斯（Dan Olweus）设计的《奥维斯欺负者/受欺负者问卷》，询问学生最近两个月内在校被人欺负和欺负他人的频次[1]。鉴于青少年欺凌的新动向，2013—2014 年度的国际调查还询问学生最近两个月内在网上被人欺负和欺负他人的频次。

为了让学生能够准确地识别自己被欺负的处境，问卷中特别向接受调查的学

---

[1] Olweus, D. The Revised Olweus Bully/Victim Questionnaire [M]. Bergen: University of Bergen, 1996.

生解释了在何种情况下算是受到了欺负："我们说一个学生受到欺负，指的是另一个学生或一群学生对他说了或做了令其讨厌和不快的事情。如果一个学生被他人以不喜欢的方式反复戏弄，或者被他人故意排挤出某些事情，那也是欺负。"问卷中还向接受调查的学生特别说明了几种不算受到欺负的情况："两个势均力敌的学生发生争执或打架，不算欺负。一个学生被人以友好的、开玩笑的方式戏弄，也不算欺负。"将势均力敌的冲突排除在欺负之外，实际上是要强调欺负是势单力薄的一方受到强势的一方的攻击。而将友好的玩笑排除在欺负之外，是在进一步强调欺负是势单力薄的一方受到强势的一方的恶意攻击。这种说明是为了让接受调查的学生自我报告在校受欺负情况时，既不疏忽被人欺负的情况，也不夸大被人欺负的情况。值得注意的是，上述说明不仅是询问学生在校受欺负频次的指导语，也是接下来询问学生在校欺负他人的频次以及进行网上欺负调查的概念框架。换句话说，HBSC 欺负调查所使用的是从受欺负者立场出发的"欺负"概念，而不是国际学术界早期调查所采用的从欺负者角度界定的"欺负"概念①。从受欺负者的立场出发认定和识别校园欺负行为，似乎已经成为国际惯例②。尽管 HBSC 研究采用《奥维斯欺负者/受欺负者问卷》，既调查学生受人欺负的频次，也调查学生欺负同伴的频次，但近年来研究者们倾向于采用受欺负的数据，去考查各地校园欺凌的现状和变化趋势。

　　《奥维斯欺负者/受欺负者问卷》采取李克特五级量表，询问学生在最近两个月里受欺负的频次。供学生作答的 5 个选项分别是：(1)最近两个月未受欺负；(2)最近两个月受欺负一两次；(3)每个月受欺负两三次；(4)大约每周受欺负一次；(5)每周受欺负好几次。HBSC 研究者将选择后 4 项的人数除以提交有效答卷的总人数，便得到了学生在校受欺负的占比，以此作为评估各国各地校园欺凌情况的基本指标。21 世纪以来，HBSC 开展过 4 次问卷调查，分别有 36、41、41、42 个国家和地区参与调查，

---

① Olweus, D. Aggression in the Schools: Bullies and Whipping Boys [M]. Washington, D. C.: Hemishere Press, 1978.
② 黄向阳.欺负与反抗:个人的经历[J].中国德育,2016(6):19—24.

共有近80万少年学生提交了有效答卷。4次调查报告公布了各地抽查11、13、15岁男生和女生的人数,以及各年段男/女生在校受欺负的比率,根据这些公布的数据可以计算出各地各年段学生(不分男女)和全体学生(不分年段)在校受欺负的比率(见表1-3、表1-4)。

表1-3　全球少年在学校受欺负比率(%)

年度	11 岁		13 岁		15 岁		总计	
	人数	比率	人数	比率	人数	比率	人数	比率
2001—2002	55 503	38	55 987	36	50 816	27	162 306	34
2005—2006	66 707	37	69 954	35	67 873	27	204 534	33
2009—2010	66 349	32	70 685	31	70 300	24	207 334	29
2013—2014	70 293	30	75 385	30	71 941	23	217 619	28
总计	258 852	34	272 011	33	260 930	25	791 793	31

表1-4　2013—2014年度世界各地少年在学校受欺负比率(%)

国家/地区	11 岁(%)			13 岁(%)			15 岁(%)			总计(%)		
	男生	女生	合计	男生	女生	合计	男生	女生	合计	男生	女生	合计
阿尔巴尼亚	29	19	24	21	20	20	18	14	16	22	17	20
亚美尼亚	13	8	11	11	6	8	8	5	6	11	6	9
奥地利	42	33	37	46	39	42	30	27	29	39	32	35
比利时荷兰语区	25	24	25	24	20	22	14	16	15	20	20	20
比利时法语区	60	43	52	54	42	48	47	34	40	54	40	47
保加利亚	41	36	38	36	34	35	31	28	30	36	33	34
加拿大	38	39	39	33	43	38	29	32	31	33	38	36
克罗地亚	19	14	16	21	20	20	14	15	15	18	16	17
捷克	21	17	19	20	18	19	15	16	16	18	17	18
丹麦	28	26	27	18	21	20	14	14	14	20	20	20

（续表）

国家/地区	11 岁（%）			13 岁（%）			15 岁（%）			总计（%）		
	男生	女生	合计	男生	女生	合计	男生	女生	合计	男生	女生	合计
英格兰	33	35	34	30	38	34	30	29	29	31	34	32
爱沙尼亚	48	49	48	42	34	38	27	27	27	39	37	38
芬兰	37	29	33	33	25	29	23	19	21	30	24	27
法国	32	27	30	30	31	30	26	26	26	29	28	28
德国	27	24	25	25	27	26	18	20	19	23	23	23
希腊	16	14	15	23	23	23	18	15	16	19	17	18
格陵兰	38	34	36	39	35	37	27	25	26	34	31	33
匈牙利	40	37	38	32	33	32	18	22	20	31	31	30
冰岛	25	21	23	17	20	19	12	4	8	18	15	17
爱尔兰	25	29	28	27	30	29	25	27	26	26	29	27
以色列	39	20	29	34	18	26	23	10	16	33	16	24
意大利	28	18	23	15	15	15	10	7	8	17	13	15
拉脱维亚	52	53	53	53	56	54	40	42	41	49	50	49
立陶宛	59	56	57	53	56	54	51	48	49	54	54	54
卢森堡	38	38	38	28	32	30	21	26	24	27	30	28
马耳他	36	24	30	30	26	28	21	12	17	30	21	25
马其顿	28	17	23	30	23	27	22	18	20	26	19	23
荷兰	24	29	26	24	23	24	18	17	17	22	23	22
挪威	25	24	24	22	19	21	18	18	18	22	21	21
波兰	36	31	34	33	29	31	27	25	26	32	28	30
葡萄牙	47	36	41	44	38	41	36	33	34	43	36	39
摩尔多瓦	35	32	34	37	39	38	29	35	32	34	35	35
罗马尼亚	39	27	33	39	39	39	33	28	30	37	31	33
俄罗斯	53	49	51	47	38	42	36	35	35	44	39	41
苏格兰	35	42	39	32	41	37	24	28	26	30	37	33
斯洛伐克	33	25	29	28	26	27	24	23	23	28	25	26

（续表）

国家/地区	11 岁(%)			13 岁(%)			15 岁(%)			总计(%)		
	男生	女生	合计	男生	女生	合计	男生	女生	合计	男生	女生	合计
斯洛文尼亚	31	16	24	28	23	25	17	17	17	26	19	22
西班牙	23	16	19	20	13	17	12	10	11	18	13	16
瑞典	14	16	15	12	16	14	7	10	9	11	14	12
瑞士	42	37	40	34	34	34	26	27	27	33	32	33
乌克兰	44	42	43	40	38	39	33	32	32	39	37	38
威尔士	37	37	37	36	44	40	28	36	32	33	39	37
平均(%)	34	30	32	31	30	30	24	23	23	29	27	28

表1-3显示,世界各地每3—4个少年学生中就有1人报告自己最近两个月内在学校遭受过同伴的欺负,其中包括前面提及的4种情况:最近两个月受欺负一两次;每个月受欺负两三次;大约每周受欺负一次;每周多次受欺负。在这4种情况中,又以偶然受到欺负(最近两个月受欺负一两次)占绝大多数。如果把偶然受到的欺负计算在内,校园欺凌在全球范围内就是一种比较普遍的现象。即使在民众性情温和、友善、仁爱的国度里,学校也难以杜绝未成年学生之间的欺负行为。少年学生在校受欺负比率如此之高,使人不由得把欺负和受欺负视为少年儿童在势力不均等的人际关系中学会与人相处的一种难以避免的经历。学校似乎难以根除未成年学生之间的欺负行为,而更可行的做法应该是将学生受欺负的比率控制在一个正常的范围内。

2013—2014年度,42个国家和地区217 619名少年学生对 HBSC 调查提交了有效答卷,统计显示,其中有28%的学生表示自己两个月内在学校至少受到一次欺负(见表1-3)。不妨把28%这个颇具代表性的比率视为学生受欺负率的正常数据,以此作为今后一段时间里各国各地衡量学校欺凌的基本标准。也就是说,学生受欺负的比率在28%以内就属于正常情况。

不过,把第(2)项"最近两个月受欺负一两次"的情况统计在内,所得到的学生在校受欺负比率畸高，偏离人们对校园欺凌的整体印象。为了更加全面和准确地反映学校欺凌状况，HBSC 研究者从一开始调查校园欺凌现象，就把"受欺负"区分为"偶受欺负（occasional victimization）"和"常受欺负（chronic victimization）"两级水平，对校园欺凌现象进行二元描述和分析①。其中，"偶受欺负"相对于"未受欺负"而言，指的是最近两个月受到一次或多次欺负的总体情况，包括第(2)(3)(4)(5)项反映的全部受欺负情况；"常受欺负"相对于"最近两个月受欺负两次或更少"而言，实际上指的是第(3)(4)(5)项反映的受欺负情况。相对来说，学生偶受欺负的比率（按照中文习惯，下文改称"学生受欺负的比率"）反映各地学生受欺负的流行程度，学生常受欺负的比率反映各地学生受欺负的严重程度。

综上所述，HBSC 研究国际调查报告的连续发布，以及相关研究报告的不断发表，推动了校园欺凌评估国际标准的建立和推广。世界各地站在受欺负者的立场上界定和识别欺负行为，统一采用《奥维斯欺负者/受欺负者问卷》进行欺负调查，以学生受欺负的比率去评估各地学生受欺负的流行程度，以学生常受欺负的比率去评估各地学生受欺负的严重程度，使我们有可能对校园欺凌问题进行国际比较以及全球范围内的趋势分析。

三、校园欺凌有明显的国际差异

2013—2014 年，有 42 个国家和地区参与了 HBSC 的国际合作研究。虽然调查所得的数据库尚未对外开放，但世界卫生组织欧洲地区办公室 2016 年初出版了英奇利(J. Inchley)等人主编的《学龄儿童健康行为研究 2013—2014 年度国际调查报告》，又名《在不平等中长大：年轻一代健康与福利的性别差异及社会经济差异》。报告撰写者在分析数据的基础上还进一步提出政策建议，因而被世界卫生组织欧洲地

---

① Currie, C. et al. (eds.) Young People's Health in Context: International Report from the HBSC 2001/02 Survey [R]. Health Policy for Children and Adolescents, No. 4. Copenhagen: WHO Regional Office for Europe, 2004:236.

区办公室列为《少年儿童卫生政策》专辑①。根据这份调查报告所透露的各国接受调查的总人数及各年段调查对象的人数与受欺负比率,我们可以推算出各国少年总体在校受欺负的比率(见表1-3和图1-1),从中可以观察和分析校园欺凌的国际差异和地域特征。

在所有参加调查的国家和地区中,立陶宛的校园欺凌现象最为严重,5 730名接受调查的少年学生中,超过半数(54%)的学生表示过去两个月里,在学校至少受到过一次欺负。亚美尼亚的校园欺凌最为轻微,3 679名调查对象报告过去两个月里,在学校受过一次或多次欺负的不到一成(9%)。也就是说,在校园欺凌严重的国家,学生在校受欺负率是欺凌最轻微国家的6倍。这说明校园欺凌虽然是一种全球普遍现象,但国际差异悬殊。

除立陶宛外,拉脱维亚、比利时法语区、俄罗斯、葡萄牙、爱沙尼亚、乌克兰、威尔士、加拿大、奥地利、摩尔多瓦、保加利亚、罗马尼亚、苏格兰的校园欺凌也比较严重,这些国家和地区少年在校受欺负比率在1/2到1/3之间。校园欺凌居于平均水平的国家和地区有瑞士、格陵兰、英格兰、匈牙利、波兰、法国、卢森堡、爱尔兰、芬兰、斯洛伐克、马耳他,这些国家和地区少年在校受欺负率在1/3到1/4之间。校园欺凌情况比较轻微的国家和地区有以色列、德国、马其顿、荷兰、斯洛文尼亚、挪威、比利时荷兰语区、丹麦、阿尔巴尼亚,这些国家和地区少年在校受欺负率在1/4到1/5之间。校园欺凌情况轻微的国家,除亚美尼亚外,还有瑞典、意大利、西班牙、冰岛、克罗地亚、捷克、希腊,这些国家和地区少年在校受欺负率低于1/5。

总的来说,东欧的校园欺凌现象最为严重,立陶宛、拉脱维亚、俄罗斯、爱沙尼亚、乌克兰学生受欺负率分别排名世界第一、第二、第四、第六、第七。唯一的例外是亚美尼亚,在一群少年受欺负率畸高的东欧国家中,成了世界上受欺负率最低的国家,显

---

① Inchley, J., et al. (eds.) Growing up Unequal: Gender and Socioeconomic Differences in Young People's Health and Well-Being. Health Behaviour in School-aged Children (HBSC) Study: International Report from the 2013/2014 Survey. Health Policy for Children and Adolescents, No.7 [R]. Copenhagen: WHO Regional Office for Europe, 2016.

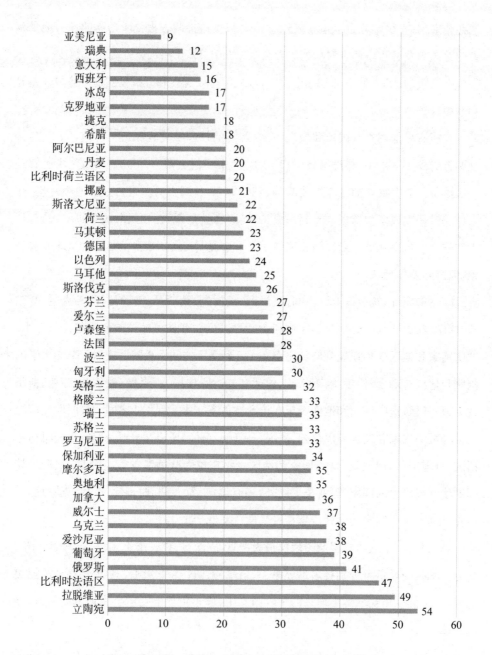

图1-1　2013—2014年世界各地少年受欺负率(%)排行榜

得格外特别。此外，比利时法语区少年受欺负率也畸高(47%)，与荷兰语区受欺负率低(20%)形成鲜明的对比,与法国的少年受欺负率(28%)高于荷兰(22%)有着某种对应关系。但是,这似乎并不是一种简单的对应。法国的少年受欺负率高于荷兰6个百分点,比利时法语地区的少年受欺负率却高于荷兰语区27个百分点。

校园欺凌情况轻微的则是一些南欧国家(意大利、西班牙、克罗地亚、希腊)和北欧国家(瑞典、冰岛)。此外,中欧的捷克也是一个少年受欺负率低(18%)的国家,与邻国奥地利(35%)、斯洛伐克(26%)、波兰(30%)、德国(23%)形成鲜明对比。

四、21世纪以来,少年在校受欺负率呈下降趋势

广泛的国际合作与多年的数据积累,让大家有机会从全球的视野去观察和分析校园欺凌现象的年龄特征、性别特征以及在时间上的变化趋势,从中可以细致地了解校园欺凌的真相。

早在2009年,就有人分析和报告过世纪之交(1994—2006年)欧美少年欺负行为的变化趋势①。2015年,又有学者对HBSC研究中33个国家和地区的数据进行二元逻辑回归分析,考察它们21世纪前10年内在校儿童受欺负的变化趋势②。另有报告专门分析意大利这10年来校园欺凌的变化趋势③。后两份报告都显示,近10年来,少年学生在校受欺负的比率总体上呈持续下降趋势。

总之,学生在校受欺负比率下降,校园欺凌现象日趋缓和,这是大势所趋,个中原因却有待查明。但大势之下不乏例外,个别国家逆流而动,特别是捷克和匈牙利,

① Molcho, M., et al. Cross-National Time Trends in Bullying Behavior 1994 - 2006: Findings from Europe and North America [J]. International Journal of Public Health, 2009 Sep; 54 (Suppl 2):225 - 234.

② Chester, K. L., Callaghan, M., Cosma, A., Donnelly, P., Craig, W., Walsh, S., & Molcho, M. Cross-national Time Trends in Bullying Victimization in 33 Countries among Children Aged 11,13 and 15 from 2002 to 2010 [J]. European Journal of Public Health, 2015, 25(Supp2):61 - 64.

③ Vieno, A., et al. Time Trends in Bullying Behavior in Italy [J]. Journal of School Health, 2015,85(7):441 - 445.

这两个国家少年学生在校受欺负比率虽然低于国际平均水平(28%)，却在缓慢而持续地上升。波兰和俄罗斯这两个校园欺凌比较严重的国家，前半程出现好转，后半程又强烈反弹。英格兰、苏格兰、拉脱维亚等国的校园欺凌最近也显露反弹迹象，葡萄牙、瑞典、加拿大、爱尔兰等国的女生受欺负比率最近也有升高。这些与大趋势不一致的现象，都值得深入研究、系统分析，以便从中吸取经验教训。

五、少年在校受欺负率随年龄增长而下降

表1-3显示，2013—2014年度接受HBSC调查的11、13、15岁少年中，近两个月内在校受到同伴欺负的比率分别为32%、30%、23%。总体而言，全球少年学生在校受欺负率是随着年龄增长而下降的。稍细观之，少年受欺负率在11岁达到峰值，此后两年平稳下降，13岁之后急剧下降。仔细观察，参与调查的42个国家和地区中有26个完全明显呈现上述变化趋势，但也不难发现在这个全球总的变化趋势之下有不少例外。例如，奥地利、克罗地亚、德国、希腊、格陵兰、爱尔兰、拉脱维亚、马其顿、摩尔多瓦、罗马尼亚、斯洛文尼亚、威尔士这12个国家和地区，少年在校受欺负的比率到13岁才达到峰值，此后迅速下降。又如，捷克、英格兰、法国、葡萄牙11岁学生和13岁学生在校受欺负比率近乎等值，就是说这4个国家和地区少年受欺负率在11—13岁这段时间相当平稳，13岁之后才急剧下降。

上述受欺负率随年龄增长而下降的趋势，还存在着性别上的细微差异。表1-4最后一行的数据显示，11、13、15岁男生在校受欺负率依次为34%、31%、24%；女生在相应年龄阶段受欺负率则分别是30%、30%、23%。首先，男生在11—15岁期间受欺负率下降了10个百分点，女生下降7个百分点，显示出男生随着年龄增长比女生更快摆脱受欺负境地的趋势；其次，男生受欺负率的峰值出现在11岁，女生的峰值持续到了13岁。

表 1-5 世界各地学生在校受欺负比率的变化趋势(2001—2014 年)

国家/地区	男生(%)				女生(%)			
	2001—02	2005—06	2009—10	2013—14	2001—02	2005—06	2009—10	2013—14
奥地利	47.7	45.7	45	39	41.2	36	35.9	32
比利时荷兰语区	32.8	25.1	31.2	20	27.7	22.4	28.2	20
比利时法语区	50.5	56.2	59.7	54	33.6	39	42.5	40
加拿大	38.4	35.6	36.4	33	37	34.7	37.9	38
克罗地亚	28.4	21.2	18.2	18	20.8	18.8	15.9	16
捷克	17.2	17	16	18	14.9	15.5	15.1	17
丹麦	31.3	24.3	19.9	20	32.1	24.9	20	20
英格兰	38.1	30.3	27	31	34.8	26.8	28.1	34
爱沙尼亚	46.5	48.2	43.6	39	42.4	42.7	38.3	37
芬兰	27.1	27.4	32.6	30	21	22	28.6	24
法国	34.3	33.3	34.1	29	36	35.1	33.9	28
德国	39.5	35.7	31.5	23	33.8	32.9	28.5	23
希腊	26.4	51.8	29.3	19	22.5	51.7	25.9	17
格陵兰岛	40.5	49.1	39.6	34	45.9	52.4	36	31
匈牙利	22.7	24.2	29.2	31	23.8	26.1	25.1	31
爱尔兰	28.8	26.7	28.4	26	23.6	25.2	26.2	29
意大利	31	26.2	13.8	17	25.4	18.3	8.4	13
拉脱维亚	52.3	50.3	47.8	49	44.8	46.5	45.5	50
立陶宛	65	56.4	55.2	54	63.6	56.2	52.8	54
马其顿	30.6	30.6	26	26	25	21	16.1	19
荷兰	32.2	28.3	26.8	22	27.3	25.3	22.6	23

（续表）

国家/地区	男生（%）				女生（%）			
	2001—02	2005—06	2009—10	2013—14	2001—02	2005—06	2009—10	2013—14
挪威	35	29.5	27.6	21	29.7	23.1	25.3	21
波兰	33.2	31.2	31.7	32	27.3	21.3	21.3	28
葡萄牙	55.6	46.2	43.8	43	44	37.5	31.9	36
俄罗斯	40.4	35.5	37.6	44	35.1	34.3	36.3	39
苏格兰	27.8	26.6	23.8	30	30.1	26.3	23.3	37
斯洛文尼亚	21.8	27.2	21.8	26	23	22.3	19	19
西班牙	27.5	16	18	18	24.7	11.4	10.8	13
瑞典	15.2	15.7	12.4	11	14.7	13.6	12.4	14
瑞士	42.3	41.5	39.2	33	38.7	34.3	33.4	32
乌克兰	50	49.4	43.2	39	48.1	50.4	45.3	37
威尔士	28.6	30.1	29.7	34	30.6	31.7	26.7	39

综上所述，各国各地少年受欺负率是在 11—13 岁达到峰值，13 岁之后急剧下降；全球少年学生在校受欺负率总的趋势是随着年龄增长而下降，根据这个趋势可以推测（因为缺 15 岁之后的数据），总体而言多数少年学生从 15 岁起会逐渐摆脱同伴欺凌的困扰。

六、男生受欺负率高于女生，但随年龄增长而逐渐接近女生

2013—2014 年度调查显示，阿尔巴尼亚等 26 个国家和地区男生在校受欺负率高于女生；英格兰、威尔士、爱尔兰、加拿大、荷兰、斯洛伐克、卢森堡、拉脱维亚、摩尔多瓦、瑞典这 10 个国家和地区则相反，女生在校受欺负率高于男生；德国、荷兰、比利时语地区、匈牙利、丹麦、立陶宛这 6 个国家和地区，男女生在校受欺负率大致相当。

总体而言,接受调查的男生在校受欺负率(29%)略高于女生(27%)。

　　受欺负率的性别差异在各个年龄阶段又表现各异:亚美尼亚等 16 个国家和地区 11、13、15 岁男生均高于女生;英格兰、苏格兰、爱尔兰、加拿大、拉脱维亚、瑞典这 6 个国家和地区反之,3 个年段都是女生高于男生。意大利、希腊、罗马尼亚、瑞士、冰岛、立陶宛 11 岁男生高于女生,13 岁男生与女生持平,甚至反而低于女生,但到 15 岁恢复成男生高于女生。荷兰 11 岁女生高于男生,13 岁发生逆转,男生高于女生;克罗地亚、捷克、比利时荷兰语地区、德国、匈牙利、摩尔多瓦、卢森堡、威尔士,11 岁男生高于女生或与女生持平,但在 13 岁或 15 岁发生逆转,女生高于男生。挪威和斯洛文尼亚 11 岁和 13 岁男生高于女生;丹麦和法国 11 岁男生高于女生,13 岁反过来女生高于男生;爱沙尼亚则 11 岁女生高于男生,13 岁反过来男生高于女生;但这 5 个国家男女学生到了 15 岁在校受欺负率都大致相当。尽管情况复杂,但各个年龄阶段男生的受欺负率总体而言高于女生,在 11 岁高出 3 个百分点,在 13 岁和 15 岁高出 1 个百分点。

　　总而言之,男生在校受欺负率高于女生,并随着年龄的增长逐渐接近于女生,甚至出现男生受欺负率低于女生的逆转。相对而言,女生中最常发生的欺凌是关系性的间接欺凌,男生中更常见的是直接欺凌。现有的数据似乎在提示我们,间接性欺凌给人造成的困境不同于直接性欺凌。随着学生年龄的增长和社会性的发展,间接欺凌的手段会变得更加精致,更加隐蔽,也就更加难以摆脱和克服。

七、对校园欺凌防范的启示

　　根据世界卫生组织 HBSC 研究团体的国际调查报告提供的基础数据,进行校园欺凌的国际比较研究和全球趋势分析,在一定程度上揭示了校园欺凌的真相,可以为我们认识和理解我国校园欺凌的现状和趋势提供某些见识和启示,甚至能帮助我们纠正对校园欺凌的某些刻板印象。

　　近年来,我国校园欺凌的恶性事件不断曝光,引起全社会重视的同时,也不断地加剧社会焦虑。各种媒体推波助澜,以极端个案妄言学校现状,使得民众有了越来越强烈的印象,认定我国校园欺凌现象日益严重,现状堪忧。可是,从全球范围看,校园欺凌现象在最近十多年里是在逐渐下降的。凭什么断言我国校园欺凌现象日趋严重呢?就算我国校园欺凌的发生率在逐年提高,其严重程度到了异常水平吗?如前所述,最近一次国际调查表明全球少年学生中有 28% 的人两个月里在学校至少受过一次欺负。平均下来 3—4 人中有 1 人在学校偶尔受到欺负,可谓全球常态。我国少年在校受欺负的比率超过这个常数了吗?没有调查,就没有资格妄断;没有与国际对接的调查和比较,就难作准确判断。

　　我国学者自行开展的一些调查已经查明,相对来说,我国小学欺凌现象最严重,而高中则显得不严重。这个结论容易将校园欺凌的干预重点引向小学。我们似乎并没有在意从小学欺凌严重到高中不严重这种变化是从何时发生的。HBSC 调查表明,少年期才是校园欺凌变化的关键期,学生受欺负率在 11—13 岁达到峰值,到 15 岁开始急剧下降。因此,校园欺凌干预的重点应该放在 11—13 岁的少年群体上,也就是放在小学高年级与初中低年级学生身上。鉴于校园欺凌是一种普遍的全球现象,更鉴于从 15 岁开始,少年学生受欺负率会急剧下降的普遍事实,对于少年学生偶尔受到轻微的欺负或轻微地欺负同伴似乎宜持稍微宽容一些的态度。欺负与被欺负是势力不对等的双方在互动过程中发生的一种不幸,却往往是少年学生在学会与比自己强势或弱小的同伴进行公平交往过程中难以避免的经历。需严加管控,防止严重欺凌的发生,降低常受欺负的比率,但对偶然发生的轻微欺负行为不宜大惊小怪、小题大做。有人呼吁在校园里彻底铲除欺凌行为,其意甚善、精神可嘉,却不现实。

　　我国以往的多数调查表明,男生比女生更多地卷入校园欺凌事件,因而倾向于更加重视男生欺负和受欺负的防范和干预。可是在近年来披露的校园恶性欺凌事件中,卷入者多为少女。这种新动向引起社会的格外关切。这种新关切得到了国际调查数据的支持。世界卫生组织公布的 HBSC 国际调查数据表明,男生受欺负的比率虽然总的来说高于女生,但是随着年龄增长逐渐接近于女生,有些国家和地区 15 岁男生的在校受欺负率甚至低于女生;男生受欺负率的峰值出现在 11 岁,女生的这一峰值却从 11 岁持续到 13 岁。这些发现提示我们要针对受欺负的性别差异制定不同的保护和干预计划，尤其需要突破传统的思维定势，更多地关注 11—13 岁的少女群体，帮助和指导她们防范校园欺凌。

从 HBSC 公布的国际调查数据中，我们发现了一些非常有意思的现象，值得进一步分析和研究。例如，为什么南欧和北欧少年学生在校受欺负率相对较低，东欧却非常高？东欧校园欺凌那么严重，为什么偏偏亚美尼亚会是个例外，成为世界上学生受欺负率最低的国家？同样地，为什么捷克这么幸运，邻国学生受欺负率都比较高，它却那么低？希腊总的来说学生受欺负率也相当低，可为什么在 2005—2006 年突然大幅度提高？同在一个国家，为什么比利时荷兰语地区学生受欺负率比较低且呈明显下降趋势，而法语区学生受欺负率特别高且呈上升趋势？这些地域特征和国别差异是社会、经济、文化、传统或国民性导致的吗？同样是对校园欺凌采取了大规模干预措施的北欧国家，为什么瑞典的受欺负率明显低于挪威和芬兰呢？这是否说明，校园欺凌干预措施究竟在哪些部分发生作用还需要更为细致的实证研究？如果能够找到这些问题的部分答案，我们对于校园欺凌的认识会更加深入，从而有助于我们找到理解和对付校园欺凌的思路和办法。

还有一个更加根本的问题需要讨论。前面利用世界卫生组织公布的基础数据，分析了少年学生在校受欺负的年龄特征和变化趋势。这些数据一般都被解释为少年学生受欺负的客观事实的变化，但数据显示的也可能是少年主观感受的变化。当然，也有可能两者兼而有之。在 HBSC 研究所使用的调查问卷中，虽然对欺负和受欺负作了尽可能详细的说明，以防调查对象疏忽或夸大校园欺凌现象，但是，让学生自我报告欺负和受欺负的频次，还是不免会受到报告者本人对欺负本身理解的影响。11 岁少年与 15 岁少年相比，各自眼中的欺负可能并不完全一致，因而对自己是否欺负他人或受人欺负所作的判断可能存在差异。随着年龄的增长，少年或许更加能够识别出真正的欺负，因而在答卷时将一些不属于欺负的同伴攻击行为排除在外。这样一来，他们报告的欺负和受欺负的频次就会锐减。

第二章

校园欺凌的界定与甄别

　　"欺凌"是一个社会建构的概念,其外延和内涵有一个演变的过程。它最初仅指身体欺凌,后来逐渐扩大到言语欺凌,并且从直接欺凌扩大到间接欺凌(关系欺凌或社交欺凌)。随着欺凌概念的外延不断扩大,欺凌的判断标准却越来越严格,从最初突出欺凌当事人之间的力量不均衡关系,到同时强调欺凌者伤害受欺凌者的主观恶意,并且聚焦于受害者因欺凌而无力自保的精神痛苦。这些标准指导着人们从校园内发生的诸多疑似欺凌中识别出真实的或确实的欺凌,防止了校园欺凌的扩大化,这一方面可以使学校的干预更加精准到位,另一方面也能使校园欺凌的预防更具远见——前移到对学生间嬉笑、打闹、戏耍、捉弄、恶作剧等疑似欺凌现象的干预上来。

一、校园欺凌的定义

　　校园欺凌虽然是一种常见的现象,识别起来却相当不容易。从校园欺凌的防范上说,实践界需要一套界定欺凌的标准;从校园欺凌及其干预的研究上说,理论界也需要一个边界清晰的定义。学术界从开始研究欺凌,就在不断地界定欺凌的概念。目前理论界普遍采用的是奥维斯关于欺凌的定义。其实,奥维斯对欺凌的定义在研究中也发生过变化。他在1978年出版的第一本关于欺凌的著作中,这样定义男孩子的欺凌:"一个欺凌者是一个经常压迫或骚扰其他人的男孩,他骚扰的目标有男有女,骚扰是身体上或心理上的。"①

---

① Olweus, D. Aggression in the Schools: Bullies and Whipping Boys [M]. Washington, D. C.: Hemishere Press, 1978:35.

最早研究欺凌的人据说是海涅曼（Peter-Paul Heinemann），他在 1972 年出版的著作《围攻》（*Mobbing*）中将欺凌定义为"一群人对一个人或一群人的攻击"。他认为欺凌者是正常人而不是异常人，他们在某种特殊的环境下进行欺凌。奥维斯采用了海涅曼的理论工作，但对海涅曼提出的欺凌的本质表示质疑，他试图区分欺凌卷入者的不同角色。奥维斯想要更准确地确定那些实施欺凌的人，以及那些对欺凌负主要责任的人。海涅曼感兴趣的是理解什么样的特殊环境使欺凌更容易发生，奥维斯的重点在卷入者的行为特征上。不管是海涅曼还是奥维斯，最初关于欺凌的定义都非常粗糙，但我们从中还是可以看出定义指向不同的研究方向。

从这两个概念还可以看出以下两点：第一，欺凌的概念来自攻击的概念，欺凌是一种特殊形式的攻击。所以从一开始，对欺凌研究的进展就与对攻击研究的进展密切相关；第二，奥维斯关于欺凌的早期定义已经注意到欺凌的方式既有加诸人身体的，又有加诸人心理的。对加诸人心理的欺凌形式和后果的研究，成为之后研究发展的方向。

欺凌的概念来自攻击的概念，也长期随攻击概念的变化而变化。如比约克韦斯特（Björkvist）等这样定义欺凌："我们将欺凌看作是一种特殊的攻击，它的本质是社会的。它只在小社会群体中出现（如学校班级和军队），群体中的成员每天见面。"①罗兰（Roland）这样定义欺凌："长期和系统地使用暴力，在身体或心理上攻击某个在现实处境中无法保护自己的人。"②

因此，我们有必要对攻击、暴力和欺凌这三个概念进行明确区分。根据帕克（Parke）和斯拉比（Slaby）的定义，攻击是指以伤害或侮辱他人或群体为目的的行为③。攻击是一个广义的概念，包含多种形式，其中欺凌和暴力都属于攻击的分支。

---

① Björkvist, K., Ekman, K. and Lagerspetz, K. Bullies and Victims. Their Ego Picture, Ideal Ego Picture and Normative Ego Picture [J]. Scandinavian Journal of Psychology, 1982,23(4): 307-313.

② Roland, E. Familial and School Determinants of Bullying in School. Contact: Stavanger College of Education, cited in Besag, B. Bullies and Victims in Schools [M]. Milton Keynes: Open University Press, 1989.

③ Parke, R.D., & Slaby, R.G. The Development of Aggression [C]. In P. Mussen （转下页）

攻击与欺凌之间存在一定的重合，即两者都涉及意图伤害的行为，或者说都是可能对他人造成伤害的行为。然而，根据相关研究，攻击与欺凌的区别在于：欺凌的一个关键特征在于被欺凌者"无法保护自己"。这一特征揭示了欺凌者与被欺凌者之间的力量不对等关系，即欺凌者通常处于强势地位，而被欺凌者则处于弱势地位。因此，欺凌可以被定义为：当双方力量存在明显不对等时，强势一方对弱势一方实施的、旨在伤害对方的攻击行为。而在一般的攻击行为中，双方的力量可能是对等的。基于此，攻击与欺凌的核心区别在于：欺凌总是发生在力量不对等的双方之间，且被欺凌者难以有效保护自己。正因如此，法灵顿（Farrington）将欺凌定义为："一个更强大的人从身体上或心理上反复压迫一个相对弱小的人。"[1]

暴力也是攻击的一个子集。世界卫生组织对暴力的定义是：有目的地使用身体和心理的力量与权力威胁或伤害自己、他人或一个组织、团体，导致伤害、死亡、心理伤害、发展受阻或剥夺。

暴力与欺凌的共性在于：都是故意伤害别人，都是有害的或破坏性的。意外的损害或伤害通常既不是暴力也不是欺凌。严重的欺凌就是暴力。夏普（Sharp）和史密斯（Smith）对欺凌的定义与暴力更为接近，他们说欺凌就是"力量的系统滥用"[2]。

早期心理学对攻击行为的研究主要在两个方向上发展：一是攻击的类型；二是儿童攻击行为的发展，这也相应决定了欺凌的类型和欺凌的年龄发展规律。

攻击的类型可分为直接攻击和间接攻击。间接攻击指"一种有害的行为，目标个体不是在身体上或直接地通过口头胁迫遭受攻击，而是通过社会操纵这样一种迂回的方式遭受攻击"。[3] 反之，则是直接攻击。间接攻击注意避免被发现或报

（接上页）(Series Ed.) & E. M. Hetherington (Ed). Handbook of Child-Psychology. Vol. 4. Socialization, Personality, and Social Development (4th), New York: Wiley,1983:547－641.

① Farrington, D. Understanding and Preventing Bullying [C]. In M. Tonry (Ed.), Crime and Justice: a Review of Research. Vol.17. Chicago: University of Chicago Press, 1993.

② Smith, P.K. and Sharp, S. (ed.). School Bullying-Insights and Perspectives [M]. London: Routledge, 1994.

③ Kaukiainen, A., Björkqvist, K., Lagerspetz, K., Osteman, K., Salmivalli, C., （转下页）

复[1]。攻击类型还可分为身体攻击、言语攻击和关系攻击或社会攻击。其中,身体攻击与言语攻击可以看作是直接攻击,关系攻击或社会攻击可以看作是间接攻击。所谓关系攻击是指"使用行为破坏关系或威胁解除关系,以此作为伤害的手段"[2]。社会攻击是一个更广泛的结构,典型地包括大多数相关的和间接的攻击行为,以及非言语攻击(例如卑鄙的眼神和翻白眼)和口头侮辱,关注的是对受害者自尊和社会地位的损害。有学者将社会攻击定义为"一种直接损害他人自尊、社会地位或两者兼而有之的攻击"[3]。间接攻击对自尊和社会地位的关注,以及关系攻击和社会攻击对特定非语言指标的识别,是对攻击定义的新颖和独特的贡献。

儿童攻击的发展首先从蹒跚学步期的身体攻击开始,发展到相对明显的童年早期的口头攻击、社会攻击和关系攻击,然后到童年中期和青少年早期精致的、具有掩饰性的攻击形式,再到青少年后期和成人阶段,攻击行为则会普遍下降。攻击模式的年龄发展差异与认知发展和口头技能发展更为相关。

从攻击行为与性别的关系来看,普遍存在一种观点认为男孩比女孩更具攻击性,但这种结论主要基于对身体攻击行为的观察。如果进一步考察非身体攻击形式,情况则更为复杂。柯瑞克(Crick)等人指出,以往的研究表明,男孩更倾向于通过身体攻击和语言攻击来伤害他人,例如殴打、推搡或威胁他人[4]。这些行为与男孩所重视的工具性目标和身体支配性目标相一致。然而,这些行为在大多数女孩中并不突出。

(接上页)Rothberg, S., et al. The Relationship between Social Intelligence, Empathy, and Three Types of Aggression [J]. Aggressive Behavior, 1999,25(2):81 – 89.

① Björkquist, K. L., Lagerspetz, K. M. J., & Kaukainen, A. "Do Girls Manipulate and Boys Fight? Developmental Trends in Regard to Direct and Indirect Aggression" [J], Aggressive Behaviour, 1992,18(2):117 – 127.

② Crick, Nicki R. and Grotpeter, Jennifer K. Relational Aggression, Gender, and Social-Psychological Adjustment [J]. Child Development, 1995,66(3):711.

③ Galen, B. R., & Underwood, M. K. A Developmental Investigation of Social Aggression among Children [J]. Developmental Psychology, 1997,33(4):589.

④ Crick, Nicki R. and Grotpeter, Jennifer K. Relational Aggression, Gender, and Social-Psychological Adjustment [J]. Child Development, 1995,66(3):710 – 722.

相比之下，女孩更关注社会互动中的关系问题，例如与他人建立亲密联系。因此，柯瑞克等人提出，女孩的攻击性行为与其社会关注点相一致，尽管其表现形式与男孩不同。具体而言，女孩更可能通过关系攻击来伤害他人，即通过有意破坏他人的友谊或同伴关系来实现伤害目的。例如，女孩可能会通过排斥（如将他人排除在游戏群体之外）、拒绝建立友谊或散布谣言等方式，使同伴被孤立。研究结果表明，女孩更倾向于通过关系攻击伤害同伴（即通过操纵和破坏同伴关系来达到伤害目的），而男孩则更倾向于通过公开攻击（如身体攻击、口头威胁或使用工具恐吓）来伤害他人。

心理学界对欺凌的研究紧随有关攻击行为的研究之后。研究攻击行为的学者也研究欺凌问题，并对欺凌概念的发展作出了贡献。到 20 世纪 90 年代，人们普遍认为，欺凌不仅包括身体欺凌和言语欺凌，还包括关系欺凌或社交欺凌。奥维斯在 1993 年修改了其自身关于欺凌的定义，他是这样表述的："当一个学生反复、长期受到一个或多个学生不良行为攻击时，就受到欺凌了。"他还加了这样一段话："为了使用欺凌这个概念，应该还要加上力量的不平衡（不对等的力量关系）；受到不良行为攻击的学生很难保护自己，在面对骚扰自己的学生时感到无助。"①

奥维斯问卷对这一概念进一步补充道："我们说一个年轻人受到了欺凌，或被针对，是指其他少年或一群少年对他说了恶毒的、令人不快的言语。它也指一个少年被打、被踢或者被威胁，被锁在屋子里，被传递恶毒的纸条，或者没有人跟他讲话等诸如此类的事情。这些事情经常发生，以至于受害者往往难以保护自己。当一个年轻人反复被他人用卑鄙的方式取笑，这也是欺凌。但如果两个少年力量相等，他们打了一架或吵了一架，这不是欺凌。"②

1980 年底，心理学对攻击行为的研究，不仅影响了对欺凌概念的界定与欺凌的分类，还影响了欺凌研究的方法。因为儿童的攻击水平在青春期之后大幅下降，到成

---

① Olweus, D. Bullying at school: What we know and what we can do [M]. Malden, MA: Blackwell Publishing, 1993.

② Olweus Bully/Victim Questionnaire. University of Bergen, Norway. olweus@uni. no. See also http://www. pdastats. com/PublicFiles/Olweus_Sample_Standard_School_Report. pdf.

年期后,只有一小部分人保持较高的攻击水平,大部分人很少具有攻击性,所以对攻击行为的研究就聚焦于这一小部分攻击水平高的人身上,试图分析是什么原因造成了持续高水平的攻击行为,攻击性是本能还是习得的? 自然,对欺凌的研究也长期将焦点对准是什么原因造就了欺凌者和被欺凌者这一问题上。

早期对欺凌概念的讨论还关注一个问题:欺凌是群体性的还是个体性的。之所以在这个问题上有争议,是由 mobbing 这个词引起的。mobbing 指一群人对一个人或一群人的欺凌。海涅曼最早用这个词指称群体欺凌。奥维斯其后也用 mobbing 这个词来指称欺凌,但他并没有使用这个单词本来的意思,而是泛指一切欺凌,并且对所有欺凌进行同样的干预。对此,瑞典乌普萨拉大学的心理学家皮卡斯(Anatol Pikas)提出了异议。皮卡斯的理由是,群体欺凌与个体欺凌的发生机制不同,不可将两者混为一谈,而应作出区分。这不仅事关欺凌定义的精准,更关乎对欺凌实施干预的理论基础和有效方法。奥维斯承认,他在 1983 年对卑尔根地区的调查发现,在大多数情况下,受害者是遭受了两个或三个学生团伙的骚扰。但也有相当数量的受害者(大约35%—40%),报告受到一个学生的欺凌。① 所以,他坚持 mobbing 这个词可以用来指称个体欺凌,也可以用来指称群体欺凌,并且他的理论适用于普遍的校园欺凌干预。此后,皮卡斯与奥维斯分道扬镳,皮卡斯沿着群体欺凌的方向进行自己的探索,致力于发明制止群体欺凌的方法。

在理论界,奥维斯是主流,海涅曼和皮卡斯势弱。奥维斯最大的贡献在于对欺凌提出了一个可操作的比较完备的定义,并且开发了一套有效识别欺凌的调查问卷。在欺凌的研究方法方面,奥维斯主张研究欺凌中的个体以及对个体进行干预。心理学界长期沿着奥维斯的方向展开研究。为了研究欺凌者和被欺凌者的特质,甚至发展到去检验 DNA 的极端地步。可是如果实验证明欺凌者和被欺凌者是由其基因决定的,那么我们教育岂不是什么也不能做? 学校唯一能做的就是把这些欺凌者识别出来并与其他同学隔离,而这显然是不对的。所以我们提出,在教育界,我们不应该

---

① Olweus, D. Vad Menar Man Med Termen Mobbing?[J]. Psykologtidningen,1988(7):9 - 10.

沿着奥维斯所倡导的或所代表的这一方向进行研究，而是应该遵循海涅曼对欺凌环境的研究主张与皮卡斯对群体欺凌研究的主张，将欺凌的本质看作是欺凌者对被欺凌者社会关系的破坏。[①]

二、从身体欺凌到言语欺凌

可以说，最明显的欺凌是身体欺凌——击打、拳击或脚踢。身体欺凌有很长的历史。言语欺凌也很明显——羞辱、威胁以及有损人格的评价。身体欺凌还包括毁损物品、索要钱物和拿走东西。言语欺凌包括辱骂、讥讽，还包括敲诈、勒索。言语欺凌发生得很快，难以侦查，但它具有毁灭性的力量。最早研究的欺凌问题，比如"mobbing"，就是指这两种类型的欺凌。并且在 20 世纪 90 年代之前，学者们研究的欺凌主要还是指身体欺凌和言语欺凌。

比如，奥维斯在他的名著中描述过这样的案例[②]：

> 亨利是一个 13 岁的男孩，上 7 年级。几年来，他不断地受到几个同学的骚扰和攻击。这两个同学总是非常积极地试图贬低他或让他难堪。亨利每天的生活都充斥着不愉快和被羞辱的事情。他的课本总是从桌上被推到地上，这两个同学折断他的铅笔，朝他扔东西；当他回答老师的问题时，他们大声地笑话他或表示蔑视。即便在课堂上，他也常被叫绰号"蠕虫"。

> 1994 年，一个 13 岁的日本男孩吊死在自家庭院的树上。3 年来他长期经受 4 名同学的恐吓，共被压榨了超过 1 万美元的金钱。而大多数钱是这个孩子从父母那里偷来的。

---

① 黄向阳.无人赊恨——校园欺凌判断与干预[M].上海：上海教育出版社,2022:78.

② Olweus, D. Bullying at School: What We Know and What We Can Do[M]. Malden, MA: Blackwell Publishing, 1993:24.

史密斯也描述过一个身体欺凌的例子：

　　一个名叫维多利亚的患有脑瘫的女孩受到了欺凌。她的母亲这样描述她受过的欺凌：在学校里，有一个男生跟在她后面模仿她走路一跛一跛的样子，另一个男生在旁边咯咯地笑。……她的同学们经常玩一种叫做"笼子中的维多利亚"的游戏。就是用课桌将维多利亚围在中间。他们不断朝中间推桌子，最后逼得维多利亚必须从桌子下面爬出来，引得他们大笑。

史密斯还描述过一个言语欺凌的例子①：

　　一个 17 岁的男孩描述了他在中学受到的欺负。从上中学开始，他们就嘲笑我，给我起绰号……起初，只是一两个男孩，但很快这成了全班的游戏……然后它开始扩散到全校……有些班级的学生开始叫我绰号，甚至比我小的孩子都叫我绰号。我走到哪里，哪里就有嘲讽……"没人喜欢你。为什么你不去厕所把你的头伸到马桶里去呢？"……到中学后情况变得非常糟糕。晚上在家里，我开始做噩梦，梦到他们第二天要对我做的事情……他们在等着我……我不能放松自己……噩梦不停。

三、从直接欺凌到间接欺凌

　　在 20 世纪 80 年代，有关攻击的研究一般认为，男女生的差异主要表现在采用的

---

① Smith, P. K. The Psychology of School Bullying [M]. London and New York: Routledge, 2019.

攻击形式不同,男生易采用直接的身体攻击,女生易采用直接的言语攻击。到了90年代,芬兰的学者比约克韦斯特等人[①]却指出,用身体攻击与言语攻击不足以表现男女生之间的差异。他们的研究表明,男女生在攻击方面的差异应为直接攻击和间接攻击。身体攻击和言语攻击都是直接攻击。间接攻击指借用第三方作为工具——比如散布谣言,或劝阻其他人不跟某人玩,以致伤害他人,给他人造成心理痛苦以及不易被发现的攻击行为。男生主要采用身体攻击,造成他人身体上的痛苦;女生主要采用间接攻击,造成他人心理上的痛苦。因此,在20世纪90年代以后,学者们将欺凌的类型分为三类:身体欺凌、言语欺凌和间接欺凌。

比约克韦斯特等人还发现,间接欺凌既然是以第三方为工具来代替自己亲自攻击,那么这种攻击就与某种社会操纵有关,如操纵第三方或操纵班级的社会网络,以排挤某人。所以,间接欺凌能否实施与两个方面的条件有关:一是欺凌者的社会发展水平;二是班级社会结构。由于女生的社会发展成熟速度比男生快,即言语和社会技能发展优于男生,所以相比于男生,女生在成年之前会更多地采用间接欺凌的方式。当男生用身体攻击时,如打、推、踢等,女生已经学会用社交网络来攻击目标对象了。又因为女生的友谊模式与男生的友谊模式不同,她们通常都有一个亲密的最好的朋友,友谊的圈子比男生更紧密,她们也更看重友谊,这样的社会结构便于女生进行社会操纵,排挤目标对象,并对目标对象造成心理上的痛苦。

柯瑞克及其同事用关系性欺凌来代替间接欺凌的分类方法,关系性欺凌指破坏关系或威胁、解除关系,意味着破坏别人的声誉,而其主要方式就是排斥和传播诋毁性的谣言。柯瑞克等认为[②],过去的研究一直表明,男孩倾向于通过身体和语言攻击伤害他人(例如,威胁、殴打或推搡他人),女孩伤害他人的企图则集中在关系问题上,

---

① Björkquist, K. L., Lagerspetz, K. M. J. and Kaukainen, A. Do Girls Manipulate and Boys Fight? Developmental Trends in Regard to Direct and Indirect Aggression [J]. Aggressive Behaviour, 1992,18(2):117 - 127.

② Nicki R. Crick and Jennifer K. Grotpeter. Relational Aggression, Gender, and Social-Psychological Adjustment [J]. Child Development, 1995,66(3).

最有可能通过关系攻击伤害同伴。

斯坦利和阿罗拉(Lisa Stanley & Tiny Arora)①认为,社会排挤(social exclusion)作为一种欺凌现象常常被人忽视。所谓社会排挤,就是将一个人有意识地排斥出一个群体之外。这更是一种心理欺凌而不是身体欺凌。被排斥的女生会有一系列内化的问题,比如抑郁、焦虑、孤独和自我价值感降低。

但间接欺凌也好,关系欺凌也罢,这样的欺凌分类并不充分,还有一些欺凌的方式没有被囊括进去,比如一种消极的面部表情(肮脏的眼神,翻白眼)和手势,以及对他人自尊的微妙攻击。因此,心理学上有人提出了社会性攻击这个分类。社会性攻击是一个更广泛的结构,将间接攻击以及非言语攻击和口头侮辱包括在内,关注的是对受害者自尊和社会地位的损害。所以,我们也可以效仿这种分类方式,在欺凌中划分出社交欺凌这一类别,包括社会排斥和人际关系操纵,其目的是获得社会地位、羞辱或故意排斥目标对象。既包括造谣、破坏人际关系,又包括翻白眼、甩头发等微妙的非言语行为。

在日本,"いじめ"(ijime)就是这样一种全班同学或一群同学针对某个同学的社会排斥行为,包括身体上的和心理上的。日本文部科学省的一项全国调查报告,ijime 的主要类型包括同伴群体的放逐和言语侮辱。② 它在中学非常普遍,包括言语侮辱、偷窃、藏东西或损害个人物品等最常见的形式,还包括叫绰号、排挤,以及非常严重的(犯罪)行为。"不良行为"这样的词几乎不会用在欺凌行为和欺凌者身上,不管这样的行为有多严重。师生都不会认为这样的欺凌是不良行为,不良行为这样的词只用来描述被捕的或送到少管所的学生。但这种欺凌却对学生产生了严重的伤害。因为在日本这样的集体社会,群体成员身份对于社会生存是很重要的。完全被排斥在集体或群体之外,是一种非常严厉的惩罚形式,被孤立的个人觉得他们作为人

---

① Stanley, L. and Arora, T. Social Exclusion amongst Adolescent Girls: Their Self-esteem and Coping Strategies [J]. Educational Psychology in Practice, 1998,14(2):94-100.

② Ministry of Education and Science. Issues on Students' Disciplinary Problems [EB/OL]. http://www.mext.go.jp/b_menu/houdou/16/08/04082302.htm.

的核心完全丢失了。有这样一个案例可以反映这样的欺凌：

> 米奥，一个瘦瘦的 14 岁女孩，面露紧张表情，她在日记中描述了自己从小学开始就受到的排挤。她被所有的同学排挤，她的东西经常被偷，笔记本发回来的时候总是破损严重，并且涂满了"去死！""丑八怪""跟你在一起真恶心！""孤单到死吧！"之类的话。她被偷走的钢笔还回来的时候也附着同样的字条。这些欺凌行为跟"拒学症（拒绝去上学）"联系在一起。她有一年的时间患有"拒学症"。因为被欺凌之后，心理和生理上都会出现混乱，使得待在学校那样的环境变得非常困难，所以往往会有"拒学症"。①

四、欺凌的甄别标准

长久以来，心理学界普遍采用奥维斯关于欺凌的定义，这一定义反映了欺凌行为的三个特征：欺凌者的主观恶意（欺凌行为是卑鄙的、恶毒的）；行为的重复性（欺凌行为是重复发生或长期发生的）；力量不平衡（在欺凌中，被欺凌者无法轻易地保护自己）。如果一个行为同时具备了这三个特征，人们便认为这是"欺凌"。但实践和研究却表明这三条判断标准存在缺陷。首先，有些欺凌行为并不需要重复发生或长期发生，实施一回便足以使人痛苦不堪。所以，在这三条标准中，行为的重复性并非判定欺凌的充分必要条件。那么，在欺凌判断中，我们只需着重考虑其他两条充分必要条件，即欺凌者的主观恶意和欺凌双方力量不平衡。但外人如何判断欺凌者的主观意图？而且不少学生冲突同时涉及身体、言语、社交等多方面的攻击行为，情况相当复杂，判断冲突双方力量不均等相当困难。所以，理论上确定的判定欺凌的标准，还需

---

① Motoko Akiba. Nature and Correlates of Ijime-Bullying in Japanese Middle School ［J］. International Journal of Educational Research, 2004, 41(3):216 - 236.

放入实践中进行理解、修正和补充。①

（一）欺凌者的主观恶意

尽管关于欺凌的定义多种多样，但其核心共同点在于对故意攻击的强调。几乎所有关于欺凌的定义都指出，它是一种有目的的攻击行为。事实上，学校欺凌通常被视为一种主动攻击②。主动攻击意味着欺凌是故意的，即攻击者有意造成伤害。塔特姆（Delwyn Tattum）将欺凌定义为"故意的，旨在伤害他人或使他人承受压力的行为"③。然而，这里的关键问题在于什么是"有目的"？是指行为本身，还是指行为的结果？显然，欺凌应当被视为有意的，因为它并非偶然发生。但欺凌者是否真的希望伤害被欺凌者？在某些情况下确实如此，例如当欺凌者通过嘲笑受害者的不幸，选择最有效的方式来伤害他们时。

这一问题的提出，本质上源于欺凌概念与攻击概念的紧密关联。攻击本身就是一种有目的的行为，通常分为两类：敌对性攻击和工具性攻击。敌对性攻击是由愤怒情绪驱动的，旨在直接施加痛苦或伤害；而工具性攻击虽然也是故意伤害他人，但其目的是实现某种目标，而非单纯引起他人痛苦④。基于这种分类，欺凌行为也可以被划分为敌对性欺凌和工具性欺凌。例如，索要财物的欺凌行为通常属于工具性欺凌，因为其目的是获取某种利益，而非单纯伤害他人。

敌对性欺凌则是欺凌者充满恶意的情况，主要问题在于，欺凌者的主观恶意是一种内部状态，有时可以观察到，有时则难以察觉。尤其是在关系性欺凌中，主观恶意往往被隐藏得很好，难以直接识别。例如，当一群学生在教室里聊天，而一个孩子进入后大家突然沉默，如果这群学生被指责为欺凌，他们可能会辩解称与刚进来的孩子

---

① 黄向阳.学生中的欺凌与疑似欺凌——校园欺凌的判断标准[J].全球教育展望,2020(9):14.

② Olweus, D. A Profile of Bullying at School [J]. Educational Leadership, 2003,60(6):12-17.

③ Tattum, D. What is Bullying? In Understanding and Managing Bullying. Tattum, D. (ed.). Understanding and Managing Bulling [M]. Oxford: Heinemann Educational, 1993:8.

④ 埃利奥特·阿伦森.社会性动物(第九版)[M].邢占军,译.上海:华东师范大学出版社,2004:183.

"没有共同语言"。这种情况下,如何判断是否存在主观恶意,成为一个难题。

此外,在现实中,孩子们朝夕相处,很少有人从一开始就表现出明显的恶意。即使发生矛盾或伤害事件,许多情况下伤害者的恶意也并不明显,难以识别和确认。那么,恶意究竟何时产生,又是如何产生的?这一问题的答案决定了何时可以将某种行为界定为欺凌。

霍顿(Paul Horton)对"欺凌是有意识的攻击行为"这一观点提出了质疑[①]。他认为,如果将欺凌界定为主观恶意,人们可能会将欺凌者视为"邪恶的",从而将问题过度聚焦于欺凌者个体,而忽视了更深层次的社会背景。事实上,在许多情况下,欺凌者并非特殊个体,而是普通人。霍顿通过对越南欺凌现象的研究发现,越南语中的"bat nat"(欺凌)指的是迫使他人重复做自己不愿意做的事情,这种行为更多地反映了权力关系的运作。例如,一个孩子让另一个孩子去餐厅为自己拿食物,这种行为不仅节省了欺凌者的时间,还避免了在不受监控的餐厅中直接攻击被欺凌者的风险。这使霍顿质疑,欺凌者是否真的有意伤害被欺凌者,还是仅仅在回应学校的制度性权力结构。他还研究了教师与学生之间的权力关系,指出学生可能通过某些方式欺凌教师,而教师也可能通过权力滥用欺凌学生。这些行为需要在更广泛的社会背景下,通过权力关系来解释。

对攻击性目的的质疑促使人们重新思考欺凌的社会过程,并怀疑欺凌的目的未必总是"邪恶的"。例如,对日本学校欺凌的研究发现,欺凌行为并非由具有不良背景的"离奇"学生实施,而是普通学生的行为。许多斯堪的纳维亚地区的研究者也开始考虑,欺凌可能是普通学生在群体社会过程中,通过容纳与排斥机制实施的行为。

基于大量欺凌现象的存在,可以假设欺凌是普通学生在特定环境中产生的社会现象。如果欺凌并非由"离奇的"或"偏差的"学生实施,而是由普通学生所为,那么研究的重点不应局限于"欺凌者怎么了",而应转向"环境怎么了"。与其从欺凌的攻击

---

① Paul Horton. School Bullying and Social and Moral Orders [J]. Children & Society, 2011(25):
  268-277.

性目的出发,更中肯的做法是将关注点转移到特殊环境中权力关系的作用。

一个儿童不仅仅是具有攻击性的、被动的或主动的,他更处于一系列权力关系中。他如何处理这些关系,深刻影响其卷入欺凌的程度。将欺凌研究局限于攻击性目的,会忽视学校和社会的权力关系,也无法承认这些根植于性别、性取向、年龄、阶级和民族等社会结构中的权力关系①。因此,理解欺凌现象需要超越个体行为,深入分析其背后的社会与权力动态。

(二)欺凌当事人力量不均衡

奥维斯认为欺凌发生于"力量不平衡"的前提下,被欺凌者发现很难保护自己。史密斯称欺凌是"力量的系统滥用"。那些不那么有力量的人成为更有力量的人的目标。这两种定义都说明了欺凌和被欺凌者之间的力量差异。然而,力量差别在何处并不具体,这种"力量"指的是什么也不明确。里格比(Ken Rigby)列了一张单子,进一步说明力量上的差异。

- ·身体上弱小(比如受到身体攻击时)
- ·言语上不够流利(比如被嘲笑时)
- ·缺乏自信
- ·数量上对方超过自己
- ·缺乏朋友的社会性支持
- ·处于群体较低的社会地位或者被拒绝的社会地位②

这些标准将那些势均力敌的攻击和冲突排除在欺凌之外,比如打架斗殴、互怼互骂、互不理睬,等等。

但即便是这样,这些标准还是有模糊的地方。比如,我们虽然知道以大欺小、恃强凌弱、以多欺寡、欺软怕硬、欺善怕恶都是欺凌,但现实中有时却难以判断力量的不

_____

① Osler, A. Excluded Girls: Interpersonal, Institutional and Structural Violence in Schooling [J]. Gender and Education, 2006,18(6):571 - 589.

② Rigby, K. Children and Bullying [M]. Blackwell: Massachusetts. 2008:23.

均等。比如:那些学生约架事件就令人哭笑不得。约架时,双方显然都互不服气;打斗的结果却很可能有赢有输,甚至有一方最后被打得没有还手之力。这一情况怎么处理? 将它们当作欺凌事件处理吗? 又如,倘若一个性格强悍、出手凶狠的小个子学生把一个人高马大、性情温和的学生修理得黯然神伤,怎么处理? 这显然不是以"以大欺小"。可总不能另立一个"以小欺大"这么滑稽的新名目吧! 那是不是就把它当"恃强凌弱"论处呢? 再如,若是遇到一个高年级学生与两三个低年级学生发生冲突,双方各有所伤,身为教师该怎么处理呢? 这到底是算"以大欺小",还是算"倚众欺寡"呢?①

有一项研究可以为上述标准做有益的补充。西蒙·汉特(Simon Hunter)等人比较了苏格兰地区 8—13 岁学生对攻击行为和欺凌行为的回答(涉及身体力量不均等、组织规模和受欢迎的问题),他们发现,与被攻击者相比,被欺凌者感到更无法控制环境,更沮丧。② 也就是说,判断冲突双方是否力量不均,另有更加直观而简便易行的方法。只要查明学生冲突之中是不是有一方无法招架或无力有效保护自己,就可以做出相关判断。一方无法招架从而无力自保,乃是认定冲突双方力量不均等的一个操作性标准。③

(三) 被欺凌者的未激惹性

理论上对欺凌的界定,常使人们对欺凌者和被欺凌者产生错误的刻板印象。人们会认为,在欺凌中,力量明显失衡,目标正在被压迫、被羞辱。但这种欺凌虽然存在,作为典型的欺凌却不合理,因为大多数欺凌是口头的,而且大量的欺凌是隐蔽的和间接的。

---

① 黄向阳.学生中的欺凌与疑似欺凌——校园欺凌的判断标准[J].全球教育展望,2020(9):16.
② Hunter, S. C., Boyle, J, M. & Warden, D. Help Seeking amongst Child and Adolescent Victims of Peer-Aggression and Bullying: The Influence of School-Stage, Gender, Victimization, Appraisal, and Emotion [J]. British Journal of Educational Psychology,2004,74 (3):375 - 390.
③ 黄向阳.学生中的欺凌与疑似欺凌——校园欺凌的判断标准[J].全球教育展望,2020(9):16.

我们对欺凌者的刻板印象可能是这样的：他们通常被视为咄咄逼人的、专横的、冷漠的、对他人是麻木不仁的。但实际情况却并不是这样。里格比和他的同事曾在南澳大利亚的一所小学进行调查，他们期望找到那些"欺凌"的学生——那些强硬、好斗、有偏见和麻木不仁的学生。结果却让他们吃惊，因为他们发现一些和蔼可亲、品质很好的学生是最恶劣的欺负者之一。[1]

与对欺凌者的刻板印象形成鲜明反差的，是对被欺凌者的印象。人们想象被欺凌者是孤独的、软弱的、身形单薄弱小的、敏感的。但其实这样的刻板印象也是没有道理的。理论上，任何人都可能被人欺负，正如任何人都可能欺负他人一样，这要取决于个人特征和所处环境。在某种环境中弱小的人受到欺凌，而在另一种环境里却得到帮助与保护。

将被欺凌者定性为特别无助的个人，他们一再面临自身无法应付的情况，这样的定义并不完整。事实上，存在两类被欺凌者：一类是"被动"或"无辜"的被欺凌者，他们没有采取任何行动来挑起或证明受欺凌是正当的，即他们没有攻击性，也不会取笑他人，如果受到攻击不会报复；另一类是"挑衅型"或"招惹型"被欺凌者，其特征是既焦虑又具有攻击的行为模式。这类被欺凌者的行为方式会引起周围学生的反感和紧张，会不自在地惹恼他人，然后抱怨自己受到了虐待。这类招惹型受害者的欺凌动力学与被动型的受害者是不一样的。[2]

对于无辜的被欺凌者，我们充满同情，欲求为他们伸张正义。但挑衅型被欺凌者

---

① Ken Rigby. The Method of Shared Concern [M]. Camberwell: ACER Press, 2011:13.

② Olweus, D. Bullying at School: What We Know and What We Can Do [M]. Malden, MA: Blackwell Publishing, 1993.

的状况又使得欺凌判断变得困难。这时，我们要将欺凌与报复区分开来。例如，甲生口无遮拦，惹是生非，激怒了比他强大的乙生，结果遭到乙生一顿痛打。在这种情况下，我们不会将这事看做是欺凌，而是当作报复，并且我们认为报复是正当的，我们不会对甲产生同情。但报复有一个限度，即报复在质和量上应与激惹相当。如果报复过度，就变成不正当的了。如果乙生不依不饶，逮住甲生的一次挑衅不放，天天为难甲生，或者利用甲生一次小小的冒犯而小题大做，把甲生折磨得痛苦不堪，那么这就不是普通的学生冲突了，这就是欺凌。也就是说，一个孩子因为受到冒犯或挑衅而报复对方，在一定程度上算是一种自然反应。但如果借报复故意加害对方，就是欺凌。①

　　学校里很少发生欺凌者连借口都找不到的欺凌事件，也就是说，在有可能受到指责的情况下，欺凌者总能找到理由来证明欺凌的正当性，或者通过道德推脱来证明欺凌的正当性。有一些老练的欺凌者甚至暗中设局，诱使弱小同学上当、情绪失控，先做出冒犯或挑衅行为，然后以此作借口，为自己的欺凌行为打掩护，对挑衅者进行猛烈的攻击，让受欺凌者有苦难言。甚至借不知事情原委的权威成人之手，进一步打击受欺凌者。

　　因此，在校园欺凌认定之前，需要了解事情的起因，以受害学生未激惹加害学生作为欺凌判断的一个基本标准；在受害的弱势学生貌似先有过错或失当行为的情况下，还需要谨慎观察和分析，查明弱势者先有的过错或失当与强势者的攻击之间是否存在实质性关系。如果两者确实存在必然的或实质性的关系，才将伤害事件排除在校园欺凌之外。否则，弱势者的闪失或不受人欢迎的个人特质不过是强势学生蓄意加害的借口。在这种情况下，加害就是欺凌。②

（四）被欺凌者受到伤害

　　欺凌包括主观和客观两个方面。从客观上说，强势一方对弱势一方造成了事实

---

① 黄向阳.学生中的欺凌与疑似欺凌——校园欺凌的判断标准[J].全球教育展望,2020(9):18.
② 黄向阳.学生中的欺凌与疑似欺凌——校园欺凌的判断标准[J].全球教育展望,2020(9):18—19.

上的伤害,比如物品损毁、钱财损失、身体伤害和心理伤害。从主观上说,这种伤害是有意施加的,并且其恶意为受害者所感知。但即便在客观事实上实施了欺凌,造成了物品或身体上的损害,如果被欺凌者没有主观感知到,或被欺凌者感知到了却毫不在意,那么依然不能构成欺凌。或者也可以说,欺凌者没有得手。所以说,被欺凌者的主观感知是判定欺凌的重要依据。

被欺凌者的主观感知有两种情况,一种情况如上所说,欺凌者有主观恶意,并实施了加害,但被欺凌者没有感知到。这时,我们对欺凌的判定以当事人的主观感受为准,而不以第三方的客观判断为准。另一种情况是,欺凌比较隐蔽,或欺凌双方恩怨已久,很难从事实上判定欺凌,比如关系欺凌和间接欺凌,但被欺凌者已有深刻的感知,心理深受伤害,精神倍感痛苦,这时,被欺凌者的主观感受应引起高度重视。

欺凌的主客观两面性是从欺凌结果上说的。从一开始,欺凌的定义就包括身体和心理两方面的伤害。比如早期奥维斯给出的欺凌定义是这样的:"一个欺凌者是一个经常压迫或骚扰其他人的男孩,他骚扰的目标有男有女,骚扰是身体上或心理上的。"①白赛格(Besag)这样定义欺凌:"欺凌是一种重复攻击的行为——身体攻击、心理攻击、社会攻击或言语攻击——攻击是那些有力量者对那些无力抵抗者实施的,制造痛苦是为了他们自身的需求或满足。"②英国教育部对欺凌的定义是:"欺凌是个体或群体实施的、重复性的、蓄意伤害另一个人或另一个群体的身体或心理的行为。……专家们认为欺凌者与被欺凌者之间力量不平等。"③

日本的群体性欺凌(ijime)便是一种很隐蔽的欺凌,并且所有欺凌者,甚至包括老师在内,都认为欺凌是正当的。为了保护被欺凌者,日本文部省在 1986 年立法宣布,欺凌是针对弱于自己的人,给对方持续施加身体、心理的攻击,使对方感受到深刻

---

① Olweus, D. Aggression in the Schools: Bullies and Whipping Boys [M]. Washington, D.C.: Hemishere Press, 1978.

② Besag, V. Bullies and Victims in Schools [M]. Milton Keynes: Open University Press, 1989:4.

③ Smith, P.K. The Psychology of School Bullying [M]. London and New York: Routledge, 2019.

的痛苦。时隔二十年后,文部科学省重新界定校园欺凌,特别强调,某人只要遭到来自与其有一定关系者的心理和物理攻击而感到精神痛苦就算是欺凌。①

作为成年人,我们深深地知道,心理上的伤害远比身体上的伤害对人的影响大。但儿童对欺凌的感知与成人不一样。最初,在童年时,儿童是从客观结果上做出欺负判断。在少年时,他们根据施害者的主观恶意做出欺负判断。成年后则依据弱势方受攻击后的自我感知做出欺负判断。② 不同年龄阶段的学生对欺凌有不同的理解和感知,他们的欺负判断经历了一个发展的过程。儿童有关欺负判断的这一发展规律指明欺凌干预的方向:要保护儿童,就要在儿童的心理没有受到伤害之前,避免将他们受欺凌这一事实真相告知他们。即便在被欺凌者稍微年长,已感知到欺凌者恶意的情况下,成年人也要将欺凌当作冲突处理,使被欺凌者与欺凌者保持人格上的平等。对于已深受心理伤害和精神折磨的被欺凌学生而言,首要且重要的是重新树立他们的自尊心和自信心,之后他们才能做出恰当的反抗欺凌的举动。

---

① 文部科学省初等中等教育局児童生徒課、国立教育政策研究所生徒指導・進路指導研究センター:「平成 18 年以降のいじめ等に関する主な通知文と関連資料」[EB/OL]. https://www.mext. go. jp/ijime/detail/_icsFiles/afieldfile/2013/06/12/1327876_01_2. pdf.
② 黄向阳.欺负与反抗:个人的经历[J].中国德育,2016(6):19.

第三章

校园欺凌卷入者的认知失调

　　任何人都有可能在学生时代某个时刻卷入校园欺凌。但只有一小部分学生会系统地卷入欺凌中，或者长期卷入欺凌之中。换言之，作为学生，不存在卷不卷入校园欺凌的问题，只存在卷入程度的问题。卷入校园欺凌的学生不是只有欺凌者和被欺凌者这样泾渭分明的两方。事实上，欺凌卷入者有相当不同的角色。下面我们就来辨别其中的角色，并且分析这些角色的个性特征以及他们在校园欺凌中的心理状态。从认知失调理论看，他们均因卷入欺凌与自我形象的冲突而发生心理失调。他们缓解这种失调的心理努力会引起态度变化，在内心相互贬低、丑化、憎恨，以致积怨成仇恨。

一、校园欺凌卷入者

　　有一种说法，就是我们大部分人都曾卷入欺凌中。我们要么欺负过别人，要么被别人欺负，要么看到过别人被欺负。欺凌中有两个明显的角色。如果我们想发现哪些人常常受欺负，哪些人常常欺负人，或那些危险因素是什么（危险因素指的是与这些角色一同出现的，或预测其被卷入其中的因素，如家庭环境），我们往往需要通过问卷的形式进行调查。欺凌问卷和调查总是询问被调查对象是否受到了欺凌——如果是，他们就是被欺凌者吗？许多问卷还问被调查对象是否实施或参与了欺凌——如果是，他们就是欺凌者吗？如果我们给那些孩子贴上被欺凌者或欺凌者的标签，这可能对研究有利，但如果我们要终止欺凌，这甚至会产生相反的结果。

　　第三种角色是通过一些标准识别出的未卷入欺凌的孩子，他们既不是受欺凌者，也不是欺凌者。他们在欺凌时所扮演的角色可以再进一步细分。第四种角色指既是欺凌者又是受害者的欺凌卷入者，我们一般用欺凌者/受欺凌者来表示。他们或是自我报告，或是同伴提名，或兼而有之。他们可能被其他孩子针对，但也可能被看作是挑衅的或烦人的，从而受到欺凌。

欺凌参与者这一说法起源于芬兰心理学家克里斯蒂娜·萨尔米瓦利（Christina Salmivalli）[①]。她将欺凌者分为三类，将未卷入欺凌的角色分为两类或三类，被欺凌者的角色也可再分。

欺凌者分为元凶（ringleader）、帮凶（assistant）和加强者（reinforcer），从这个角度说，欺凌由多人参与，是一个组织过程。尽管有些欺凌是一对一的，但更常见的是多人参与的。元凶是这个组织的领导，发动欺凌。帮凶是领导的追随者，加入欺凌。加强者是并不直接参与欺凌，但通过起哄或鼓励对欺凌提供更积极的赞许。这三种角色在概念上有非常明显的差异，尽管许多研究觉得它们之间有重叠。

未卷入欺凌者指那些可能看到欺凌，但不喜欢它或没有通过起哄或鼓励来强化欺凌的孩子。从亲社会性目的来看，有一些孩子能成为"保护者"（defenders）。他们可能会挑战欺凌者，叫他们住手；或安慰受欺凌者；或从老师那里寻求帮助。显然，在欺凌中，保护者角色是非常重要的。还有一些孩子可能只是静静地观看，什么也不做，他们是"旁观者"。有一些研究者认为消极旁观（如不干预或不抵制）本身就是对欺凌的强化。最后，有一些孩子可能没注意到欺凌，他们被称为"欺凌局外人"（outsiders）。

被欺凌者常被分为被动型和挑衅型。这个区别常被瑞典心理学家安纳托·皮卡斯使用。在他提出的应对欺凌的办法中，这是重要的区分。被动型受害者指那些没做什么去激惹或证实他们受到的攻击的孩子。与之相对的是"激惹型受害者"，即那些使同伴在某种程度上感到厌烦以及会做一些事情引来攻击的孩子。比如，他们会

① Salmivalli, Christina. Participant Role Approach to School Bullying: Implications for Interventions [J]. Journal of Adolescence, 1999,22(4):453-459.

以不恰当的方式闯入游戏中；或对某些其他人看来并没伤害的玩笑作出攻击性的反应。正如所见，激惹型受害者与欺凌/受害者这一角色很相似，这两个角色确实有所重叠。皮卡斯认为这一区分很重要，因为对被动型受害者，干预的重点完全在于欺凌者行为的改变；而对于激惹型受害者，改变欺凌者行为和受害者行为同样重要。

二、校园欺凌实施者

前文提到，奥维斯对欺凌中的个体感兴趣。他的研究认为，欺凌者脾气暴躁，易于发怒。他们中的一部分人在家庭环境中经历了暴力（来自家长或手足），所以他们对暴力持积极态度。然而这些孩子是否缺乏自信，奥维斯对此表示怀疑。

有关欺凌者的自信，存在不同的观点，这可能取决于自信如何测量的问题。比如，有一个著名的自信心量表，是苏珊·哈特(Susan Harter)创制的，用来测量自我价值及自信心的各个方面，包括学术能力、社会接受度、运动能力、身体表现(physical appearance)和行为表现①。测量表明，欺凌者在学术能力上得分低（说明他们不大受学校影响），在行为表现上得分也低（说明他们知道自己的行为不被赞许），但在社会能力和运动能力上得分极高。这些孩子在"防御性自我"上得分也高，这并不意味着他们低自信，而意味着对少许威胁自信的东西会做出愤怒的反应。他们很容易采取防卫措施，即奥维斯所谓的脾气暴躁。

欺凌者受到关注的另一方面是，他们是否缺乏社会技能。可能他们误读了他人的信号，在理解他人情感方面需要得到帮助。但总的来说，这一观点并没有得到足够的证明。反而这些欺凌者似乎表现出"道德推脱"。这描述了有些人是如何回避正常理性的，也就是将我们从伤害他人的关心拽回来②。这样的一般程序被称为认知重

---

① Harter, S. The Development of Self-Esteem [C]. In M. H. Kernis (Ed.), Self-esteem Issues and Answers: A Sourcebook of Current Perspectives. Psychology Press. 2006:144 - 150.

② Gini, G., Pozzoli, T. & Hymel, S. Moral Disengagement among Children and Youth: A Meta-analytic Review of Links to Aggressive Behavior [J]. Aggressive Behavior, 2014(40):56 - 68.

构(将攻击看作是合理的——"他活该"),将自己的角色最小化("不是我开始的"),无视或扭曲结果("只是为了好玩")或责备受害者("是他先开始的")。

相应的,研究常发现欺凌者具有的同情心很低。有两种同情要经常予以区分——情感上的同情和认知上的同情。情感上的同情指一个人如何受到其他人情绪上的影响——如果他人悲伤,我们也感到悲伤,或至少为他们感到遗憾。认知上的同情是理解一个人的情绪而不必分享这种情绪——我们理解有人很悲伤,但这不会影响我们。尽管证据并不是很清晰,但绝大多数研究还是认为,欺凌者的情感同情得分低,认知同情得分却不低①。

"心理理论"(theory of mind)研究也得出相似的观点。心理概念理论是指我们理解有人感受跟我们不一样,或想法跟我们不一样,或有不同的知识或观点,即关于其他人心理的理论,这是一种社会技能。如果我们认为欺凌者缺乏社会技能,那我们可能会预计他们在这些心理能力测量上表现不好。但事实却并非如此,大多数研究发现,欺凌者在心理任务上表现很好,有些研究甚至发现欺凌者中的元凶做得尤其好②。

这一系列发现使得许多研究者认为欺凌者具有冷认知(cold cognition),即他们能很好地理解事情,但对他们的欺凌对象却没有情感上的同情。事实上,一个好的心理理论会对欺凌元凶有利——他们会知道如何伤害受害者并从受害者那里得到反应,如何操纵同伴群体环境以扩大他们的社会支持,如何避免成人的侦查。这些更适用于元凶,而不是欺凌帮凶和加强者。一项使用社会智力量表(它包括"我能预测其他人的行为"这种问题,用来测试心理理论)对荷兰13岁儿童进行测试的研究发现,被同伴提名的欺凌者有三类。第一类受人欢迎,社会智商很高;第二类相对受人欢

---

① Cook, C. R., Williams, K. R., Guerra, N. G., Kim, T. E. & Sadek, S. Predictors of Bullying and Victimization in Childhood and Adolescence: A Meta-analytic Investigation [J]. School Psychology Quarterly, 2010(25):65-83.

② Smith, P. K. Bullying and Theory of Mind: A Review [J]. Current Psychiatry Reviews, 2017, 13(999):1-1.

迎,社会智商得分平均;第三类数量最少,不受人欢迎,社会智商处于平均数之下。这一研究并没有区分元凶、协助者和加强者,但却指出有一群受欢迎的欺凌者(可能更像是元凶)在社会智商和心理能力理论上得分很高①。

关于行为基因的一些研究认为,某些遗传因素会导致欺凌。主要证据来源于一项1994—1995年开展的研究,该研究以英格兰和威尔士地区1 116个家庭中的同性别双胞胎为研究对象②。研究者比较了同卵和异卵双胞胎,如果一人卷入了欺凌,另一个是否也会卷入?同卵双胞胎的一致性是否更高,如果是,就说明基因的作用;如果不是,那是否说明欺凌主要受环境的影响?事实上,这一研究认为欺凌具有很强的遗传性。

可是,这并不能说明有些人生来就喜欢欺负人!可能有些性格,如较差的情感规范,脾气暴躁的个性,冲动和寻求感觉,都是可遗传的品质,也会增加卷入欺凌的危险或可能性。一些研究还将欺凌与不择手段(想着其他人都是不可信的,在与其他人的交往中会被操纵)、精神病(冲动、寻求兴奋的行为、同情心差、焦虑低)以及无情的品质(缺乏负罪感、缺乏同情、为了自己的目的无情地利用他人)联系在一起。以上这些在某种程度上都是可遗传的,都有助于欺凌。

然而,环境确实影响着欺凌行为。有几项研究发现,与家长缺乏沟通以及家庭中的任何欺凌行为(无论是家长间的、还是家长与子女间的、或是兄弟姐妹间的),都与学校中的欺凌有关系③。另外,芬兰的研究表明,当班级有更亲欺凌的态度时,或对

---

① Peeters, M., Cillessen, A. H. N., & Scholte, R. H. J. Clueless or Powerful? Identifying Subtypes of Bullies in Adolescence [J]. Journal of Youth and Adolescence, 2010(39):1041 - 1052.

② Ball, H. A., Arseneault, L., Taylor, A., Maughan, B., Caspi, A. & Moffitt, T. E. Genetic and Environmental Influences on Victims, Bullies and Bully-victims in Childhood [J]. Journal of Child Psychiatry and Psychiatry, 2008(49):104 - 112.

③ Bowers, L., Smith, P. K. & Binney, V. Family Relationships as Perceived by Children Involved in Bully/Victim Problems at School [J]. Journal of Family Therapy, 1992(14):371 - 387; Spriggs, A. L., Iannotti, R. J., Nansel, T. R. & Haynie, D. L. Adolescent Bullying Involvement and Perceived Family, Peer and School relations: Commonalities and (转下页)

被欺凌者有负面的态度时，欺凌更易发生；而当班级有更多的保护者时，欺凌就不易发生了①。

总之，卷入欺凌中的儿童情况不一。有些冲动、脾气暴躁、容易防卫。他们对别人受伤害缺乏同情的感受，使用道德推脱的策略；但他们在操纵别人、为所欲为方面又非常聪明，越来越多的人认为欺凌者可以获得某种回报。可能是经济方面的回报；但主要的是在同伴群体中，至少在青少年中建立与维持一种主导的地位，显得有权力，对异性有吸引力。这被称为"控制假设"（dorminance hypothesis）。这与研究发现是一致的，即尽管欺凌者不被许多人喜欢，他们仍然被看成是有权力的，有更高地位的。当然事实并非完全如此，它的程度还要依赖于学校因素和学校气氛。

然而，研究欺凌者的特质并不能为欺凌干预提供有用的启示，指出欺凌干预的方向。即使是脾气暴躁、具有攻击性、易冲动，这些特质也不能说明欺凌者是异常人，恰恰相反，现在普遍的观点是，欺凌者大多是正常的普通人。社会心理学有一种观点，即认为行疯狂之事的人未必是疯子。正常人做不正常之事，与不正常的环境有很大的关系。所以，欺凌的发生，有一部分原因与纵容欺凌的氛围有关。但环境只是发生欺凌的一部分原因，我们还需解释的是，在日常人际互动中，欺凌者对被欺凌者的敌意或恶意是如何产生的？

欺凌就是滥用身体或社会地位等方面的优势力量，恶意地攻击和伤害并未激惹他们的弱势者。其中，欺凌者的主观恶意既是校园欺凌认定的一个重要指标，也是校园欺凌干预的一个重要指向。麻烦的是，如何识别和防止欺凌者对受欺凌者的主观恶意？与之相关的是，孩子们天性纯良，在学校里亦无多少实质性的重大利益纠纷，

（接上页）Differences across race/ethnicity [J]. Journal of Adolescent Health, 2007(41):283 - 293;Wolke, D. Tippett, N. & Dantchev, S. Bullying in the Family: Sibling Bullying [J]. The Lancet Psychiatry, 2015(2):917 - 929.

① Kärnä, A., Voeten, M., Poskiparta, E. & Salmivalli, C. Vulnerable Children in Varying Classroom Contexts: Bystanders' Behaviors Moderate the Effects of Risk Factors on Victimization [J]. Merrill-Palmer Quarterly, 2010(56):261 - 282.

他们对朝夕相处的同伴的恶意从何而来？或者说,是什么原因导致他们对同伴的态度发生了改变呢?

社会心理学中有一种理论能够解释人的态度转变,即"认知失调理论"(cognitive dissonance theory),也许我们能将之作为解释欺凌者恶意产生的理论基础。美国社会心理学家费斯汀格(Leon Festinger)发现,无论何时,只要某个人同时拥有心理上不一致的两种认知(想法、态度、信念、意见),就会出现一种紧张冲突的状态,费斯汀格称之为"认知失调"。换言之,如果分别加以考虑,一种认知的对立面就是另一种认知的结果,这两种认知就会导致失调。为了减少自身的认知失调,人们要么通过某种方式改变其中一种或两种认知,使它们之间更为协调一致,要么增加更多的认知以弥合最初两种认知之间的差距。认知失调理论认为,人们的认知是理性的,但减少认知失调的行为却是非理性的。这一过程与人们因饥渴而引起的某种驱力并设法去减少这种驱力的过程是大致相同的,这几乎像是一种本能,并不是人们有意识的理性行为。①

孩子们当中的欺凌与成人世界里的欺凌有所不同。极少有孩子从一开始就心怀明显恶意地伤害自己的同学。学生间的绝大多数龃龉始于相互取乐式的玩笑和打闹,或者始于单方取乐但无故意伤害的捉弄和恶作剧。可是,矛盾和伤害一旦发生,受害人难过,加害人也忐忑不安。一方面,他们像绝大多数人那样对自己持有积极的或正向的认知,坚信自己是聪明、善良、有价值的好人;另一方面,他们又发觉自己干了伤害同学的坏事。这就意味着,加害者内心有了两种相互矛盾的认知。

如果加害方承认"我错了,我道歉",那么认知冲突就会消失,不仅如此,后续的行为也会停止,即以这种方式开玩笑、打闹或骚扰就会停止。但这种情况并不总是发生。认知失调理论认为,自降临人世的那一天起,我们每个人便有了自我辩护的冲动,我们会为自己那些具有伤害性的、不道德和愚蠢的行为推卸责任。无论我们所犯错误的后果有多大,大多数人都会发现,要讲出"我错了,我犯下了可怕的错误"这句

---

① 费斯汀格.认知失调理论[M].郑全全,译.杭州:浙江教育出版社,1999.

话,是相当困难的。不仅如此,大多数人在面对所犯错误的证据时,不仅不会改变自己的观点或行为方式,反而会顽固地对其加以辩护。这样一来,加害者就要为"我是好人"辩护,改变"我干了伤害同学的坏事"这一认知;或者在两者间加入新的认知,来调和两个矛盾的认知。

孩子们当中发生的伤害事件给加害者造成的认知失调,涉及伤害者正向自我认知("我是好人不干坏事""我是聪明人不干蠢事")与伤害事件认知("我干了伤害同学的坏事")之间的冲突。由于自我认知在个体认知系统中的核心地位,加害者几乎无一例外地采取与自我认知相一致的协调策略,去减少或缓解内心的认知失调。就是说,他们在内心会坚定地捍卫正向的自我认知,而改变与之冲突的认知,即否认自己对同学干了坏事。他们在内心要么视之为正常行为("我不过是开了个玩笑而已"),要么视之为正当行为("我在为大家伸张正义,给他一个教训""这是他罪有应得")。他们内心对伤害事件的认知一旦转变为这个样子,就与他们的正向自我认知相协调了,心里就好受多了。

可是,毕竟伤害已经发生,受害者日子难过,这是不可否认的事实。伤害者一旦有这样的认知,为了缓解认知失调,就不得不添油加醋,进一步自我辩护。他们或许会承认自己确有过错,但以伤害很小几乎可以忽略不计为由说服自己相信"有人在小题大做",或者以自己并非故意为由说服自己相信"这是无心之过"。他们甚至不得不承认自己确有一点点伤害对方的故意,但将其归咎于对方的招惹、挑衅、威胁("是他惹我这么干的""他先动手的""我不先动手就会遭殃"),或者归咎于群体的压力("大家都这样""我是被逼这么干的"),藉此说服自己,相信自己是迫不得已干坏事。伤害者在内心通过添加诸如此类有关伤害行为的新认知进行道德推脱,既可以承认自己做了伤害人的坏事,又可以坚守一以贯之的正面自我认知,从而减轻因伤害而起的认知失调。这就是上文提到的认知重构。

这种错不在我并将伤害行为合理化的自我辩护,并不止步于内部的心理过程。社会心理学家阿伦森发现,这样的自我辩护会使加害者进一步的攻击和伤害行为变得更加容易。在与自我认知相一致的内在动机驱使下,加害者会施加更严重的攻击和伤害,进而发动更多的同学参与围攻,以支持和印证之前的自我辩解,从而说服自己相信对方可恶又可恨,众人不待见他是他咎由自取。可见,加害人这个自我说服的心理过程同时也是一个不断丑化受害人并不断加深对其憎恶和敌意的心理过程。如果说加害者起初的恶意尚不明显,甚至可以说几无恶意的话,那么此时他对攻击对象就充满明显的恶意了。如果说他起初的伤害行为还称不上是名副其实的欺凌行为,至多算是疑似欺凌的话,那么现在他就果真在实施欺凌了,而且欺凌会越来越严重!

欺凌者的追随者也经历了相似的认知失调的过程。当一个人对另一个人做出伤害行为(让他陷入困境,对他进行言语侮辱,或者对他拳脚相加)时,另外一个因素便会强烈地发生作用,他需要为自己的所作所为辩护。比如说,一个男孩子与他的同学一起,嘲弄欺负一个比较弱小的孩子。这个男孩子愿意成为这伙人中的一员,但他内心并不愿意欺负那个孩子。事后,他因自己的做法感受到了一些失调。他想:"像我这样一个正直的孩子,怎么会对那样一个善良、无辜的孩子做出如此残忍的事情?"为了减少失调,他会让自己相信受害者并不善良也绝非无辜:"他是个笨蛋,还总做错事。而且,假如有机会,他也会用同样的方式来对待我。"一旦这个男孩开始责备那个受害者,他就会在下次机会到来时发起更加凶狠的攻击,为自己最初的伤害性行为辩护,也为更富攻击性的行为积累条件。①

简而言之,学生中发生的疑似欺凌事件以及其中有意无意的伤害,会引起自恃正派的伤害者内心的认知失调和自我辩护;伤害者的自我辩护聚焦在受害者的缺点、过错或种种令人不快的个人特征上,导致伤害者对受害者更明、更深的恶意;这种恶意又会引发更进一步的欺凌行为。有鉴于此,在疑似欺凌事件刚刚发生的时候,或者在欺凌行为还比较轻微的时候,不但需要及时制止欺凌嫌疑人的攻击和伤害行为,更要设法防止其内心的自我辩护和自我说服。防止欺凌嫌疑人的自我辩护和自我说服,就是防止其主观恶意的萌生、明晰和蔓延。

---

① 费斯汀格.认知失调理论[M].郑全全,译.杭州:浙江教育出版社,1999:20—21.

三、校园欺凌受害者

奥维斯的早期作品给我们提供了处于受欺凌危机中的那些孩子的形象，他们害羞、焦虑、小心谨慎、遇到攻击就退缩。他们在某些社会技能方面非常欠缺，如交朋友、维持友谊、调节情绪、自信地回应骚扰。他们在同伴群体中不怎么有人缘。

并且，有相当多证据表明受欺凌者是低自尊的。事实上，在受欺凌者和低自尊间有所谓的"交换理论"（transactional model）。这表明，低自尊的人更易于受到欺凌，受欺凌的人会变得低自尊。

行为遗传学的研究认为受欺凌也具有遗传性。但同样，说受欺凌是遗传的，这也太轻率了。毋宁说，遗传可能通过诸如内向的性格和缺乏社会技能，以及情绪控制来起作用。

得到同伴的支持，或缺乏同伴的支持，会有很大区别。不论其他危险因素是否卷入其中，如果一个儿童或青少年有一些朋友的话，欺凌发生的可能性就小。这确实依赖于值得信任的朋友，当欺凌发生时，他们会和你站在一起，而不是消失；而如果朋友在同伴群体中地位高的话，会有好处，而不是也沦落为受害者。这些发现是在对抵抗者的研究中产生的。

家庭因素也能预测个体是否容易变成受欺凌者。支持的、关心的和经常交流的家长，或所谓积极的家长，对孩子来说是一种保护因素，这种家庭的孩子不易被欺负。但关心可能会过度，而过度保护相反会变为一种危险。受到过度保护的孩子可能没有足够的机会在同伴群体中发展好的应对技能。正如一个青春期女生在研究中提到："你看，如果受到过度保护，当你一个人的时候，你就无法保护自己。"①

---

① Lereya, S. T., Samara, M. & Wolke, D. Parenting Behavior and the Risk of Becoming a Victim and a Bully/Victim: A Meta-analysis Study [J]. Child Abuse & Neglect, 2013(37): 1091-1108.

　　然而这些关于受欺凌者的研究，主要依赖于心理学和行为遗传学给出了一个非常具体的画面。这一结论尤其依赖于有关欺凌的定义。丹克梅耶尔（Peter Dankmeijer）对于欺凌给出的定义是："由于个人的、社会的或文化的原因，他们很难保护自己。"①个人的原因便是上面所讲的——如果你有低自尊，自我防卫可能变得更困难。但社会的或文化的原因是很明确的，即我们所谓的偏见欺凌（bias bullying，prejudice-based bullying），有些人的危险不是因为个人原因，只是因为其处于（学校、社区或社会）较弱势地位群体中。

　　从欺凌干预的视角看，上述研究的价值在于，除了欺凌的环境因素外，我们还需要知道，欺凌与被欺凌者的自我概念之间是怎样的关系。即已经知道低自尊和受欺凌之间互为因果，那么我们需要搞清楚的是，欺凌如何造成低自尊。

　　如第二章所述，欺凌不仅造成被欺凌者的物质损失和身体损伤，还严重伤害被欺凌者的心理和精神健康。它降低被欺凌者的自我评价、自我期望值，使被欺凌者产生沮丧、焦虑、抑郁、孤独、被遗弃、注意力缺陷障碍等不良的感觉和感受。这一切是怎么发生的？

　　同样，我们可以寻求认知失调理论来对此进行解释。当一个人受到了攻击，如果他是一个强者，他会通过交涉或反击，解决冲突并原谅对方。但如果他是一个弱者，他的认知便会发生失调，他高度的自我意识——"我是一个有尊严的人"和受到攻击这一事实——"我受到了冒犯或侵犯"之间发生了冲突。为了消除冲突，他需要修改两个认知中的任何一个，以使认知冲突降到最低。一般来说，对自我的认知最为稳定，最难以改变。为了捍卫自我意识，这个人便对"受到了侵犯（羞辱）"进行修改。他可能改为"我没有受到欺负"或"他们不是故意的""他们只是在跟我开玩笑"，来否认欺凌这一事实。我们不难发现这样的现象，即如果我们询问很多受到欺凌的孩子有没有被欺负时，常常得到否定的答案。他们不仅否认自己受到了欺负，回避冲突，甚

① Smith, P. K. The Psychology of School Bullying [M]. London and New York: Routledge, 2019:44.

至还为欺凌者寻找借口，或美化与欺凌者的关系。我们知道，这不是懦弱的表现，这是他们捍卫积极正向自我概念的需要。如果被欺凌者对受到欺凌这一行为的认知做出这样的修正，他是在保护自己不被伤害。

他也可以通过修正行为来协调认知冲突，即"我是一个有尊严的人"，"现在我受到了侵犯"，"所以我必须进行反抗以维护我的尊严"，将行为从被动接受欺凌转变为主动反击。如果反抗成功，那么他便成功地摆脱了欺凌。但事实是，欺凌中欺凌者与被欺凌者力量不平等，被欺凌者的反抗难以成功。但不管怎样，反抗的行动捍卫了尊严，被欺凌者的自尊这时还维持在较高的水平上。当被欺凌者一次次的反抗遭遇到一次次的失败，对方的欺凌使得他毫无反手之力。这时他可能做出三种改变：一是增加新的认知来减少认知失调，即"我是一个有尊严的人"，"我受到了欺负"，"但目前我还无力保护自己，以后再说"。这样的修正保护了对自己的正确认知，同时行为上注意回避或远离欺凌者，或寻求帮助，或悄悄提高自己各方面的能力。二是修改对欺凌者的认知，认定对方为坏人，对对方以及不作为的旁观者充满了仇恨——"我是一个有尊严的人"，"他们却如此欺负我"，"他们这些人渣，我恨死他们了"。行为上寻机进行报复。三是怨恨自己懦弱和无能，无力保护自己。要么改变认知，变成"我不是一个有尊严的人"，或"我就是一个任人欺负的人"。当他的自我认知被修改，低自尊便这样产生了，他对于欺凌便逆来顺受。如果他不能修改关于自我高自尊的认知，那么他可能会抑郁，因为他面对欺凌无可奈何。他的自我认知会稍加修改，从"我是一个有尊严的人"变为"我是一个有尊严的人，但我也是一个无能的人"，"我是一个有尊严的人，但我很没用，我很窝囊，我受到了侵犯却无可奈何"。这种"无能感"会逐渐泛化到生活和学习的其他方面，比如学业、人际、婚姻、工作、生活等，造成这些领域的失败。他会进一步谴责自我，伤害自己，与社会自我隔离，最坏的结果就是自杀。

研究表明，长期的或形式多样的校园欺凌，对被欺凌者的自信、对他人的信任以及精神健康有严重影响，而且这些消极影响会一直持续到成年后。一项多国合作研究显示，熙熙攘攘的人群中，形单影只的成年人往往在年少时有长期遭受同伴欺凌的经历。也就是说,长期遭受校园欺凌会造成今后生活中的人际关系障碍①。奥维斯甚至发现,被欺凌者会逐渐内化自己的问题,产生糟糕的自我意识,直至发生最不幸的结果,即产生自杀的企图和实施自杀。② 正如库洛姆克(A. B. Klomek)等人的研究所揭示的,儿童在 8 岁时经常遭受欺凌与 25 岁自杀以及有自杀企图的相关性非常高③。

　　研究还表明,被欺凌者普遍心怀仇恨,其中有一些人可能会通过报复的方式来寻求问题的最终解决。④ 作为受到欺凌的弱小一方,一旦有了报复的念头,往往就不择手段,不计后果。2018 年 4 月 27 日陕西米脂县的一起杀人案就是这样一个典型例子。那天下午五点多,男青年赵泽伟携带三把刀具,守候在米脂县第三中学校门口学生放学的必经之路上。当放学的学生涌入这条狭窄的通道时,他掏出尖刀迎面冲向人群,沿途连续捅刺学生,致 21 名中学生死伤,其中 9 人死亡。赵泽伟被捕后,供述自己行凶全因自己十多年前在这所学校上学受到同学欺负。他把自己毕业后工作和生活的不顺都归咎于初中同学长期嘲笑和排挤他。他怀恨在心,本想找当年的初中同学报复,却未能找到他们,报复的刀口于是转向现在上学的初中生。

　　无独有偶,美国也曾经发生过一起类似的校园杀人案。1999 年 4 月 20 日这一天,在美国科罗拉多州科伦拜高中,两名男生哈里斯(Harris)和克莱伯德(Klebold)手持改制的步枪,在学校大楼内四处扫射,最终造成 15 名师生死亡(其中包括两名凶

---

① Schäfer, M., Korn, S., Smith, P. K., Hunter, S. C., Mora-Merchán, J. A., Singer, M. M. & van der Meulen, K. Lonely in the Crowd: Recollections of Bullying [J]. British Journal of Developmental Psychology, 2004(22):379 - 394.

② Olweus, D. Bullying at School: What We Know and What We Can Do [M]. Malden, MA: Blackwell Publishing, 1993.

③ Klomek, A. B., Sourander, A., Niemelä, S., Kumpulainen, K., Piha, J., Tamminen, T., Almqvist, F. & Gould, M. S. Childhood Bullying Behaviours as a Risk for Suicide Attempts and Completed Suicides: A Population-Based Cohort Study [J]. Journal of the American Academy of Child and Adolescent Psychiatry, 2009(48):254 - 261.

④ Brockenbrough, K. K., Comell, D. G., & Loper, A. B. Aggressive Attitudes among Victims of Violence at School [J]. Education and Treatment of Children, 2002(25):273 - 287.

手,他们在事后开枪自尽),另有 25 人受伤。

哈里斯和克莱伯德为这场枪杀筹划了好几个月。他们甚至录制了录像带,记录下他们的意图和筹划过程。录像显示,他们不仅打算使用步枪射杀同学,还打算在学校的餐厅、停车场以及校外一个地方安置炸药。他们精心设计爆炸的时间和顺序,以使伤亡最大化(他们原本计划杀死 250 人)。幸亏引爆设备出了故障,炸药没能被引爆。

哈里斯和克莱伯德在自录的视频中明确表示他们长期遭到同学嘲笑和排挤,他们一而再、再而三强调他们要报仇雪恨——不但要报复那些给他们造成痛苦和羞辱的人,还要报复欺凌发生时在现场的每一个旁观者。

因受同伴欺凌而疯狂报复的案子并不少见,因同伴欺凌而怀恨在心的例子更是不胜枚举。电影《悲伤逆流成河》在结尾采访了多个成年人,他们痛诉当年遭受同学欺凌的经历,个个表示不能释怀,不愿原谅当年伤害过自己的同学。受欺凌者长期仇恨欺凌者并不是个别现象,而是普遍现象。弱者怀恨,一般只能忍气吞声,在心里幻想一出出酣畅淋漓的复仇大戏,或者诅咒欺凌者不得好死;即使忍无可忍,通常也无力于堂正的交涉,甚至无力于公然的报复;若是被逼急了,往往采取阴毒而狠辣的方式进行报复。尽管令人难以接受,但这是事实。

四、校园欺凌目击者

大部分学生并没有经常被卷入欺凌中。不管欺凌者是否有权势,不管被欺凌者是否不受欢迎,大部分人都不喜欢欺凌。但在欺凌中,他们的作为却视情况而定,可能是保护者,也可能是旁观者。

有人认为保护者的显著特征是他们具有情感性的同情。在某种程度上可以这么说,他们的情感性同情测试分挺高的,但另外一些因素也很重要,即保护时的自我效能感(是否有自信知道做什么以及能做什么),以及在同伴群体中高的社会地位(被很多人喜欢)。这是有道理的。保护者要对做事的方法有自信,比如知道怎样告诉欺凌者他/她会帮助受欺凌者，而不与欺凌者产生不必要的对抗。但还是存在风险，欺凌会转向保护者，但如果保护者很受欢迎，如需要会有很多朋友帮助，那么被欺负的可能性就不大了。

"可能的保护者"和"消极的旁观者"在欺凌中也经历了认知失调的过程。对于"消极的旁观者"来说，他们可能会经历"我是一个正直的人"与"我看到坏事发生却无动于衷"之间发生的严重冲突，他们也会发生跟欺凌者以及欺凌追随者们一样的为欺凌行为辩护的行为。他们会坚持"我是一个正直的人"的信念，将过错推向受害者一边，将欺凌合法化。这样的结果是，只要有机会，消极的旁观者最终也会加入到欺凌中。

而对于"可能的保护者"来说，他们的自我认知"我是一个正直的人"与他们帮助受害者的行为是一致的。正向的自我认知会促使他们产生积极的保护行动；而积极的保护行动又强化了正向的自我认知。当所碰到的阻力越大（受到的威胁越大），其行为越坚定。那这里有没有认知失调的发生呢？也是有的。当受害者并不是一个讨人喜欢的家伙时，认知失调就出现了：他们"放下手头的事情去帮助另一个人"的认知，与"先前对这个人可能抱有负面的情感"之间会存在不一致。在帮助了受害者之后，他们会扪心自问："为什么我会帮助这样一个蠢货呢？有可能他并不像我曾经认为的那样愚蠢，其实，他是个不错的人，值得我放下手头的事情去帮助他。"这样，帮助受害者的慷慨行为会增进对受害者的慈爱与怜悯。这样就会发生良性循环。①

① 塔夫里斯，阿伦森.错不在我：人为什么会为自己的愚蠢看法、糟糕决策和伤害性行为辩护？[M].邢占军，等译.北京：中信出版社，2014：22—23.

第四章

校园欺凌干预取向的演变

　　长期以来，身居一线的教育工作者习惯于用温和且有耐心的方式，调解和处理学生之间发生的纠纷，趁机训练和指导学生学会和睦相处。可随着校园欺凌现象日趋严重，这种温和而富于教育意义的处理方式备受质疑。有人批评它软弱无力，甚至因此指责校方姑息养奸，纵容欺凌。特别是近年来，一些令人发指的校园欺凌恶性事件连续曝光，引起社会广泛关注，也让民众高度焦虑。教育部联合相关部门几度发文，严饬并指导各地学校治理中小学生欺凌现象，要把校园建成世界上最阳光、最安全的地方。对校园欺凌采取零容忍政策，动员全社会的力量综合治理，严厉打击，以建设无欺凌校园，这逐渐成为一种社会舆论和政策导向。

　　可是，校园欺凌零容忍政策充满伦理风险和社会隐患。一些国家的实践表明，高压严打并不能铲除校园欺凌现象，反而会使学生之间的欺凌变得更加隐蔽。严惩固然可以使欺凌者遭到报应而大快人心，却不能抚平受欺凌者的创伤，不能挽回其损失和尊严，也不能使欺凌所破坏的人际关系和群体氛围恢复如初。对欺凌同伴的学生以严惩了事，乃至开除出学校，无异于剥夺其改过自新的机会，既有悖于学校的教育使命，也会埋下贻害学校和社会的祸根。对欺凌零容忍政策方方面面的检讨，使人们逐渐意识到未成年人当中发生的欺凌问题有其特殊性，不禁留意和回想起那些耐心温和而富于教育意义的校园欺凌调解措施来。

一、从顺其自然到共同关切

　　长期以来，人们对孩童之间发生的欺负行为并未在意，视欺负和受欺负为个人成长的正常经历。在英国,甚至一直就有人认为儿童天性中就有欺负同伴的倾向。托马斯·休斯(Thomas Hughes,1822—1893)的小说《汤姆求学记》(1857)生动地描述了英国公学盛行的形形色色恃强凌弱行为,校方视如常态,任由学生内部自行解决,仅在欺凌产生严重后果时才予以干涉,最后不得不开除一个劣迹斑斑的恶霸①。实际上,当时英国人对学校中的同伴欺凌更加宽容。据《泰晤士报》1885 年 4 月 27 日报道:剑桥国王学校一群年长的学生午休期间热衷于手挽手,以最快的速度冲过学校长廊,以绊倒小同学取乐,致使一名 12 岁男孩倒地受伤,不治身亡。虽然有人投诉,调查委员会却宣称这类欺凌行为可以是男生学校生活的正常部分,因而将此事定性为意外事故,涉事男生一个也没有遭受处罚。由此可见,当时英国人普遍认为同伴欺凌在男生当中是一种可以接受的行为②。更有甚者,日本早期将"いじめ(ijime)"(现译为"欺凌")当作一种惩戒或威胁手段,用来孤立和隔离那些古怪不合群的孩子,以告诫他们紧密团结在一起对于个人生存的重要意义③。我国的传统则倾向于把儿童间的欺负现象与成人间的欺凌现象区别开来,视欺负和受欺负为儿童成长经历的一部分。有研究者甚至认为,群体内的同伴冲突是儿童心理发展的一个必要前提;儿童在自由活动的条件下能够找到解决冲突的办法,从中发展自身的社会认知、社会情感、社会技能;过度干预反而会使儿童形成对欺凌/被欺凌的过敏反应,还会剥夺他们学习建设性解决人际冲突的机会④。因而主张顺其自然,对孩童中常见的轻微欺凌采取"不干预策略"成为一种明智的选择⑤。

只有发生较为严重的欺凌时才会引起学校和教师的注意,但这种欺凌一般都在学校传统的管教模式和日常的德育框架下被当作学生交往问题(学生间的矛盾或纠

---

① Hughes, T. Tom Brown's School Days [M]. Macmillan, 1857.

② Koo, H. A Time Line of the Evolution of School Bullying in Differing Social Contexts [J]. Asia Pacific Education Review, 2007(1):107‐116.

③ Hendry, J. Becoming Japanese [M]. Honolulu: University of Hawaii, 1996.

④ 桑标,陈国鹏.校园内外欺负现象的心理学分析与解决策略[J].当代青年研究,2000(3).

⑤ 土屋基規,P.K.スミス,添田久美之,折出健二編.いじめととりくんだ国々‐日本と世界の学校におけるいじめへの対応と施策[M].東京:ミネルヴァ書房,2005:123—136.

纷）来处理。有的通过批评、训诫、调解以及惩罚之类的纪律措施制止纠纷①；有的则通过"关怀教育"引导当事人相互体谅、达成和解，甚至引导强势学生从欺凌弱小转变成帮助和保护弱小。一项为期 4 年的"学会关心"行动研究表明，小学高年级学生在帮助低年级同学的过程中会体验到权威感、力量感和自豪感，从而放弃以欺负弱小的方式来表现自己的力量和存在感。研究者还借鉴"体谅模式"，设计人际问题情境，引导学生感知和理解同伴的目的和需求，探求表达善意的适当方式。结果表明，这种教育尝试在预防和解决学生冲突方面有积极效果②。诸如此类的教育和干预措施不刻意强调学生纠纷的欺凌性质，甚至故意回避使用"欺凌"表示这类纠纷，可以说是一种不提"欺凌"的反欺凌教育③。

直到 20 世纪 70 年代，校园欺凌才被视为学校问题，最先引起斯堪的纳维亚地区学者的关注。挪威卑尔根大学奥维斯教授 1973 年出版《学校中的攻击：欺凌者与替罪羊》，瑞典乌普萨拉大学皮卡斯教授 1975 年出版《如何终止欺凌》，开启了这个领域的研究。两位学者实际研究的是令当地人头痛不已的"mobbing"现象——中小学生群体性欺凌问题，但是两者的思路颇有不同。相对来说，奥维斯更多地继承了严格管教的教育传统，皮卡斯则更多地继承耐心处理学生冲突的教育传统。两位学者创立的欺凌干预范式各有千秋，在推广中相互竞争，在竞争中得以发展。

当奥维斯琢磨如何识别欺凌者和受欺凌者时，皮卡斯就已经在钻研如何终止欺凌了。20 世纪 70 年代以来，他通过不断尝试，摸索出一套协助和指导疑似有群体性欺凌行为的群体内部自行解决冲突的程序和方法。80 年代末，他将这套程序和方法称作"common concern method"推介给其他国家和地区④，后经人建议又将

---

① Rigby, K. Bullying Interventions in Schools: Six Basic Approaches [M]. ACER Press, 2011:37—50.

② 尤仁德，黄向阳."学会关心"研究[M].上海：上海三联书店,2001.

③ 黄向阳,顾彬彬,赵东倩.孩子心目中的欺负[J].教育科学研究,2016(2):12—19.

④ Pikas, A. The Common Concern Method for the Treatment of Mobbing [C]. Munthe, E. and Roland, E. (eds.). Bullying: An International Perspective. London: David Fulton,1989.

其改名为"shared concern method"①。不管哪个英文表述，中文都可以译为"共同关切法"或"共同关注法"。

　　共同关切法建立在对传统管教措施反思的基础上。皮卡斯从欺凌干预的研究中发现，群体欺凌在行为动力方面明显不同于个体欺凌，适合个体性欺凌的干预措施未必适合群体性欺凌；具有攻击性人格特征的学生并不都恃强凌弱，从人格特征上作欺凌归因进而寻求解决办法在很多时候是无效的；动用权威训斥和处罚欺凌者，对接受学校价值观系统的小学生可能行得通，对挑战学校价值观系统的中学生却难以奏效；学校试图消灭欺凌，却总是以欺凌的逻辑反欺凌——欺凌一旦发生就进行调查，据此宣判当事学生有无罪错，严肃处理欺凌者。可是这套程序和措施并没有铲除校园欺凌。其背后的强权哲学与欺凌如出一辙，反而在学生中强化了"谁强谁说了算"欺凌逻辑。传统的管教措施预设欺凌者本性可恶，以此证明打击欺凌的惩罚措施的正当性。但是，这个假设与事实不符。那些欺凌同伴的未成年学生固然顽劣可恨，但直接认定他们本性恶劣却颇显武断。尤其在群体性欺凌中，欺凌者们心态各异，卷入其中的心地善良者并不少见。

　　其实，皮卡斯并不反对欺凌发生时采取断然措施立刻予以制止，也不否认对全体学生进行反欺凌教育的正当性，但他关注的是及时发现隐匿的群体欺凌，遵从和平与民主的原则对其进行有效干预，确保群体欺凌在没有产生严重伤害之前就得以化解。皮卡斯主张欺凌干预者首先要了解群体动力学的基本原理，充分理解欺凌群体中每个学生的心理及其变化。为了引导欺凌团伙积极关注其行为对同学造成的困扰，共同关切法把同伴欺凌当作普通的同伴冲突处理，对欺凌嫌疑人采取不批评、不责备的策略，寻求他们的安全感，而不寻求其罪恶感。共同关切法模仿国际冲突解决中的外交斡旋方式，建立一个调解者"原型（archetype）"，来实施对欺凌的调解工作。充当调解人的辅导员采取中立的立场，穿梭于欺凌团伙与受欺凌学生之间，分别举行一两

---

① Pikas, A. New Developments of the Shared Concern Method ［J］. School Psychology International, 2002(3):307－326.

次乃至数次协商会谈，最终促成双方当面和谈（调解程序见表4-1）。调解工作的重点在于唤起所有卷入事件的学生（欺凌者和旁观者）对受欺凌者困境的关注和同情，尤其是欺凌团伙每个成员对所发生事件的关切。调解的目的在于促使欺凌团伙诚意地提出解决方案，在受欺凌者自愿接受的前提下，双方订立和解协议，确保双方关系不出现崩坏的情况。

表4-1 皮卡斯共同关切法简明程序

第一阶段：与欺凌嫌疑人个别谈话 在友好的气氛中，调解员鼓励欺凌嫌疑人按自己的版本描述出发生的事件，从中觉察可利用的主导性的群体动力及个人自主的驱动力；鼓励欺凌嫌疑人提出可能受害人也可以接受的解决方案。
第二阶段：与可能受害人个别谈话 调解员倾听可能受害人讲述自己的遭遇，询问其对问题解决方案的想法，并向其转达欺凌嫌疑人个人提出的良善建议。可以继续向整个欺凌团伙寻求方案，并将其转告可能的受害人。
第三阶段：与欺凌嫌疑人群体会谈 会谈在温馨舒适的气氛中举行。调解员可与他们一边吃喝，一边商谈。他们一旦有好的提议，调解员就予以确认，进而与他们商量，准备好与受害人会面时积极而友善的开场白。
第四阶段：峰会 双方在温馨舒适的气氛中会面。欺凌嫌疑人按事先约定，先作积极而友善的开场白。调解员为一开场就可能争吵做好应对预案，在听任与指挥之间保持灵活的平衡。双方订立和解协议，进而商量一方如若没有遵守协议怎么办。调解员得到类似"不苛求而要宽容"的回答，才宣告谈判结束。
说明 第一到第四阶段全都可以重复，或者只做第四阶段的调解。

整理自 Pikas, A., New Developments of the Shared Concern Method [J]. School Psychology International, 2002(3):307－326.

　　共同关切法是一种无责备的方法，也是一种无惩罚的方法，适用于尚未涉及暴力犯罪的群体性欺凌的干预，尤其适用于青少年学生欺凌调解。瑞典、芬兰、英格兰、苏格兰、爱尔兰、西班牙、澳大利亚等均有应用此法的校园欺凌干预项目,报告显示共同关切法在项目学校受到师生的广泛肯定,在减少校园欺凌方面取得了很大的成功,并且未见无效和失败的报告。但是,这种方法不易推广。在欺凌团伙与受欺凌学生之间来回斡旋,最终促使双方达成和解协议,颇费时间和精力。有那么多孩子受到同伴欺凌,为一个孩子如此耐心付出似乎不切实际。一线教师即使有此耐心,也未必能把握共同关切法的精义。他们容易误解此法的工作原理,在应用中情不自禁地批评、指责欺负同伴的学生,结果把它变成了皮卡斯共同关切法刻意超越的"启发式指令法(suggestive command method)"或"劝诫法(persuasive coercion method)"①。况且,共同关切法即使得以准确应用,也可能招致非议。特别是在发生严重的校园欺凌,大众普遍感到愤怒和恐惧时,坚持对欺凌者不责备、不惩罚的共同关切法往往有"姑息欺凌""不伸张正义"的嫌疑,不能起到平息民愤和安抚恐慌情绪的作用。很可能也正是因此,皮卡斯的共同关切法远不如奥维斯的欺凌防治项目受到世界各地推崇。

二、从学校全方位防治到法制化治理

20世纪70年代末80年代初,奥维斯通过大面积调查,了解到校园欺凌的盛行率和严重性,据此认定校园欺凌属于不正常现象,是反社会的攻击行为,不能当作普普通通的学生冲突加以处理。奥维斯及其追随者还对校园欺凌进行归因分析,他们发现欺凌发生率与学校和班级规模并非正相关;欺凌也不是因为竞争导致欺凌者失败和沮丧从而发生的相关行为反应②。统计分析的数据并不支持受欺凌者往往因

---

① Pikas, A., How Many Use SCm? Shared Concern Method [EB/OL]. http://www. pikas. se/scm/.

② Olweus, D. Low School Achievement and Aggressive Behavior in Adolescent Boys [C]. Magnusson D. & Allen, V. (eds.). Human Development: An International Perspective. New York: Academic Press, 1983.

为外部变量而被欺负的假设,外部变量在欺凌中只扮演了一个非常不起眼的角色;学生的人格特质、典型的反应模式及力量强弱,才是欺凌发生的重要因素[1]。这就意味着,学校中的同伴欺凌并不是当事双方可以化解的矛盾。

奥维斯认为,问题解决的关键在于成年人特别是学校教职员工的态度和行为。如果要尽可能减少乃至彻底消除校内外存在的欺凌问题,并防止新问题的发生和发展,学校和家庭中的成年人就要意识到学校欺凌问题的严重性,并且认真参与到改变这种情形的行动中来。奥维斯尤其强调学校全体教职员工人人发挥权威和正面榜样作用,在温和地关心学生的同时,坚决限制其不可接受的行为。学生一旦违规,即予以非体罚性和无敌意的制裁。为此,20 世纪 70—80 年代奥维斯在瑞典和挪威组织实施了 4 个全国性或区域性的大规模"以学校为基地的欺凌防治项目(school-based bullying prevention program)"。人们习惯上将其尊称为"奥维斯欺凌防治项目",也有人是根据它的特色称之为"全校反欺凌项目"。

该项目是一个综合防治体系,包括学校、班级和个人 3 个层面 21 种干预措施[2](概览见表 4 - 2)。奥维斯从他本人于 20 世纪 80 年代在瑞典卑尔根市 42 所学校实施反欺凌干预项目的经验总结和统计分析中,识别出项目实施至关重要的 7 个核心要素:成年人对校园欺凌的问题意识及严肃干预的态度,针对欺凌问题的学校会议日,改善课间监管,反欺凌班规,定期班会,与欺凌者和受害者严肃谈话,与涉事学生的家长严肃谈话。奥维斯还发现,欺凌问题大有改善的班级有一个鲜明特点——它们都制定了反欺凌班规,并且定期举行反欺凌班会[3]。这说明,以学校为基地的欺凌防治项目中,反欺凌班规和班会是重中之重。

---

① Junger, M. Intergroup Bullying and Racial Harassment in Netherlands [J]. Sociology and Social Research, 1990(74):65 - 72.

② Olweus, D. Bullying at School: What We Know and What We Can Do [M]. Malden, MA: Blackwell Publishing, 1993:59 - 107.

③ Olweus, D. Bullying at School: Basic Facts and Effects of a School Based Intervention Program [J]. Child Psychology and Psychiatry, 1994(7):1171 - 1190.

表 4-2 奥维斯欺凌防治项目概览

一般前提：意识与参与	学校层面的措施： 问卷调查 针对欺凌问题的学校会议日 改善课间休息和午餐时间的监管 更具吸引力的学校操场 联系电话 教职员工会见家长 发展学校社会环境的教师小组 家长圈	班级层面的措施： 反欺凌班规：澄清，表扬，制裁 定期班会 角色扮演，文学 合作学习 共同的、积极的班级活动 班级教师会见家长/孩子	个人层面的措施： 与欺凌者和受害者严肃谈话 与涉事学生的家长严肃谈话 教师和家长使用想象 来自"中立"学生的帮助 帮助和支持家长（家长文件夹等） 欺凌者和受害人家长讨论小组 班级或学校改革

译自 Olweus, D., Bullying at School: What We Know and What We Can Do [M]. Oxford: Blackwell, 1993:64.

　　与皮卡斯共同关切法局限于校园欺凌当事人中的调解不同，奥维斯的项目从学校各个层面采取全方位的措施，防治学生欺凌问题。其中诸多具体措施究竟有多大作用姑且不论，它们至少明确地表达了学校对欺凌问题的高度重视，以及防治和打击校园欺凌的坚定意志。人们倾向于相信，这种全方位无死角的欺凌防治项目一旦实施，会对学生产生巨大的震撼、威慑和感染作用，使欺凌者住手收敛，受欺凌者拍手称快。这样的防治项目顺乎民意，合乎民众对学校的期待，一度广受欢迎。该项目在挪威、瑞典、英国、美国等地都有区域性推广，对已有研究报告的元分析表明，这种全校反欺凌措施有显著效果，能将欺凌者/受害者比率减少大约一半[1]。可是这个数据同时也意味着问题还有一半没解决。奥维斯为此在欺凌防治项目中增加了社区层面的措施，寄希望学校借助所在社区的力量彻底解决欺凌问题[2]。

---

[1] Smith, J. D., Schneider, B. H., Smith, P. K. & Ananiadou, K. The Effectiveness of Whole School Antibullying Programs: A Synthesis of Evaluation Research [J]. School Psychology Review, 2004(33):547-560.

[2] Olweus, D. Olweus' Core Program against Bullying and Antisocial Behavior: A Teacher Handbook [M]. Bergen, Norway: Research Center for Health Promotion (HEMIL Center), University of Bergen, 2001.

随着校园欺凌日益严重，以学校为基地的防治欺凌措施受到越来越多的怀疑。轰轰烈烈的全校反欺凌运动并没有根除校园欺凌，学校因处理欺凌事件不够强硬而饱受诟病。有人指责学校对欺凌者处罚过轻、打击不力从而助长了校园欺凌，有人则体谅到学校作为教育机构既无力也无权严厉打击欺凌。人们越来越倾向于认为，与其说校园欺凌是一个教育问题，不如说它是一个社会问题——它的发生有社会原因，它的影响会造成社会后果，它的治理因而有赖于全社会参与。于是，各国对校园欺凌逐渐采取更加广泛的"社会综合治理"模式，警察、少年法庭、社会管教组织等成为与学校同等重要甚至更重要的校园欺凌治理力量。

而在我国，校园欺凌综合治理的力量更为强大。2016 年 11 月，教育部、中央综治办、最高人民法院、最高人民检察院、公安部、民政部、司法部、共青团中央、全国妇联联合发布《关于防治中小学生欺凌和暴力的指导意见》，一年之后这 9 个部门又联合人力资源和社会保障部及中国残联颁布《加强中小学生欺凌综合治理方案》，致力于打造一个由 11 个政府部门或社会团体齐抓共管的校园欺凌综合治理体系，以分担教育部门独家难以胜任的校园欺凌治理重任。

与全社会参与的综合治理相伴随的，是相关法制建设。1999 年美国科罗拉多州科伦拜高中发生校园枪击事件，两名备受同学欺凌的高中生携枪入校，杀害 13 名师生后饮弹自杀。这起血案震动全美。此后美国各州陆续出台反欺凌法，明确规定欺凌的定义和适用范围、学区及州政府的职责、欺凌事件的处理程序、对欺凌者的处罚标准、学校安全小组的组建、反欺凌专家和协调员的任命等[1]。日韩等国纷纷效仿，我国也有人士呼吁借鉴美国经验[2]，建构反校园欺凌法律体系[3]，对校园欺凌实行法制化治理[4]，其中包括：进一步完善校园欺凌的法律规制，尽快制定《反校园欺凌法》；

---

[1] 马焕灵，杨婕.美国校园欺凌立法：理念、路径与内容[J].比较教育研究,2016(11):21—27.

[2] 方海涛.美国校园欺凌的法律规制及对我国的借鉴——以 2010 年《新泽西州反欺凌法》为研究视角[J].贵州警官职业学院学报,2016(2):32—38.

[3] 孟凡壮，俞伟.我国校园欺凌法律规制体系的建构[J].教育发展研究,2017(20):42—46.

[4] 许锋华，徐洁，黄道主.论校园欺凌的法制化治理[J].教育研究与实验,2016(6):50—53.

成立专门的校园欺凌治理委员会,明晰学校及其他管理主体反欺凌的法定责任,完善校园欺凌的发现、报告与处理机制;完善校园欺凌的法律救济制度。这些措施的兑现意味着校园欺凌治理进入了法制化时代。

三、从人人喊打的零容忍到人人参与的同伴调解

法制化的社会综合治理,在强化诸多部门或社会团体防治校园欺凌责任的同时,也大幅度提升了全社会对校园欺凌的敏感和焦虑。在美国,学生欺凌和携带枪械入校、在校吸毒、性骚扰一起,被归为严重违纪违法行为。民众视之为眼中钉、肉中刺,深恶痛绝,必欲除之而后快。在这种人人喊打的社会舆论下,相关法律、政令和校规也对校园欺凌采取决不姑息的零容忍政策。一方面,加强学校安保措施。学校先发制人,入口增设金属探测仪,校内布满监控摄像头;聘请更多的安保人员,增设驻校治安警察;撤除学生储物柜,强制学生使用透明书包,授权对可疑学生进行搜身检查……另一方面,加大惩处力度。校园欺凌和暴力一旦发生,学校立即启动预案作出反应,依法及时向有关各方通报,对欺凌者严惩不贷——轻则严重警告、严厉训诫,重则体罚、暂时隔离(在校关禁闭或停课在家反省)、开除,甚至逮捕,移交少年司法机构或专门管教机构处理①。

美国对校园欺凌与暴力采取零容忍政策,一个基本考虑就是要用严厉的惩罚发挥威慑或惩戒作用。零容忍政策的支持者们以为,惩罚不但可以制止学生当下的欺凌行为,还可威慑其以后不敢再犯以及其他学生跟风仿效。美国教育部统计材料显示,2005—2006学年,美国19个允许体罚的州共有22万多名学生因严重违纪受到过学校体罚②。据报道,大量学生因违纪行为被学校直接开除,2009—2010学年,全

① 特朗普.美国学校的安保与应急方案[M].王怡然,等译.哈尔滨:黑龙江教育出版社,2016.
② The Center for Effective Discipline. U. S. Statistics on Corporal Punishment by State and Race [R]. Washington, DC: U. S. Department of Education, Office of Civil Rights, 2010.

美就有33万多名学生被暂停上课①。美国心理学协会一项调查却显示，在如此严厉惩罚的威慑之下，校园欺凌非但没有杜绝，反而呈愈演愈烈之势。公开的恶性极大的欺凌事件虽然大幅度减少，隐蔽而阴损的同伴欺凌事件却有所增加，这些都通过学生的自我报告被正式调查得知。调查还表明，欺凌同伴的学生并没有因受罚而收敛多少，他们在后期更有可能受到更大的惩罚（停课和开除等）②。可见，惩罚措施越严厉，对防治校园欺凌就越有效的想法，不过是一些人的主观臆断而已。

零容忍政策还试图发挥惩罚的改造或感化作用。这项政策的支持者认为，欺凌者会因为受罚而学会反省，明辨是非，改过自新；全体学生因为知晓欺凌等违规行为能得到确定的处理，会获得安全感；严厉的惩罚有助于恢复正常的学校秩序，特别是采取隔离性的惩罚措施（关禁闭、停课、开除），将那些惹麻烦的学生移走，可以确保其他学生免受打扰，为他们营造一个良好的学习环境。然而，美国心理学协会的调查证明上述直觉性假设并不可靠。首先，尽管有些学生可能将惩罚看作是反省自己行为并改过自新的机会，但总的来说，学生受到的惩罚越重，越难有机会改过自新，被学校和班级重新接纳。他们会自暴自弃，无论回到学校，还是流向社会，都是潜在的威胁。其次，由于大部分同伴欺凌并未被校方察觉和处理，接受调查的学生普遍表示学校的惩罚无效且不公平。最后，学校惩罚越严厉，被关禁、停课和开除的学生越多，学生就越不满于学校的生活氛围和管理结构，他们在风声鹤唳的校园里难以有安全感。零容忍政策非但未能营造更积极的学校氛围，反而制造了更加消极的学校氛围。成年人滥用惩罚对付违纪行为，加剧了青春期早期对规则的挑战、青少年发展与学校结构之间的不协调以及青少年与成人间关系的恶化③。现有的研究还表明，被开除或暂时停课停学的学生大多数属于社会处境不利者。因此，零容忍实质上可能加剧社会

① Wood, K. Restoring Our Children's Future: Ending Disparate School Discipline through Restorative Justice Practices [J]. Journal of Dispute Resolution, 2014(2):399.

② APA Zero Tolerance Task Force. Are Zero Tolerance Policies Effective in the Schools? An Evidentiary Review and Recommendations [J]. American Psychologist, 2008(63):852 - 862.

③ Ibid.

不公,并且不可避免地陷教师于"迫害"欺凌者(青年学生)的境地①。零容忍政策下,教师束手束脚,不能以教育的方式处理学生冲突,只能像法官、警察、保安、狱卒那样处理欺凌问题。耗费大量时间和精力,却得不到学生的认可和敬重。其心情沮丧、低落,就成了普遍的现象。

　　即使惩罚不能充分发挥惩戒和改造作用,零容忍政策的支持者们依然坚持严厉惩罚校园欺凌者。他们信奉"以牙还牙,以血还血",坚信惩罚作恶者是在伸张正义——只有给欺凌者及其监护人以报应性惩罚,正义的天平才能恢复平衡! 这种对报应性正义(retributive justice)的强烈诉求,听上去理直气壮,在实践中却经受不住检验和质疑。校园欺凌的影响远大于报应论者的关注,它不仅伤害到受欺凌的学生,也使旁观学生受到冲击乃至伤害,还破坏了正常的同学关系以及共同生活的正常氛围。对欺凌者实施报应性惩罚,既没有给予受欺凌者救济,挽回其损失和尊严,也没有安抚受到冲击的旁观者,更未使遭到破坏的同学关系和群体氛围恢复如初,哪有正义可言? 对于少不更事的未成年欺凌者来说,他们也可能成为校园欺凌的受害者。不考虑给他们以改过自新、回归群体的机会,仅以严惩了事,哪有正义可言? 难道伸张正义就是要把这些犯了错的孩子逐出校门,让他们自暴自弃,自生自灭吗?

　　美国的经验教训表明,仅仅依靠校园欺凌零容忍政策和反欺凌法,是难以消除校园欺凌的。零容忍政策下,欺凌者只不过变得更加谨慎,欺凌行为变得更加隐蔽而已。在美国,诸多相关法律和教育政策并没有起到正面的指导作用,校园欺凌零容忍政策以及严惩欺凌的法规反而使越来越多的学生陷入停学和退学的困境。此外,一些饱受争议的官司还显示,厉行校园欺凌零容忍政策,可能会误伤无意过错学生且难以纠正,造成对学生权利的事实侵犯②。相关的追踪研究报告则表明,在其他情况大致相同的情况下,从停学和退学惩罚率高的学校毕业的学生,上四年制大学的可能性

---

① Pikas, A. New Developments of the Shared Concern Method [J]. School Psychology International, 2002(3):307-326.

② 柯恩.校园欺侮与骚扰——给教育者的法律指导[M].万赟,译.北京:中国轻工业出版社,2006.

更小，却更有可能犯罪。也就是说，停学和退学处罚会增加学生未来犯罪的风险①。

美国教育界已经意识到，实行校园欺凌与暴力零容忍政策成本高昂，效果不佳，还充满风险。但是，鲜有人意识到对欺凌及其伤害的愤怒、憎恨、不容也可能变成一种伤害。憎恨令人失去冷静和理智，为伸张正义替受害者报仇雪恨，对欺凌者采取报复性惩罚措施，进而又在受罚者的心中埋下仇恨的种子。阿伦森曾经专门分析过科伦拜高中杀人案发生的根本原因，在此基础上认定零容忍政策不仅不能从根本上解决问题，还会使情况变得更糟。它加强了对某些学生的排斥，增强了学生间的隔阂，也就增加了学生心中的仇恨。

美国人并没有留意阿伦森的预警，可事实证明他的预警是正确的。

校园欺凌零容忍政策及其依仗的反欺凌法聚焦于惩罚欺凌者，视惩罚为欺凌发生之后的唯一解决之道，有悖于学校的教育初衷。身居一线亲自处理校园欺凌的教育工作者对此有深切的体会，正如美国一位小学校长狄龙（James E. Dillon）所言，法制化治理和学校教育的思维定式截然不同。前者认定学生欺凌同伴是一种不应该发生的罪错行为，因此欺凌干预的目标就在于消灭欺凌；后者则认为学生是"半成品"，通过犯错和改正错误方能成长，因此欺凌干预的目标在于改善其人际相处方式②。狄龙的"和平校车"反欺凌项目闻名于美国，他基于数十年处理校园欺凌的经验，毫不留情地批评零容忍舆论和政策：面对欺凌问题时一味地责怪某一类人，针对犯错误的学生而不针对其言行进行谴责和评判，采用武力迫使其改正错误，用欺凌的方式制止欺凌，这种思维定式将学校教育引入了误区③。学校的教育目的在于使人为善，使用惩罚的手段以恶制恶，并不能产生善的结果。追求报应性正义的欺凌零容忍政策简

---

① A, Bacher-Hicks, S. B. Billings, and D. J. Deming. The School to Prison Pipeline: Long-Run Impacts of School Suspensions on Adult Crime [R]. National Bureau of Economic Research, Working Paper, No. 26257, 2019, September.

② Dillon, J. No Place for Bullying: Leadership for Schools That Care for Every Student [M]. Crowin, 2012.

③ Dillon, J. Reframing Bullying Prevention to Build Stronger School Communities [M]. Crowin, 2015.

单而粗暴,既无惩罚之外的备选措施,也无惩罚之前的先行步骤①。就像孔子说的那样,"不教而杀谓之虐,不戒视成谓之暴,慢令致期谓之贼",这既不容于感化和教育的宗旨,也有悖于感化和教育的程序。

愤怒战胜了同情。人们对校园欺凌义愤填膺,除了强烈要求严惩外,鲜有积极作为。不但对实施欺凌的未成年人毫无同情,也无视对欺凌所致伤害和破坏的修复。这种对零容忍政策全面而深刻的反思,导致校园欺凌干预的诉求朝着"修复性正义(restorative justice)"转向。"修复性正义"(或"恢复性正义")原本是西方 20 世纪 70年代以来司法改革的一种新理念②,也是社会和解的一种政治哲学③,后来用于处理学生违纪行为,化解学生冲突④,近年来进一步聚焦在校园欺凌的调解上⑤。与报应性正义但求欺凌方得到应有的惩罚不同,修复性正义旨在修补欺凌给各方及其关系造成的伤害,尽可能使其恢复如初。它强调受欺凌者的修复,确保其被侵占的财物得以归还,被破坏的物品得以赔偿,受伤害的心灵得以安抚,受贬损的名义和身份以及受屈辱的人格和尊严得以恢复。它重视欺凌者的修复,确保其意识到欺凌造成的伤害和破坏,承担起改正、修复和赔偿的责任,真诚地向伤害过的同伴赔礼道歉,求得原谅和宽恕,最终藉悔过改过而自新——恢复名义和形象,回归并重新融入同伴群体。它着眼于社会性恢复,不但帮助欺凌实施方与受害方实现和解,恢复双方正常的同学关系,而且恢复被欺凌破坏的群体氛围,恢复被欺凌扰乱的班级和学校秩序,实现校园的安定,以达到预防和减少欺凌的效果。

以恢复性正义为取向的同伴冲突解决需要多方面的条件:受害方和施害方清晰可辨,双方有会面协商的意愿,在会谈和协商中能够充分而安全地进行接触,并且有

---

① Duncan, S. H. Restorative Justice and Bullying: A Missing Solution in the Anti-Bullying Laws [J]. New England Journal on Criminal & Civil Confinement, 2011(37):701–732.

② 吕欣,韩宁. 恢复性正义:当代刑事政策的新理念[J]. 山东公安专科学校学报,2004(5):14—20.

③ 彭斌. 社会和解何以可能?——以恢复性正义为视角的分析[J]. 学术交流,2012(9):5—9.

④ 班建武. 恢复性正义:处理学生违纪行为的教育维度[J]. 中国德育,2017(9):14—20.

⑤ 吴圆琴. 惩罚之外:恢复性司法理念在校园欺凌中的适用[J]. 安徽警官职业学院学报,2016(4):42—46.

调解人提供各方需要的帮助和支持。因此,谋求修复性正义的校园欺凌干预就成了一种多方参与的"整合性协商(integrated negotiation)"①。欺凌一旦发生,教师和专业人员就充当调解方,召集涉事方(主要是欺凌者及其家长、受欺凌者及其家长)举行治疗性(修复性)会商,澄清欺凌事件的真相,界定事件造成的伤害及影响,交流各自的感受和诉求,就纠正与修复措施各自发表意见,在协商基础上达成共识②。修复性调解与整合性协商让受欺凌者有机会表达自己的感受和需要,获得最佳的救济方式,使所受的伤害得以修复,所贬低的人格和社会身份重新获得尊重;也让欺凌者有机会意识到自身行为对同伴及环境造成的实际影响,表达悔恨并对自己的行为负责,赔礼道歉,争取宽恕,重塑形象,重新做人,回归正常的学校生活;还让包括欺凌旁观者在内的其他学生有机会参与调解的过程,承担起同伴和解及重建集体的责任③。

邀请欺凌旁观者参与修复性调解,将"同伴调解"或"同侪调解"(peer mediation)的理论与方法重新引入校园欺凌干预和预防实践之中。20世纪60年代以来,西方冲突解决研究者、非暴力倡导者、反核战活动家以及法律界人士纷纷开发同伴调解项目,指导和训练中小学生骨干或志愿者学当和事佬(peacemakers),掌握同伴调解的程序和标准,在同伴争吵时挺身而出扮演调解员,创造性、建设性、和平地解决同伴冲突④。欧美及亚洲一些地区和学校一直用同伴调解校园欺凌,且成效显著。例如,1997年新加坡教育部与法院合作,聘请美籍冲突调解顾问,在中学校园推行"同侪调解计划",训练大量学生来担任冲突调解员,有效而及时地介入欺凌开始阶段。因效果好,反响大,该计划后来推广到小学、社区以及各种社会机构,并发展为整合性的

---

① Johnson, D. W. & Johnson, R. T. Restorative Justice in the Classroom: Necessary Roles of Cooperative Context, Constructive Conflict, and Civic Values [J]. Negotiation and Conflict Management Research, 2012(1):4 - 28.

② Umbright, M. Mediating Interpersonal Conflicts: A Pathway to Peace [M]. West Concord, MN: CPI Publishing, 1995.

③ Morrison, B. School Bullying and Restorative Justice: Toward a Theoretical Understanding of the Role of Respect, Pride, and Shame [J]. Journal of Social Issues, 2006(2):371 - 392.

④ Johnson, D. W. , & Johnson, R. Teaching Students to Be Peacemakers (3rd ed.)[M]. Edina, MN: Interaction Book, 1995.

"冲突管理计划"①。加拿大、美国、土耳其、西班牙等国诸多学校个案的试验也表明，修复性同伴调解效果显著，而且比报应性的零容忍惩罚更接近于学校的教育初衷。

　　但是，这种依靠学生内部调解预防欺凌的经验，在貌似强大的以学校为基础的全方位防治体系和法制化社会综合治理体系中并不起眼。同伴调解的理论与方法将同伴欺凌置于学生冲突框架之下，把它当作学生冲突——一种破坏性解决策略加以纠正，跟校园欺凌全校防治和社会综合治理的基本理念颇不一致，因而长期不受待见，一度被边缘化。直到校园欺凌防治的诉求从报应性正义转向修复性正义，同伴调解的价值才突显出来，引起重视。它依靠学生的积极参与，大大地充实了校园欺凌修复性调解的力量，使伸张修复性正义的欺凌干预实践有可能大面积推广。由于学生充当调解员，同伴纠纷能够及时被发现，在冲突失控前就得到和平解决，这就大大地减少了欺凌发生的可能。即使调解失败，欺凌不幸发生，现场其他同伴不再是旁观者而是调解员，欺凌也难以为继，至少会同时减少欺凌行为因有人旁观而给欺凌者带来的快感和得意，以及给受欺凌者带来的痛苦和屈辱。何况，同伴调解本身会发挥自我说服作用，做同伴调解工作的学生若是欺负同伴，就会发生严重的认知失调。总之，同伴调解为欺凌干预实现修复性正义提供了一种可靠、有效而廉价的方法。

　　另一方面，修复性正义也赋予同伴调解以新的精神气质。同伴调解最终的目的在于使冲突双方实现和解，关键在于使欺凌者停止伤害同伴的行为并且真诚地悔过、改过、补过。但是，修复性同伴调解不把悔过、改过和补过当成是欺凌者应得的报应、惩罚或羞辱，而视为欺凌者应该承担的修复责任，并且以此为其创造获得宽恕、恢复名义、重塑形象、回归同伴群体的条件。可以说，恢复性同伴调解是一种"无惩罚"的欺凌干预方法。美国学校咨询师和教育活动家培恩（Kim John Payne）甚至发明了一种"无责备"的"社会融入法（social inclusion approach）"，指导、训练家长去了解并打破孩子在学校遭受同学取笑和欺负的状态②。近十年来，他将这种方法推广到棍石

---

① 林佳璋.霸凌防制教育政策探析［C］.4th International Conference on Education Reform and Modern Management，2017.

② 培恩，罗斯.简单家长经［M］.杨雪，张欢，译.沈阳：辽宁科学技术出版社，2013.

交加、欺凌盛行的学校当中，实施"无责备的同伴调解项目"，把欺凌旁观者转变成欺凌调解者，使目睹欺凌行为的学生有勇有谋，不但敢于说不，而且善于斡旋，运用无责备更无惩罚的同伴调解程序和方法，去劝阻欺凌，伸张正义，修复关系，促成和解①。

培恩基于修复性正义的社会融入法以及无责备更无惩罚的同伴调解项目，令人不由得回想起皮卡斯早年提出并且一直倡导的不责备也不惩罚疑似欺凌者的共同关切法。所不同的是，共同关切法中由心理辅导员或训练有素的教师来担当欺凌调解员。实际上，皮卡斯及其追随者在实践中深感教师充当学生欺凌调解员之难。除时间和人手不足之外，教师召集疑似欺凌团伙及可能受害人举行的峰会经常成为双方冲突的延伸，针锋相对的争吵可能进一步加剧双方的敌意，连换位思考和角色扮演都在强化双方的敌意。这使皮卡斯意识到，学生在激烈的冲突中难以平静地思考，理想状态是，在学生发生激烈冲突之前，即双方尚无明显敌意之时，就有人出面调解。这样的调解员不可能由教师来担当，也不可能由少数几个学生骨干或志愿者来担当，而只能是由全班学生一起来担当。于是皮卡斯将共同关切法升级为一种人人参与的同伴调解模式，从教师调解逐渐过渡到学生调解，将欺凌事件当事人的共同关切扩展为全班学生的共同关切。皮卡斯设计了一套训练课程，确保"全班参与欺凌调解（ACBM）"②，无论哪个学生见到同学有冲突的苗头，都能按照共同关切法的基本程序进行同伴调解：在轻松的气氛中分别与冲突双方交谈，饶有兴趣地听取双方的意见；一旦冲突双方相互取得信心，就友好地向双向征询对方也能接受的建议；如果没有找到共同解决的提案就承认调解失败，但通常可以得出一个建设性的提案以使最后的双方峰会得以举行。

全班共同关切的同伴调解与修复性同伴调解有一个明显的区别。如前所述，前

---

① Christensen, L. M. Sticks, Stones, and Schoolyard Bullies: Restorative Justice, Mediation and a New Approach to Conflict Resolution in Our Schools [J]. Nevada Law Journal, 2009(2):545 - 579.

② Pikas, A. ACBM Teacher's Manual (Vers. 6th) [EB/OL]. https://pikas. se/SCm/ACBM-ManualYear2002. pdf,2002.

者人人参与同伴调解,而后者只选拔和训练有才能的学生成为调解员。两种同伴调解还有一个更加本质的区别。全班共同关切的同伴调解要求调解员在欺凌调解中保持中立,不追究责任,不伸张正义,仅仅在冲突双方之间穿梭斡旋,促进双方自愿达成和解协议,是名副其实的调解。修复性同伴调解虽然不把欺凌者悔过、改过、补过的责任视如报应性的惩罚,培恩的社会性包容法甚至避免责备欺凌当事人和旁观者,但毕竟要追究责任,伸张正义,因此调解员主持公道、伸张正义,就不得不像法官那样对欺凌者的罪错进行裁判。这容易引发欺凌者的辩解和反抗,进而加剧欺凌者与受欺凌者的敌对,最终导致同伴调解难以实施。所以,皮卡斯坚决与修复性正义划清界限,在全班人人参与欺凌调解(ACBM)中坚持共同关切的初衷,不仅可以指导和训练全班学生采取中立的立场参与同伴欺凌的调解,而且能更加彻底地把同伴欺凌看成是一般的学生纠纷,刻意避免追究责任和伸张正义,以保证同伴欺凌成为全班的共同关切,共同加以解决。

四、从同伴调解到合作学习

皮卡斯及其追随者始终认为,在应对校园欺凌问题上,共同关切法以及全班学生人人参与的同伴调解比修复性调解及报应性惩罚更有成效。但在另一些学者以及反欺凌一线的多数教育工作者看来,一切直接干预校园欺凌的措施都企图快刀斩乱麻、立竿见影、一招制胜,其实治标不治本。

明尼苏达大学教育心理学教授约翰逊(David W. Johnson)基于社会相互依赖理论,在 20 世纪 60 年代就开发并实施了一个"教学生做和事佬项目",引导学生认识冲突的性质和价值,训练学生轮流担当和事佬,开展整合性协商,调解同伴冲突①。在他看来,天天生活在一起、低头不见抬头见的学生们发生冲突是再正常不过的事。他还强调,这种同伴冲突具有潜在的积极价值,关键在于建设性地解决冲突,从中习得

① Johnson, D. W. Social Psychology of Education [M]. Edina, MN: Interaction Book. 1970.

公民价值观。他从观察和研究中发现，学生冲突源于竞争，破坏性地解决冲突之后，遗留下来的依然是相互竞争的消极关系。同伴欺凌就是一种破坏性解决冲突的策略。其问题在于，即便欺凌停止，遭到破坏的双边关系仍然是相互对抗的竞争性关系。在他看来，许多聚焦于个人变量的冲突解决和欺凌干预不见成效、于事无补，原因就在于它们忽视关系对于个体的意义和影响①。

约翰逊兄弟的共同研究表明，只有建设性地解决冲突才能产生合作的积极关系，伸张正义的校园欺凌干预因而立足于关系变量的修复和维系。他们主张在学生冲突发生或矛盾激化之前实行同伴调解，在冲突发生后进行谋求修复性正义的整合性协商，此外，还需要创设一种合作的校园环境，将学校建设成为正义共同体，使学生们得以持久地维系其积极关系，并从中习得公民价值观。约翰逊兄弟因而极力倡导以合作学习作为学校的主要教学策略。他们的研究证明，合作学习乃是修复性正义程序得以有效使用，同时降低学生间伤害性攻击频率的保障②。约翰逊兄弟就这样重新构建了欺凌干预的流程：致力于学校道德共同体建设，把学校构建成正义共同体，在一场破坏性的冲突（如欺凌）发生之后，运用建设性冲突解决策略（同伴调解和整合性协商）和合作学习，恢复并持久地维持学生间的积极关系。

德克萨斯大学社会心理学教授阿伦森的现场实验和开创性研究得出了与约翰逊兄弟相似的结论。20 世纪 70 年代初，阿伦森曾经应邀去帮助奥斯汀学区解决公立学校因推行种族融合政策而引发的大面积种族冲突问题（特别是种族欺凌问题）。他注意到，这类冲突绝大多数起源于课堂，扩展至校园各个角落，延伸到校车和街头，且呈愈演愈烈之势。他率领一批研究生进驻校园，进行系统的课堂观察。他们发现，传统课堂中的排他性竞争即便不是不同种族学生之间发生冲突的根源，也是加剧冲突

---

① Johnson, D. W. & Johnson, R. T. Conflict Resolution and Peer Mediation Programs in Elementary and Secondary Schools: A Review of the Research [J]. Review of Educational Research, 1996(4):459-506.

② Johnson, D. W. & Johnson, R. T. Restorative Justice in the Classroom: Necessary Roles of Cooperative Context, Constructive Conflict, and Civic Values [J]. Negotiation and Conflict Management Research, 2012(1):4-28.

的一种重要因素。于是，他设计了一种别具一格的"拆拼课堂(jigsaw classroom)"，引导学生通过组内分工、组间合作再回到组内互教互学，在有限的时间内完成复杂且可分解的学习任务①。阿伦森本人的实验以及此后诸多重复实验的结果都表明：拆拼课堂中的小组合作学习效率高，全体学生特别是社会处境不利学生的学业成绩有显著提高；各族裔学生之间敌意迅速消退，相互之间变得友好；他们不但喜欢本组同学，也喜欢别组同学，两者居然没有显著差异②。

　　基于上述发现，阿伦森对哥伦拜高中枪杀案之后美国风声鹤唳的欺凌与暴力零容忍政策及校园安全保卫措施颇不以为然。他调侃，这种从次要原因入手的校园欺凌与暴力防治，如同当年英国名医斯诺(John Snow)靠拆除水泵把手不让伦敦宽街居民取用河水的方式防治霍乱，乃是一种治标性措施。阿伦森将美国盛行的这种校园欺凌与暴力防治措施戏称为"水泵把手式干预"(Pump-Hand Interventions)。他明确指出，校园欺凌与暴力的根源在于学校和课堂上无处不在的排他性竞争，因此，在学校和课堂中营造合作、同情、仁爱的氛围才是解决问题的根本之道③。如果说约翰逊兄弟意在将学校打造成正义共同体，那么阿伦森意在将学校建设成为关怀共同体。两者虽有不同，但都将根治校园欺凌和暴力的希望寄托于以合作学习取代排他性竞争。这种"根源性干预"才是消除校园欺凌的治本性措施。

　　约翰逊兄弟以及阿伦森的见解得到了深受校园欺凌和暴力之苦的孩子家长的认同，也得到教育一线实战经验的检验和印证。其中颇具代表性的是纽约林伍德小学校长狄龙，他是奥维斯欺凌干预项目在美国的积极支持和推广者，但在实践中他把这个项目改造成了颇具美国特色的"和平校车项目"，致力于在校园里、课堂中和校车上营造一种相互尊重与合作的氛围，指导和训练年长的学生在校车和操场等教师难以

---

① Aronson, E., Blaney, N., Sikes, J., Stephan, C. & Snapp, M. Busing and Racial Tension: The Jigsaw Route to Learning and Liking [J]. Psychology Today, 1975(8):43-59.

② Aronson, E. & Patnoe, S. Cooperation in the Classroom: The Jigsaw Method [M]. Pinter & Martin Ltd, 2011.

③ Aronson, E. Nobody to Left Hate: Teaching Compassion after Columbine [M]. W. H. Freeman and Company, 2000.

时刻监管的场合帮助并保护弱小同伴。此举大获成功，使得同伴欺凌现象几乎绝迹①。这个项目因而深受青睐，广及多国，延至大学。

狄龙积多年反欺凌之经验，认定学生不是问题，而是答案。学生本性友善，并且渴望与同伴友好相处。学校如果真正关心并关照到每个学生，就不会给同伴欺凌以立锥之地②。可见，校园欺凌的症结不在学生，而在学校。在他看来，学校按部就班、纪律严明、严格控制的工厂化设置，是包括学生欺凌在内诸多问题的根源。在学校现有设置下，防治学生同伴欺凌的诸多措施呈现出恃强凌弱、以大欺小的蛮横特点，本质上无异于学生同伴欺凌，可以说是另一种校园欺凌。狄龙因此主张把对欺凌的直接防治重构为对学校的全面改造，以学生为中心，以原则为基础，尊重并信赖学生，善待学生成长中的过错，强化关系，在课堂上鼓励合作学习，营造友善、融洽的校园环境，把学校建设成为更加强大的共同体③。

五、传统回归中的新义

以上综述可见，对未成年学生欺凌行为的性质、成因及影响的不同认识，促成了校园欺凌干预政策的不同取向。总的来说，目前世界各地校园欺凌干预政策推崇报应性正义取向的零容忍打击，同时，修复性正义取向和人道关怀取向的同伴调解也受到越来越多的重视。但是，教育界更倾向于用合作学习和学校道德共同体建设来发展积极的学生关系，从根本上改造校园欺凌发生的环境。

报应性正义取向不放过欺凌者，认定欺凌是反社会的攻击行为，是欺凌者个人本性邪恶的表现，因而对欺凌者深恶痛绝，嫉恶如仇，毫不容忍，不但严词谴责，还不折

---

① Dillon, J. The Peaceful School Bus Program [M]. Hazelden, 2008.

② Dillon, J. No Place for Bullying: Leadership for Schools That Care for Every Student [M]. Crowin, 2012.

③ Dillon, J. Reframing Bullying Prevention to Build Stronger School Communities [M]. Crowin, 2015.

不扣地给予报应性惩罚，以使正义得以伸张。

　　修复性正义取向聚焦于欺凌行为及其对受欺凌者、旁观者乃至欺凌者所造成的伤害，对群体关系和氛围所造成的破坏，把欺凌看成是一种同伴冲突破坏性解决策略，坚持以整合性协商和同伴调解等建设性策略解决冲突，对欺凌行为有责备，对欺凌者不惩罚，只要求其承担悔过、改过、补过等修复性责任，在此基础上谋求宽恕，达成和解，使正义得以修复。

　　人道关怀取向刻意避免当事人欺凌感和受欺凌感的加剧，把同伴欺凌当作普通的同伴冲突来处理，以不责备、不惩罚、不追究责任为原则，确保同伴欺凌成为全班同学的共同关切，训练和指导全体学生参与同伴调解，共同解决欺凌争端。

　　经过数十年的探索，校园欺凌干预的研究与政策导向仿佛又回到了起点。尝试了那么多，研究结果却表明，似乎是越早出现的校园干预措施和政策越可靠，越贴近学校教育初衷的干预越有效。遗憾的是，这个结论不容易说服民众和官方。民众和官方对校园欺凌越敏感，越觉得问题严重，就越有可能推崇直截了当的强力干预措施。殊不知，校园欺凌干预措施越直接、越强势，效果就越差，风险也越大。校园欺凌的根本解决之道不在治理严打，也不在预防调解，而在于学校营造正义和关怀氛围，发展学生的合作关系。简而言之，校园欺凌的根本解决之道在教育。

第五章

皮卡斯的"共同关切法"

如前所述，学校欺凌事件往往起源于学生中的打闹和捉弄。随着伤害的发生，伤害者内心发生认知失调；伤害者出于自我一致性，为自我辩护，便将所有过错推给受害方，导致产生对受害方的恶意；这种恶意又会引发进一步的欺凌行为。因此，在疑似欺凌事件刚刚发生的时候，便要设法进行干预，阻止欺凌嫌疑人恶意的发生和发展。

对欺凌行为零容忍，严惩重罚欺凌者，可以防止欺凌者的恶意吗？研究业已查明，严惩重罚对明目张胆的欺凌行为可以起到一定的制止、威慑和预防作用，但难以改变欺凌者对欺凌行为及欺凌对象的态度。因为，不必改变对欺凌行为及欺凌对象的看法，光严惩重罚本身就足以使他们暂停欺凌或将欺凌转入地下[①]。严惩重罚反而会加剧欺凌者的认知失调，激起其强烈的自我辩护，加深其对欺凌对象的憎恨和敌意，进而采取人们不易察觉的阴暗方式实施更加凶狠的欺凌。由于他们成功地说服自己确信"错不在我"，迫使他们承认罪错、悔过道歉、承担后果、接受严惩重罚，在他们心中就是一种冤屈、不公和羞辱。他们也会因此对执行处罚的个人和机构心怀不满、愤恨和仇视，他们渴望"伸张正义"，甚至实施报复，为自己"讨还公道"。因此，对校园欺凌零容忍，对欺凌者严惩不贷，是一种看似充满正义实际上却充满风险的粗暴做法。

那么，给严厉的惩罚辅以严肃的批评教育，恩威并施，严慈相济，可以感化欺凌

---

① 黄向阳,阿伦森.不让一个孩子受伤害:校园欺凌与暴力的根源干预[J].教育研究,2019(12)：
　　145—151.

者,消除其恶意吗? 诚然,持续而耐心的批评、规劝、训诫、警告、处罚,很可能会使欺凌者由衷地承认错误,承认自己欺负和伤害了同伴,承认受害者纯粹无辜。这种情况下,欺凌者会自然而然地放弃自我辩护。然而,正如认知失调理论所揭示的那样,在减少欺凌所致的认知失调的心理努力中,承认自己犯下欺凌罪错,就得改变与之冲突的正向自我认知。所谓改变正向自我认识,其实就是内疚、自我谴责和自我羞辱——承认自己是坏蛋,是恶棍。吊诡的是,一旦把欺凌者规训得由衷地承认自己是坏蛋或恶棍,再指望他们停止欺凌、承担欺凌后果或者做出别的任何善举就显得十分荒谬了,因为诸如此类的积极行为与其消极的自我认知是完全相悖的。正如日常观察所显示的那样,放弃正向自我认知的欺凌者必定继续作恶,并且肆无忌惮。

严词训诫和严厉惩罚欺凌同伴的未成年人,背后都是把这些犯有过失的孩子当坏蛋或恶棍看待。这种来自身边重要他人的评价其实也是一种不由自主的期许,它会传递给孩子本人,并且在孩子身上得以实现——最终如人们所愿,成了坏蛋或恶棍。这种令人唏嘘不已的现象,在西方有人称之为"俄狄浦斯效应",我们不妨称之为"芈月效应"。在电视剧《芈月传》中,芈月是楚威王的女儿,可她降生时恰逢太史令晚观星相断言有霸星降临。小公主一出生就被视为会给楚国带来灭国之灾的祸害,遭到嫌弃和陷害。芈月公主流落民间,得以历练,习得诸多在宫中长大的王子公主所不具备的特质。她长大后回归王室,却又作为媵女陪姐姐嫁给秦王。芈月慢慢成了秦王十分信任和依赖的爱妃,最终协助秦国打败了自己的母国。楚国由此转盛为衰,最后被秦国所灭。芈月果真如预言所测,成了祸害楚国的霸星、灾星。可是这种结局恰恰就是重要人士的预言以及与之相随的一系列反应造成的。对疑似欺凌者进行严斥严惩就可能发生这种"芈月效应"。

综上所述,防止欺凌者主观恶意的干预,关键在于为欺凌者减少欺凌所致的认知失调找到一条恰当的出路。这种干预既不能激起欺凌者为捍卫正向自我认知而自我辩护,又不能诱使欺凌者承认欺凌过失而自我羞辱。剩下的出路似乎只有一条,那便是,增加适当的新认知,以协调欺凌者心中有关自我的积极认知和有关欺凌的消极认知。

这不由得令人想到皮卡斯所做的工作有多么难得。皮卡斯发明共同关切法，用以调解欺凌嫌疑人与可能受害人之间的矛盾，让欺凌嫌疑人主动终止欺凌，并与受害人达成和解。这套校园欺凌调解技术和方法在制止青少年的群体欺凌行为方面相当成功，许多国家或地区的校园欺凌干预项目借鉴甚至抄袭这套技术和方法，却很少提及皮卡斯及共同关切法的贡献。这让皮卡斯非常不满，即使年过九十，也依旧不断抨击校园欺凌研究界的学术欺凌现象。

皮卡斯的问题在于，他用英语向世界各地同行推荐他发明的方法时，过于执着于共同关切法的程序和技术不走样，拒不承认任何因地制宜的修正；他津津乐道于共同关切法对欺凌行为几乎无一败例的干预成果，却没有留意并从理论上解释其成功的关键在于疑似欺凌者态度的转变，他并没有意识到他发明的共同关切法为欺凌嫌疑人减轻伤害事件所致的认知失调、防止其主观恶意的萌发和蔓延开辟了一条非同寻常的道路。

一、从"欺凌劝诫法"到"共同关切法"

如前所述，学生当中的同伴欺凌历史久远，但直到 20 世纪 70 年代才在北欧首先引起一些心理学家的关注。当时，研究者们跃跃欲试，试图解决青少年中被北欧各地称作"mobbing"的团伙欺凌问题①。可惜的是，众多干预纷纷以失败告终。皮卡斯发现，其中一个重要原因在于各地的干预是针对欺凌团伙同时进行的。在他看来，团伙欺凌的动力机制不同于个体欺凌。欺凌团伙对其成员有一种普遍的心理控制，就是说，成员因受到折磨受害人的群体意识的控制而做出欺凌行为。所以，皮卡斯主张，对团伙欺凌进行的干预不宜以群体为单位，而宜将欺凌团伙瓦解，与团伙中各个成员分别谈话。在谈话中，务必使欺凌团伙的每个成员清楚自己内心的担忧，但对他们的欺凌行为不予置评，予以保留，以便将群体分解成个人，帮助各个欺凌者摆脱有害的欺凌习惯。

---

① Orton, W. T. Mobbing [J]. Health and Social Services Journal, 1975, 96(3): 20-27.

1974 年，皮卡斯以上述思想为指导，在瑞典乌普萨拉大学开设了一门名为"冲突解决"的师范课程。他把前来听课的大学生组织成为一个反欺凌小组，训练并指导他们成为治疗校园欺凌的辅导员，然后深入到乌普萨拉市的一些中小学里，去处理团伙欺凌事件。大学生们使用皮卡斯设计的谈话方案和脚本，采取分别谈话、各个击破的策略，第一次对团伙欺凌进行干预就获得了成功。皮卡斯对反欺凌小组的作业进行系统分析和总结，并于 1975 年用瑞典文出版了《我们这么阻止欺凌》①。此乃全世界反校园欺凌研究的开山之作。

皮卡斯试着用英语向世界各国介绍自己的方法，起初他将其称之为"会议记录句法（minute-sentence method）"②，后来又将其命名为"启发式命令法（Suggestive Command method，SCm）"，最终经人建议改名为"劝诚法（Persuasive Coercion method，PCm）"③。这是一种与欺凌者谈话的方法，类似于我国学校德育常用的说服教育法④——动之以情，晓之以理，最终要求欺凌者改过迁善，终止欺凌。但是，皮卡斯的欺凌劝诚法又与普通的说服教育法有所不同。它是一种有谈话脚本的结构化谈话法，因而排除了谈话的随意性，又使得这种方法简便易行。然而，皮卡斯发现他发明的劝诚法作用也有限，其效果取决于辅导员的权威性。也就是说，劝诚法适用于那些认可辅导员权威的欺凌者（如年幼的儿童），而对那些试图挑战权威的青少年就不怎么有效。一种更具普适性的终止欺凌方法有待发明。

皮卡斯并没有明确地意识到，劝诚法中严肃但温和的训诚、警告和威胁会加剧欺凌者的认知失调以及与自我认知相一致的自我辩护、自我说服，从而加深其对受害人的憎恨和敌意。但是，皮卡斯逐渐意识到，在英语世界中，"劝诚（persuasive

---

① Pikas, A. Så Stoppar Vi Mobbning (So We Stop Mobbing) [M]. Stockholm: Prisma, 1975.

② Pikas, A. Treatment of Mobbing in School: Principles for and the Results of the Work of an Anti－Mobbing Group [J]. Scandinavian Journal of Educational Research, 1975,19(1):2‐12.

③ Pikas, A. The Common Concern Method for the Treatment of Mobbing [C]. Munthe, E. and Roland, E. (eds.). Bullying: An International Perspective. London: David Fulton, 1989:91‐100.

④ 黄向阳.德育原理[M].上海:华东师范大学出版社,2000:156—169.

coercion)"几乎与"压服(coercive persuasion)"同义,并不是一个褒义的表达①。劝诫法的强制性令人不快,学生即使听从劝诫,停止欺凌行为,也未必口服心服,在态度上发生改变。可是,剔除了劝诫法中的训诫、警告、威胁的因素,怎能劝说欺凌者终止欺凌呢?

皮卡斯苦思冥想之际,恰逢美国总统吉米·卡特(Jimmy Carter)一改美国强势外交的传统,实施"忍耐外交",通过谈判解决国际争端:与巴拿马签约确保巴拿马运河的中立地位;邀请埃及总统萨达特与以色列总理贝京同赴美国谈判,通过调停使双方最终签订"戴维营协议",结束两国持续了三十年的战争状态;与勃列日涅夫谈判,在维也纳签订新的美苏限制战略武器条约;派遣特使与伊朗谈判,解救被伊朗扣押的美国驻伊朗大使馆工作人员。可叹的是,美国人民等不及人质全部获救就在大选中抛弃了他们眼中这位"美国有史以来最软弱的总统"。卡特卸任之后对忍耐外交和国际调解的热情不减,成了一名世界和平的重要推动者。他创立卡特中心,代表美国做出过许多艰难的国际冲突调解工作,特别是冒着生命危险前往海地斡旋谈判,成功说服海地军政府移交权力,在美国动武之前化解了海地危机②。卡特因此享誉全球、广受信赖,虽年事已高却经常担任和平使者,在发生冲突的国家之间进行外交斡旋,成为"美国有史以来最受人尊敬的前总统之一"。

1983 年 4 月 28 日,卡特应邀在摩斯大学(Mercer University)作题为"谈判:敌对行动的替代选项"的演讲,系统阐述他在外交实践当中摸索出来的那套正义与和平取向的冲突解决哲学,还极力将这套冲突解决哲学推荐给美国法律界,用以指导民事纠纷的处理。在他看来,美国律师普遍怂恿客户通过诉讼解决纠纷,导致美国诉讼泛滥,法院积案成山,司法制度名声败坏。有些诉讼长达十余年,涉事双方都不堪折磨。即使对于最终赢得官司的那一方,通常也不过是赢得了一场空洞的胜利,因为时间漫长、痛苦不堪且费用高昂。这类诉讼的惨胜者犹如一场代价高昂、充满血腥的战争的胜利

---

① Schein, E. H. Coercive Persuasion [M]. New York: Norton, 1961.

② Carter, J. A Full Life: Reflections at Ninety [M]. New York: Simon & Schuster, 2015:194-195.

者,杀敌一千却自损八百。有鉴于此,卡特十分赞同好律师的衡量应以很好地代表客户的利益,尽量不让客户上法庭为准。他坚信,正义可以在法庭之外更有效、更公平地得以伸张。他告诉美国律师,在许多情况下,对客户最为有利的,是通过调解、谈判或仲裁来解决纠纷,或者通过争执双方达成面对面讨论的协议来解决纠纷。有的时候只要与没有偏向的可靠人士一起回顾一下事实,就可以找到相对容易的解决方案。①

皮卡斯受到启发,借鉴卡特的国际调解经验以及他的冲突解决哲学,在 20 世纪 80 年代中期开发出一种广泛适用的团伙欺凌调解方法,训练和指导辅导员去处理学生中的团伙欺凌事件。他在 1987 年出版瑞典文专著《我们这么与校园欺凌作斗争》,总结了这方面的研究和尝试②。1989 年,他在用英文向世界各国介绍他发明的这种校园欺凌调解方法时,称之为"Common Concern method (CCm)"。③ 后来,他听从英国同行的建议,将自己发明的方法定名为"Shared Concern method (SCm)",但他有时也称之为"Method of Shared Concern (MSC)",而英语国家的学者则更加习惯使用最后一种称呼。无论哪个英文名,中文都可以译为"共同关切法"(或"共同关注法""共同关心法")。

皮卡斯的共同关切法一方面承袭北欧早期学校心理学家干预校园欺凌的传统,将目标聚焦于欺凌者的思想和情感,采取各个击破的策略,与欺凌团伙成员逐个谈话,用结构化的谈话脚本和启发式手法唤起欺凌者的良知和同情心,期待他们对备受折磨的受害者产生普遍关切的强烈体验,邀请他们一道来想办法解决受害者遭遇的艰难处境④。另一方面,它借鉴国际冲突解决的调解模式,在欺凌者与被欺凌者之间

---

① Carter, J. Negotiation, The Alternative to Hostility [M]. Macon, GA: Mercer University Press, 1984.

② Pikas, A. Så Bekampar Vi Mobbning I Skolan (So We Fight Mobbing in School)[M]. Uppsal: Ama Dataservice Förlag, 1987.

③ Pikas, A. The Common Concern Method for the Treatment of Mobbing [C]. Munthe, E. and Roland, E. (eds.). Bullying: An International Perspective. London: David Fulton, 1989.

④ Pikas, A. Gemensamt-Bekymmer-Metoden: Handbok för Ett Paradigmskifte I Behandling av Skolmobbning [M]. AMA dataservice, 1998.

斡旋，促成双方形成一种全新的共同生活的关系，使被欺凌者受到的伤害得以修补。

根据皮卡斯发表的论文，当教师感知到班级中有学生受到了欺凌，通过被欺凌者或其他学生了解到欺凌者是谁，就应该着手开始干预和调解，其调解过程分为如下四个阶段。①

第一阶段，与欺凌者进行谈话。先与欺凌者逐个进行个别谈话，让他们描述被欺凌者当下的处境和状态，使他们认识到这是一个需要给予关注并解决的问题，在此基础上征求他们如何改善被欺凌者处境的建议，并将其建议记录下来；然后与欺凌团伙进行集体谈话，就解决问题的方法询问意见，一旦有好的建议就予以确认，最后达成共识。

第二阶段，在欺凌者与被欺凌者之间斡旋。传递他们彼此对于问题解决的意见，直到被欺凌者接受欺凌者们的方案，同意与他们面对面协商、和解为止。同时，让疑似欺凌团伙为下一步与可能受害人见面准备友好的开场白。

第三阶段，举行欺凌当事人峰会。由欺凌嫌疑人主动招呼受害人，表达歉意和改变行为的意见。在双方当面同意和解后，调解员提供一份欺凌团伙承诺停止欺凌、改善关系的书面协议，供双方签署。

第四阶段，在峰会结束一周之后对欺凌者进行回访。如果发现欺凌者还在继续骚扰和欺负受害人，则按照上述程序，再次进行调解。

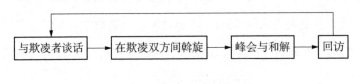

图 5-1　共同关切法的调解程序

皮卡斯醉心于不断改善共同关切法的谈话程序和技术。他的"共同关切法"英文网站（https://www.pikas.se/scm/）的最新主页面显示，他已将调解程序调整为：第

---

① Pikas, A. New Developments of the Shared Concern Method [J]. School Psychology International，2002，23(3):307-326.

一阶段与欺凌嫌疑人进行个别谈话,第二阶段与可能受伤害人进行个别谈话,第三阶段与欺凌嫌疑人进行集体谈话,第四阶段举行欺凌当事人峰会①。也就是说,把与可能受害人谈话当作一个独立程序予以加强,同时把回访当作一个备选的辅助性程序加以弱化。

无论如何,从整个流程上看,共同关切法是一种刻意回避疑似欺凌者的过错,努力唤起其善意,邀请疑似欺凌者和可能受害人一起和平解决欺凌问题的冲突调解方法。如果说皮卡斯早期的"劝诫法"还是一种带有强制性的说服教育法的话,那么,用调解替代强制的共同关切法也可以说是一种"劝和法"。

二、对欺凌过错的建设性忽视

相对于诸多惊天动地、涉及面广、代价高昂、效果令人怀疑却充满风险的校园欺凌综合治理项目,共同关切法好似润物细无声,是一种涉及面小、廉价却与学校教育目标相一致的校园欺凌干预对策②。此法一经英文论文推荐,就受到世界各地诸多一线教师的青睐。皮卡斯本人也曾努力推广自己发明的反欺凌方法,但对各地同行因地制宜的改进不以为然。

1991年,皮卡斯应谢菲尔德大学心理学教授史密斯(Peter K. Smith)和夏普(Sonia Sharp)的邀请,到英格兰讲学,开设工作坊培训当地教师。这次推广培训导致英格兰第一个反校园欺凌行动"谢菲尔德项目(The Sheffield Project)"中有5所中学采用了共同关切法③。1992年,皮卡斯应邀前往苏格兰开设培训工作坊,此后的研究报告显示,当地至少有14名得到过皮卡斯指点的中小学教师在各自的学校采用共同

---

① Pikas, A. Phases in SCm Illustrated. Short version [EB/OL]. https://www.pikas.se/scm/.

② 顾彬彬.从严惩到调解:校园欺凌干预取向的演变及趋势[J].教育发展研究,2019(2):54—63.

③ Smith P.K., Sharp, S., Eska, M., & Thompson, D. England: The Sheffield Project [C]. In Smith, P. K., Pepler, D. & Rigby, K. (Eds.). Bullying in schools: How Successful Can Interventions Be? Cambridge, UK: Cambridge University Press, 2004:99‐123.

关切法处理学生中的欺凌事件①。英国教师甚至受到启发，先是公开提出"不揍欺凌者"的主张②，进而根据自己的理解及当地的情况对皮卡斯共同关切法进行改造，以视频的方式推出了一种所谓的"不责备法（The No Blame Approach）"③。这种英式共同关切法经由史密斯和夏普的理论化④，最终成为一种与皮卡斯共同关切法齐名的校园欺凌干预方法⑤。

1993 年，皮卡斯应南澳大利亚大学教授里格比（Ken Rigby）的邀请，远渡重洋，在澳大利亚举办工作坊，进行共同关切法师资培训。此后，澳大利亚新南威尔士州一所中学专门采用共同关切法实施反校园欺凌行动⑥。2006 年，皮卡斯再度应里格比之邀，赴澳大利亚举办培训工作坊。事后，里格比组织参加培训的学员一起表演和讲解共同关切法，拍成 DVD 视频，为更多的教师提供使用这种方法的培训⑦。澳大利亚中小学教师成了世界上最热衷于皮卡斯共同关切法的一个群体。里格比对澳大利亚教师运用共同关切法处理校园欺凌事件的探索和改进加以总结，于 2011 年出版了世界上第一部以《共同关切法》为书名的专著⑧。里格比因此成了被皮卡斯认可的共同关切法最为知名的推广者和研究者。

———————

① Duncan, A. The Shared Concern Method for Resolving Group Bullying in Schools [J]. Educational Psychology in Practice, 1996,12(2): 94 - 98.

② Maines, B. & Robinson, G. Don't Beat the Bullies! [J]. Educational Psychology in Practice, 1991,7(3):168 - 172.

③ Maines, B. & Robinson, G. Michael's Story: The No Blame Approach [M]. Bristol: Lame Duck Publishing, 1992.

④ Sharp, S. & Smith, P. K. Tackling Bullying in Your School: A Practical Handbook for Teachers [M]. London: Routledge, 1994.

⑤ Rigby, K. Bullying Interventions: Six Basic Methods [M]. Camberwell: ACER, 2010.

⑥ Peterson, L., & Rigby, K. Countering Bullying at an Australian Secondary School with Students as Helpers [J]. Journal of Adolescence, 1999,22(4):481 - 492.

⑦ Rigby, K. & Griffiths, C. Applying the Method of Shared Concern in Australian Schools: An Evaluative Study [R]. Canberra: Department of Education, Employment and Workplace, 2010.

⑧ Rigby, K. The Method of Shared Concern [M]. Camberwell: ACER Press, 2011.

共同关切法还被纳入一些地方的全校性欺凌防范项目之中,与其他欺凌干预措施混用。例如,西班牙"塞维利亚反欺凌学校项目(Seville Anti-Bulling School Project)"①以及"芬兰反欺凌干预项目(The Finnish Anti-Bullying Intervention Programme)"②,均将皮卡斯的共同关切法作为个人层次欺凌干预的一项备选措施加以使用。此外还有许多貌似不大光彩的使用情况。据皮卡斯报道,他在 2008 年曾用谷歌引擎进行搜索,发现有 800 多份有关共同关切法的研究报告,其中大多数报告并不提及这种方法的原创者。这让皮卡斯很不悦。

皮卡斯对抄袭者的研究报告不屑一顾,对于他最为认可的里格比教授在推广共同关切法过程中因地制宜做出的修正也颇有微词,他甚至认定澳式共同关切法跟他原创的共同关切法并不是同一个版本,反倒更像是他在 20 世纪 70 年代发明和使用的欺凌劝诫法。其原因就在于,里格比推广的澳式共同关切法中,作为欺凌治疗师或调解员的教师在与欺凌嫌疑人见面谈话之前,会事先深入到学生当中进行侦查,尽可能地获取他们将要处理的欺凌事件的详细信息。皮卡斯认为,这样收集信息会让成年人对这个具体案子中的过错做到心中有数。在他看来,这样的侦查对于审讯来说是恰当的,对于共同关切法来说却是不妥的。

如果亲眼看到了强势的学生欺凌弱小的学生,根本不需要大费周折使用共同关切法,运用劝诫法或者其他方法直接进行干预才对。何况,调解员并没有时间去详细了解情况。皮卡斯建议,如果调解员不了解自己将要处理的疑似欺凌事件,就不要从收集更多的信息入手。在他看来,调解员不了解情况是一个优势,可在调解中加以利用。这样的话,调解员才会发自内心充满好奇地问:"发生什么事了?"

说起来,这也是皮卡斯发明和使用欺凌劝诫法的一个教训。当年,他在与欺凌嫌

① Ortega, R., & Lera, M.J. The Seville Anti-Bulling School Project [J]. Aggressive Behaviour, 2000,26(1):113 - 123.

② Salmivalli, C., Kaukiainen, A., Voetin, M., & Sinasammal, M. Targeting the Group as a Whole: The Finnish Anti-Bullying Intervention [C]. In Smith, P.K., Pepler, D. & Rigby, K. (Eds.). Bullying in schools: How Successful Can Interventions Be? Cambridge, UK: Cambridge University Press. 2004:251 - 275.

疑人见面谈话之前也做过预先侦查这种事。他还在 1975 年出版的《我们这么阻止欺凌》一书中推荐了这种做法，鼓励欺凌治疗师用事先了解到的情况、收集到的信息去追究欺凌者的过错。皮卡斯后来发现，欺凌治疗师一旦有寻找罪犯的倾向，就一定会找到罪犯，接着肯定就是审讯和责备，向欺凌者展示受害人遭受的种种痛苦，最后就会对他们进行训诫和规劝，苦口婆心地劝他们悔过自新、改过迁善。这恰恰就是共同关切法想要避免的！

共同关切法的最终目的是要欺凌团伙终止欺凌并与受害人达成和解，其基本策略是诚恳地邀请而不是强迫疑似欺凌者一起来解决他们自己制造的麻烦，这就需要保留或唤起他们内心的良知和同情心。调解员对欺凌事件处于无知或近乎无知的状态，在与欺凌嫌疑人会面时才会真心充满好奇，认真倾听他们对事件的描述、解释和建议。这种姿态才能确保欺凌调解员赢得欺凌嫌疑人的信任，实话实说。惟其如此，调解员方能从嫌疑人那里获得资料、了解隐情，并且鼓舞他们积极寻找共同解决问题的方案。总之，调解员在调解之前对欺凌过错细节的无知甚至刻意忽视，并非不分是非、姑息养奸、纵容欺凌，而是建设性地解决问题的一种策略。

预先侦查有悖于共同关切法对欺凌过错的"建设性忽视（constructive ignorance）"原则。也许有人会自作聪明地想：我会小心谨慎，不会告诉当事学生我在侦查，也不会让他们察觉到我在侦查。可是，这么做的问题不在于欺凌嫌疑人，而在于欺凌调解员。正如皮卡斯提醒的那样，只有你真正对他们的过错保持无知的状态，才能唤起你对倾听的真诚好奇心，才能确保他们对你的信任①。进而言之，若你在与他们交谈之前就对他们的罪过了如指掌，就不会有诚心诚意倾听他们的动机。你早已义愤填膺，满怀伸张正义的冲动，你丧失了充当和事佬（peacemaker）使用共同关切法进行调解的前提，你必定会选用劝诫法，甚至采取更加严厉的措施对付欺凌者，从而落入校园欺凌干预的窠臼。

---

① Pikas, A. A History of the Label Shared Concern Method [EB/OL]. https://www.pikas.se/ scm/.

　　需要说明的是,皮卡斯坚持调解员在与欺凌嫌疑人谈话之前不要刻意地去侦查疑似欺凌事件的真相,并不意味着调解员在调解中可以不顾欺凌事件的真相。相反,正如接下来将要描述和分析的那样,由于取得了欺凌嫌疑人的信任,开诚布公的交谈会让调解员了解到更多的真相,发现侦查员一般无法侦查到的隐情,甚至发现更多的隐蔽欺凌。调解员最终也许会发现,自己处理的并不是一起名副其实的欺凌事件,而纯粹是一起打闹过头的冲突事件,或者是一起并无伤害的故意的恶作剧,甚至是好友之间的一场误会;也许会发现,那虽然是一起欺凌事件,却事出有因,受害人并非纯粹无辜;也许会发现,那不是一起孤立的欺凌事件,其中涉及当事人长久以来数不胜数的恩恩怨怨,其中存在大量隐蔽的欺凌却未被外人所知;甚至事情发生反转,起初的欺凌嫌疑人才是真正的受害者……校园欺凌事件虽然发生在孩子们之间,却可能远比外人想象的复杂。

　　所以,调解员在正式调解之前,不认定谈话对象就是欺凌者,而视之为"疑似欺凌者"或"欺凌嫌疑人",并且遵循"疑罪从无"的原则,刻意保持对欺凌嫌疑人罪行的无知或忽视状态,才是恰当的调解姿态。何况,这也是顺利开展调解工作必不可少的一个前提条件。

三、不责备欺凌嫌疑人的个别谈话

　　共同关切法的调解,从与当事人分别谈话入手。先与欺凌嫌疑人谈,再与可能受害人谈。特别忌讳颠倒过来,先与受害人谈。因为这么做就会变成事实上的预先侦查,违背前面一再强调的对欺凌过错的"建设性忽视"原则。先与欺凌嫌疑人谈,也是为了避免他们误会——以为是受害人"恶人先告状",从而怀恨在心,加深对受害人的恶意,事后对其进行报复。

　　虽然欺凌调解员在与欺凌嫌疑谈话之前不宜预先侦查其罪过,但皮卡斯建议调解员最好事先准备一些饮料。和嫌疑人边喝边谈,有利于营造一种相互信赖的谈话氛围。皮卡斯还特别强调,调解员在谈话中务必保持耐心,每到关键之处宜作刻意的停顿。这既是为了给谈话对象一些思考和反应时间，更是为了缓和说话的语气，避免让谈话对象觉得调解员咄咄逼人。这一切努力，都是为给内容严肃的谈话营造一种稍显轻松愉快的氛围。

皮卡斯在谢菲尔德大学讲学，为了便于人们（特别是接受调解员培训的教师）掌握与欺凌嫌疑人谈话的要领，还精心设计了一个结构性谈话的脚本①。从中可以观察整场谈话的框架、步骤和特点。

第一步：聚焦欺凌受害人的处境。欺凌调解员与欺凌嫌疑人的谈话从一开始就聚焦在对被欺凌者处境的关切上。因为谈话不以谴责和惩罚为目的，调解员宜保持中立的态度，克制对事实真相的挖掘，对欺凌嫌疑人不批评、不指责，但语气得是严肃的。皮卡斯建议，调解员不要跟嫌疑人一见面就盘问事件的真相，但要对被欺凌者受到的折磨不容置疑，并且对欺凌嫌疑人暗示自己对此事也非常担心。教师可以说："最近某某日子不好过，对不对？""我想和你谈谈，因为我听说你对某某很不客气。""关于某某的处境你都知道些什么？""好，我们好好谈谈这件事。"然后请欺凌嫌疑人对此多说一些。即使嫌疑人将事情的经过和盘托出，调解员务必克制住批评谴责的冲动，坚持不加责备，防止欺凌嫌疑人把心思集中在自我辩护或内疚上，牢牢地把谈话的焦点集中在受害人的处境上。在这个过程中，哪怕欺凌嫌疑人出现一丝对受欺凌者处境不好的认同，都要刻意予以强调。

> 师：听说你对麦克做了很坏的事。
>
> 生：没有，不是我。
>
> 师：麦克身上发生了坏事。告诉我。（长久沉默）
>
> 生：好吧，是别人，不是我。
>
> 师：嗯！

---

① Sharp, S., Cowie, H. & Smith, P. K. Tacking Bullying in Your School: A Practical Handbook for Teachers [M]. London: Routledge, 1994.

生：他们刚才一直在找他。他自找的。

师：（沉默）

生：从上学期开始的。麦克炫耀他的假期。他买了一个包包，然后我们就……他们把它藏在壁橱里。他急疯了。我们开始绕着屋子扔他的包，然后包就掉到窗外去了。现在他的包脏兮兮的……他还得了一个"包包男"绰号……这只是一个玩笑……他只是还没有适应。

师：所以，听起来麦克在学校过得很不开心。（语气有力，无可置疑。）

生：嗯，我想是的。

第二步：寻求解决问题的建设性方案。 在受害人的处境成为欺凌嫌疑人的共同关切的前提下，调解者立即向他征求解决问题的方案。皮卡斯建议，调解员可以询问："你有什么建议？"或者问："你可以做些什么吗？"甚至更加诚恳地期待："我想在这种情况下你能做些什么帮助他。"藉此引导谈话对象避免愧疚和检讨，而专注于问题解决的建设性方案。如若欺凌嫌疑人一时想不出建设性解决方案，调解员务必耐心等待，努力克制替其拿主意的冲动。不越俎代庖，不出主意，让谈话对象自己想方设法，谈话最后确认的行动方案自然就是他自己的主意。接下来，他不照办都难了。

师：好的，我想在这种情况下你能做些什么帮助他。

生：我？

师：是的，你。（沉默）

生：嗯……我其实不知道……我想我可以告诉其他同学不要去招惹他。

第三步：践行的约定。 如果欺凌嫌疑人提出的建设性方案可行，调解员便顺势鼓励其遵照自己提出的方案行事。皮卡斯建议，这个时候调解员可以提议："很好。我们一周后再见面，到那时请你告诉我，你做得怎么样。"然后就这样干净利落地结束谈话，嫌疑人自始至终都没有受到责备和训诫，因为调解员概不出主意，连正面的规劝也没有涉及。这会使惴惴不安且可能准备了一大堆辩词的欺凌嫌疑人如释重负。但是，一周之后的约见又使他们不得不认真对待自己提出的建设性解决问题的行动方案。

    师：好极了！好，你这样做一个星期看看。我们会在下星期同一时间再见面，到时看看你是怎么做的。再见！

    生：就这样？

    总的来看，欺凌调解员与欺凌嫌疑人的谈话包含三个前后相续的基本步骤，从聚焦欺凌受害人的处境开始，过渡到寻求解决问题的建设性方案，最后以相约一周之后再看方案落实情况作为结尾。整个谈话结构严谨，步步为营，一气呵成。

    共同关切法中的谈话使用认知性话语，而避免使用情感性话语。像"把你自己放在某某的处境中想想看你会有什么感受"这种情感性话语颇具冲击性。对于欺凌旁观者来说，这种话可以引导他们从置身事外转向设身处地，变得更加客观公正。可对于欺凌嫌疑人来说，这种话却会被理解成一种责问，让其感受到谴责和敌意。作为当事的另一方，听了这种话极易心生委屈和反感，甚至反问："你咋不把自己放在我的处境中，然后想想看：你会有什么感受？"为了避免谈话陷入争吵和对抗的死胡同，欺凌调解员说话不宜使用这种情感性语句，而宜使用皮卡斯推荐的认知性语句。"你认为某某的处境如何？""某某最近日子不好过，对不对？""听起来某某在学校里过得很不开心。"诸如此类的话语，不但显示欺凌调解人秉持中立的调解立场，也把欺凌嫌疑人从当事方的立场暂时拉出来，站在旁观者的立场去观察和评估受害人的处境。当嫌疑人能够客观公正地描述和评论受害人的处境时，调解员自然而然就能深度了解欺凌的真相，甚至可以获知欺凌发生的隐情。但更重要的是，欺凌嫌疑人这么做时会发现并感受到自己的客观、公正和善良，这是他们接下来能够主动提出终止欺凌的动议的前提条件。

    在共同关切法的发明者和使用者看来，谈话中不责备欺凌嫌疑人，如同谈话前不事先侦查其过错，是为了引起欺凌嫌疑人对欺凌受害人处境的共同关切，从而寻找解决问题的建设性方案，最终终止欺凌并与受害人达成和解。皮卡斯及其追随者特别在意不责备欺凌嫌疑人的谈话在终止欺凌行为上的成效，并未留意这种谈话在改变欺凌嫌疑人对其伤害行为及伤害对象的态度上的作用及心理机制。

"无责备"谈话最为神奇的心理效用，就在于它尽可能地淡化伤害事件给自恃正派的欺凌嫌疑人造成的认知失调，防止他们内心陷入从受害人身上寻找借口的自我辩护之中不能自拔，从而避免他们说服自己相信错不在自己而在受害人。尽管谈话中欺凌嫌疑人口头上不免进行道德推脱，替自己辩解，但调解员对此一概不予回应、不予置评、不予追究，而把谈话的主题牢牢锁定在受害人的处境上。这就让欺凌嫌疑人把心思从对正向自我认知的捍卫转化为对受害人处境的叙述上。调解员甚至默认欺凌嫌疑人置身事外，认真倾听其以旁观者口吻描述、解释受害人的遭遇和处境。谈话一旦聚焦在受害人处境上，欺凌嫌疑人会逐渐意识到调解员无意追究过失，自己也不必纠结于自我辩护了。如前所述，欺凌嫌疑人自我辩护和自我说服的心理过程一旦中止，意味着其主观恶意的萌生、明晰和蔓延得以遏制。

接下来的积极变化也就顺理成章了。欺凌嫌疑人对欺凌受害人处境的关切与其正向自我认知相一致，同时也让他在心中更加坚定而清晰地肯定自己是一个有良知和同情心的人。可要是对受害人处境艰难深表关切，却无援助的念头，就会引起认知失调。于是，欺凌嫌疑人自然地提出了终止伤害的建设性方案。可要是提出可行的方案，却不打算照办，又会引起认知失调，欺凌嫌疑人只好答应遵照自己的提案行事。听上去，整个谈话过程简直就是让欺凌嫌疑人屁颠屁颠去准备做好人好事的节奏，其乐融融呀！

欺凌嫌疑人在谈话中形成了一系列新的认知，如"我对受害人的处境表示关切"，又如"我提出了一个终止欺凌的方案"，再如"我答应照自己的提案行事"。这些新认知在不知不觉中改变了他原有的欺凌认知，也改变了他原有的正向自我认知。欺凌嫌疑人对于欺凌的认知，从"我干了伤害同学的坏事"修正为"我是干了伤害同学的坏事，但我现在体会到了受害同学的艰难处境，我决定停止欺凌，不再伤害他"；对于自我的认知，从"我是个好人，不干坏事"修正为"我是一个好人，是一个犯了错误能够及时发现并且勇于改正错误的好人"。这两种修正的认知相互协调，一直令欺凌嫌疑人惴惴不安的认知失调就这样缓解了。也就是说，积极的新认知同时改变了原有的自我认知以及与之冲突的认知，从而减轻甚至消除了认知失调。

上述新认知同时引起欺凌嫌疑人内心新的认知失调以及自我辩护。聚焦受害人处境的"无责备"谈话可以抑制却不大可能迅速消除伤害事件给自恃正派的加害人造成的认知失调，埋藏在欺凌嫌疑人心底的自我辩护会使其对受害人多少怀有反感和恶意。欺凌嫌疑人这种隐隐的反感和恶意，在共同关切法的谈话中先是与其对受害人处境的关切相冲突，接着又与其终止欺凌的动议相冲突，进而与其践行的承诺相冲突，以后若有实际行动还会与其积极行为相冲突。欺凌嫌疑人内心的正向认知（"我是聪明人不干蠢事"）与谈话认知（"我在干蠢事设法帮助一个令人讨厌的家伙"）不一致，导致一波又一波的认知失调。在自我一致动力的驱使下，欺凌嫌疑人在心里为自己辩护（"这个家伙毕竟是我的同学""这个同学并不那么可恶"），以减轻令人不快的认知失调。这样的自我辩护会逐渐聚焦在受助者（受害人）的优点和可爱之处上，一次次自我辩护层层递进（"这个同学也有许多优点""这个同学其实蛮可爱的"），最终会说服自己相信自己是在设法帮助一个可爱的、值得尊重的同学，而不是在干一件蠢事——帮助令人讨厌的家伙①。欺凌者一旦改变态度，不再对受害人怀有恶意，令其不快的认知失调就会真正消失。

总之，共同关切法不责备欺凌嫌疑人而聚焦于对欺凌受害人处境的共同关切，如同拆拼法（jigsaw method）既往不咎而专注于小组成员（无论是欺凌嫌疑人、受害人，还是旁观者）的合作学习，把欺凌弱者所致的认知失调置换成帮助所致的认知失调②。自我辩护的心理机制，使行为人的自我辩护从寻找受害人的过失转向发现受

---

① 黄向阳，阿伦森．不让一个孩子受伤害：校园欺凌与暴力的根源干预[J]．教育研究，2019（12）：145-151．

② Aronson, E. & Patnoe, S. Cooperation in the Classroom: The Jigsaw Method (3rd ed.)[M]. London: Pinter & Martin, Ltd, 2011.

助者的优点，最终说服自己放弃恶意而心怀善意①。在共同关切法中，这种终止恶意又生发善意的内部自我辩护，并不止步于与欺凌嫌疑人的个别谈话，还会延续到与欺凌团伙的集体谈话以及疑似欺凌事件关涉方面对面的谈判之中。

四、转化欺凌团伙的集体会谈

皮卡斯共同关切法从与欺凌嫌疑人个别谈话入手，乃是皮卡斯早期欺凌劝诫法的一个成功经验；在个别谈话基础上进一步的集体会谈，则是基于劝诫法的一个教训。根据皮卡斯的观点，这既是一种瓦解欺凌团伙的策略，也是一种将欺凌团伙转变为解决欺凌问题的建设性团队的措施。根据我们在我国中小学尝试共同关切法的经验，个别谈话基础上的集体会谈还有利于欺凌嫌疑人的态度继续朝着积极的方向转变。

学生欺凌团伙并非铁板一块，其成员的情况各不一样。典型的欺凌团伙有头目和核心成员，他们是团伙的操控者，也是欺凌的发起人，但未必直接实施欺凌，直接实施欺凌的骨干分子往往是受其操控的打手。欺凌团伙中还有在一旁敲边鼓起哄的帮手，更多的则是没有任何表示却与欺凌实施者为伍的旁观者。也就是说，团伙中的每个成员都受到整个团伙折腾受害人的群体心理的支配。在一时难以定性的疑似欺凌事件中，涉事学生的情况则更加复杂，其中可能压根就没有心怀明显恶意的欺凌者，却可能有未怀恶意的加害者，甚至有于心不忍却担心祸及自身的旁观者，以及与受害人有私交却不敢仗义相助的懦夫。急于干预，贸然对欺凌团伙实施集体谈话，非但不能查明真相，难以辨认主犯、从犯和无辜者，反而为他们提供了将水搅浑、互相掩护、患难与共的经历。这会强化这种团伙的内部关系，还会激起每个成员内心强烈的自我辩护，强化其对欺凌行为及欺凌对象的原有态度。

所以，明智的做法是先与欺凌嫌疑人逐个进行个别谈话，并且在欺凌团伙成员有机会相互串通之前就一次性完成对所有欺凌嫌疑人的个别谈话。如前所述，卷入疑

---

① 阿伦森.不让一个孩子受伤害[M].顾彬彬,译.上海:华东师范大学出版社,2019.

似欺凌事件的学生情况各不一样，虽然不能排除个别人对受害者怀有敌意或恶意，但也有一些人对受害者抱有同情。无论哪一类当事人，或多或少都会受到伤害事件的困扰。个别谈话可以让他们在没有第三人的场合坦陈事情，各自陈述，各抒己见。调解人从中能听到有关事件的各种版本，了解事情的真相，进而了解隐藏其中的事发群体动力和个人动力，最终利用个人动力中的积极因素引导出解决问题的建设性方案。就是说，个别谈话先行，有利于瓦解欺凌团伙，引导和帮助参与团伙欺凌的个体暂时摆脱欺凌团伙折磨受害人的群体心理。他们各自站在个人的立场上进行独立观察和思考，更容易想到积极的动议，特别是那些本来就对受害人抱有同情心的欺凌卷入者最容易给出解决问题的好建议。

但是，正如皮卡斯早年提出的欺凌劝诫法显示的那样，个别谈话即使取得了欺凌者终止欺凌的承诺，也不能确保其积极的行动。学生回到欺凌团伙之中，原先的群体心理依在的话，个别谈话就不能打消学生行动的顾虑。正是吸取了这个教训，皮卡斯在共同关切法中重视个别谈话基础上的集体会谈，给欺凌团伙创造机会达成终止欺凌的共识，并且为共同的行动做好准备。这实际上就是在努力把欺凌团伙转变成解决欺凌问题的建设性团队。

建设性的个别谈话为建设性的集体会谈创造了条件。首先，不责备谈话聚焦于受害人的处境，而不追究欺凌嫌疑人的过失，防止了嫌疑人在个别谈话中竭力将责任推卸给欺凌团伙其他成员，从而避免了团体成员之间的相互猜疑。其次，个别谈话中几乎每个成员都提出了解决欺凌问题的积极方案，这就为他们在集体会谈时集思广益形成一个综合性行动方案或者从中选出一个最佳方案提供了条件。在这个过程中，调解员除了确认某种集体行动方案、提议欺凌嫌疑人为接下来跟受害人会面准备一个友好的开场白之外，几乎无事可做。整个集体会谈主要是欺凌团伙的成员们在郑重其事地商量如何终止欺凌、如何让受害人接受他们的和解方案。正是调解员这种几乎不掺和的姿态，让欺凌团伙成员确信他们共同决定既不出于老师的规劝，也不出于老师的训诫，而出于他们的团体意志。这就从根本上解决了强制性劝诫法或压服法埋下的隐患。

　　欺凌团伙在集体会谈中聚焦于建设性解决欺凌问题时,其群体心理就从折磨受害人转向了终止欺凌并设法与受害人和解,这种群体心理会带来新的压力。有的成员在个别谈话阶段显得事不关己,无视受害人的痛苦处境,甚至内心反抗,不打算终止欺凌,到了集体会谈阶段就会面临群体的压力。鉴于疑似欺凌事件中各自干了什么,同伴们彼此知根知底,心照不宣,若是大多数人都转变态度,个别人背道而驰坚持原来的态度就会变得十分困难。这种学生在群体压力和同伴劝说之下,一般都会顺从团体的意志随大流。只要他们意志一动摇,加入集体会谈,他们就会开始发生多数人早在无责备的个别谈话阶段就有过的那种认知失调,并且在自我辩护中逐渐改变对受害人的消极认知。

　　这是皮卡斯没有关注的一种心理效用。他在瓦解欺凌团伙时特别在意欺凌发生并且难以终止的群体动力,却在把这个团伙转变成为终止欺凌的建设性团队时疏忽了其中积极的群体动力。中国的教育工作者在上海和南通的一些中小学里对共同关切法进行了实践,结果表明,欺凌嫌疑人的集体会谈中一直在发生积极学生对消极学生的劝解、说服和带动的行为。这种行为还会延续到会谈结束之后。从事后的观察来看,会谈中表现消极的学生最终会受到同伴的积极影响,并且因为摆脱欺凌的困扰、善待曾经伤害的同伴而露出阳光灿烂般的笑脸。不仅如此,那些积极劝说同伴加入终止欺凌的共同行动的学生,也因为劝说行为本身而使自己的态度继续朝着有利于欺凌受害人的方向转变。

　　费斯汀格的实验表明,薄奖一旦诱使个体去从事某种他原本厌恶的行为,做出这种行为的个体会对该行为及其内涵持肯定态度[1]。阿伦森的实验则表明,轻罚及其威胁一旦迫使个体停止某种他原本喜爱的行为,停止该行为的个体会对该行为及其内涵持否定态度[2]。原因在于,薄奖和轻罚本身在个体的内心不构成从事某种行为

---

[1] Festinger, L. & Carlsmith, J. M. Cognitive Consequences of Forced Compliance [J]. The Journal of Abnormal and Social Psychology, 1959,58(2):203-210.

[2] Aronson, E. & Carlsmith, J. M. Effect of Severity of Threat in the Devaluation of Forbidden Behavior [J]. Journal of Abnormal and Social Psychology, 1963,66(6):584-588.

或停止某种行为的充分理由,在这种情况下的作为或不作为就会导致个人的认知失调。个体为了减轻这种令人不舒服的认知失调,就会在内心进行与自我认知相一致的自我辩护,最终说服自己相信自己做出的行为是正确的,或者相信自己停止的行为是错误的。如此说来,在没有薄奖和轻罚或其他外部压力的情况下,劝解、说服、带动同伴共同行动的努力,更会强化与正向自我认知相一致的态度。一个学生为劝说同伴一起来终止欺凌并主动与受害人达成和解,动之以情,晓之以理,他在内部就不得不认同这种共同的行动。

心态积极的学生不但劝说消极的同学共同行动,还向其他同学说明自己的个人动议,甚至说服别人接受自己的建设性行动方案。这种相互说服的行为过程背后隐藏着自我说服的心理过程。要是说服别人改变某种态度,自己却秉持这种态度,就会引起严重的认知失调,人们因而倾向于相信自己说服别人的那套思路。因此,说服一个学生改变某种态度,最巧妙的办法就是创造一种机会让这个学生去说服别人。共同关切法中欺凌嫌疑人的集体会谈恰恰大量提供了这样的机会。学生间的相互说服以及背后的自我说服,不但有利于整个团队形成积极行动的共识,也为达成共同终止欺凌的共识之后准备与受害人会谈奠定了一块坚实的心理基石。

学生一般没有与伤害对象会谈解决问题的经验。调解员会特别提示他们事先准备好向对方表示友好的开场白,启发他们实事求是地对受害人说些好话。这种提示会让所有嫌疑人挖空心思且相互提醒,去回想受害人过去做过的种种好事,以及受害人身上种种可爱的优点。这个话题与他们的正向自我认知相一致,也与他们准备采取的共同行动相一致。同时,这个话题使得他们尚未与受害人见面协商,就已经在内心愈加认为他们曾经折磨过的那个受害人其实是一个蛮不错的同学。

五、欺凌嫌疑人与受害人的和解峰会

共同关切法中,在欺凌调解员与欺凌嫌疑人的个别谈话和集体会谈之间,还有与欺凌受害人的个别谈话。调解员除了倾听受害人的诉说之外,还征求其问题解决的意见,并将欺凌嫌疑人各自解决冲突的建设性方案提供给受害人作选择。欺凌嫌疑人集体会谈若有新的方案,调解员也会告知受害人,让其定夺。受害人很可能不接受对加害者只表示终止欺凌行为的保证,调解人宜耐心听取受害人的其他诉求,记录在案并且转告给欺凌团伙。当事双方对问题解决方案一旦有了基本共识(如"先终止欺凌再说"),调解员立即召集双方面对面进行最后的谈判,以形成终止欺凌、达成和解的正式约定。可见,前三个阶段其实都是在为面对面的欺凌调解做准备,最后阶段举行欺凌嫌疑人与受害人的峰会才是正式的欺凌调解。

共同关切法作为一种校园欺凌调解措施,与一般的纠纷调解不同。一般的调解是建立在当事双方均有和解意愿的基础上,双方或其中一方无此意愿,就没有调解的前提。共同关切法的调解并不以欺凌事件当事双方均有和解意愿为前提,或者更确切地说,双方的和解意愿是在调解员与他们的谈话中逐渐萌生的。换句说话,前三个阶段的谈话不但谈出了建设性解决问题的方案,也谈出了和平解决问题的共同意愿。有了前三个阶段如此充分的准备,最后阶段面对面的谈判取得成果就像水到渠成那样自然了。

人们普遍期待欺凌嫌疑人与受害人一见面就诚恳认错、道歉,进而主动提出弥补过失的方案,然后恳请对方接受歉意和修复建议。倘若欺凌嫌疑人及其团伙发自真心,主动采取诸多积极行动的话,使用共同关切法的调解员当然求之不得。因为,这样一来,所有的问题就一揽子解决了。可是,让欺凌嫌疑人向受害人赔礼道歉,与共同关切法的一般精神和具体手法不符。调解员一路小心谨慎,不预先侦查欺凌过错,不责备欺凌嫌疑人,不规劝他们,不掺和他们的集体会谈,不给他们出主意,好不容易使一个欺凌团伙自动转变为一个解决欺凌问题的建设性团队,到了他们充满正能量与受害人见面的紧要关头,怎么可以前功尽弃,让他们因为赔礼道歉又回到过错者认知失调进而自我辩护的死胡同里呢?

共同关切法别开生面。欺凌嫌疑人与受害人在调解员的召集下围坐在一起,桌子上有调解员事先准备的饮料,甚至有小点心。欺凌团伙也有备而来,跟受害人一见面,纷纷说好话。有的感谢他曾经给予的帮助,或者感谢他为集体作过的贡献,有的称赞其优点或特长，或者对其优势条件、特殊经历表示羡慕……由于感激和赞美的话实事求是，说的人不会感觉难以启齿，听的人也不会感到难以接受。欺凌团伙这种以感激和赞美替代赔礼道歉的开场白，往往出乎受害人的意料，却让其感受到对方的友好和诚意。加害人主动示好，可以部分消除受害人的怨恨，营造和谈的氛围，为和谈成功开了一个好头。这也正是共同关切法发明人所期待的。但是，皮卡斯并没有想到这种友好的开场白对于与谈判双方有着更深的心理意义。

一方面，友好的开场白有利于受害人恢复自尊。对于大多数年过十岁的受欺凌者来说，令其最为难受的不是欺凌本身，而是自己面对欺凌无力招架，无法有效保护自己。这种无力感、无能感，令其对欺凌者充满怨恨，也令其感到窝囊，对自己的评价降低。也就是说，欺凌最大的伤害是对受害人自尊的伤害，受害人内心最渴望的是自尊的修复。或者说，欺凌所致的自我贬低与其原有的正向自我认知发生了严重的冲突，造成了受欺凌者的认知失调。受欺凌者采取与正向自我相一致的策略减轻认知失调，就会竭力说服自己所受的不是欺凌或者不是羞辱。可事实上那就是欺凌，受欺凌者不能否认，也不愿否认。如此一来，捍卫正向自我形象的自我辩护过程就给受欺凌者带来极大的困扰。

峰会伊始，欺凌团伙一上来就对受害人纷纷说好话，又是感激，又是赞美。这在外人看来显得有点避重就轻，诚意不足，但对于受害人来说可谓正中下怀。来自欺凌团伙合乎实际的好话，对于受害人来说不只是表面上的感激和赞美，那还意味着他在那帮欺负自己的同伴眼里居然还有许多令人尊重之处。要是他们不提，深陷于自卑及认知失调的受害人自己都不大可能留意，或者觉得不值一提。如此说来，欺凌团伙发自真心又实事求是的感激和赞美，无疑是在努力修复他们曾经伤害过的同伴的自尊。

另一方面，欺凌嫌疑人当面感激和赞美受害人，也会给欺凌嫌疑人造成认知失调。他们为了减轻认知失调，要么在内心否认自己对受害人的感激和赞美，要么在内心否认自己对受害人的伤害。可是，这两条路显然都行不通，因为伤害以及感激和赞美均已成为不可否认的事实。唯一可行的道路，就是增加新的认知，以协调原有认知的冲突。这就意味着欺凌嫌疑人紧接着要采取更加积极的行动，其中赔礼道歉就是他们在这种情形下最自然的一种选择。因为,他们在内心既可以把赔礼道歉视为对自己所造成伤害的一种修补,也可以视之为对自己的感激和赞美之情的一种落实。不过,这种认知协调的实现也有前提。那就是,赔礼道歉出自欺凌嫌疑人自己的决定,而不为他人所迫。

无论如何,以说好话表达感激和赞美作开场白,远比一上来就赔礼道歉来得高明。受害人自尊的修复,令其更有信心与欺凌团伙展开平等的谈判。受害人重拾自信,表现回归正常,也令欺凌嫌疑人如释重负,更加相信自己所做的努力。但这不意味着接下来的谈判一帆风顺。曾经的不愉快经历毕竟要摊上桌面,加害者不得不面对受害人诉说伤痛的尴尬场面。这个时候,如若加害者承认伤害事实并且道歉,谈判就会顺利进行下去。倘若加害者承认事实,却又加以辩解,倒出一大堆"陈芝麻烂谷子",牵扯出过往数不胜数的恩恩怨怨,谈判就会陷入争吵和相互指责的僵局。

调解员在一般情况下只做峰会召集工作,在双方谈判中尽量保持沉默而不多言,听任双方自己谈下去。即使双方发生争吵,也不急于叫停。这都是为了让双方确信他们最终的和解是他们自己的意愿。皮卡斯表示,只有在谈判双方发生严重冲突时,调解员才出面制止,并把谈判重新引入正轨。为此调解员事先要准备好应对谈判发生严重冲突的预案,以求在听任与指导之间保持一种适度的平衡。皮卡斯的英文出版物以及英文网站提示调解员务必坐在欺凌团伙与受害人之间,并且用桌子将双方隔开,以防止万一谈判破裂双方发生肢体冲突;还提示调解员要鼓励和引导双方说一些幽默一点的话,以缓解谈判的紧张气氛,防止谈判陷入僵局;但没有具体说明双方冲突严重到何种程度,调解员才要出面制止?以及调解员如何将谈判重新导入正轨?

根据我们在南通和上海尝试的经验教训,调解员不能坐等谈判双方的冲突严重到局面快要失控才出面叫停,欺凌团伙中一旦有成员替自己的伤害行为出言辩解,就应该马上进行干预。因为欺凌嫌疑人不由自主的自我辩解,一方面会激怒受害人,并且令其陷入受害的认知失调和自我贬低的困境之中;另一方面也会把欺凌团伙带入加害者的认知失调和自我辩护的死胡同里。这两个方面都是共同关切法的调解自始至终刻意避免的,所以及时制止辩解是峰会顺利进行下去的一个关键。对于调解员来说,欺凌嫌疑人在确认伤害事实的基础上赔礼道歉固然可喜,但不强求;重要的是,防止有人出言为自己的伤害行为进行辩解。调解员一听到有人辩解,就应该立即制止,并将谈判引向实际行动的方案。可以对他们说:"过去的事就不解释了,关键是现在怎么办。"或者说:"好,你们都确认有人现在很难过,你们打算怎么办?"这就很自然地回避了恶性争吵,并且将谈判聚焦在和平解决冲突的方案上。

由于峰会之前调解员做了大量斡旋工作,双方在和平解决冲突的方案上已经达成基本共识,欺凌团伙方在峰会上正式做出终止欺凌的承诺,提出与受害同学和解的动议,受害学生一般都会表示接受,同时也会做出自己的承诺。峰会的重点在于,双方在调解员事先准备好的和解协议上签名,并且在签署和解协议之后接着讨论:"如果一方没有遵守协议怎么办?"皮卡斯不指望双方作出"我如果不遵守协议就接受处罚"之类的回应,更不希望他们表示"对方要是不遵守协议就给予处罚",反而期望双方作出"对方不遵守协议我也不苛求,而是给予宽容"之类的表示。皮卡斯强调,除非双方都表示出这种宽容的意思,否则就不结束会议。这不是纵容或暗示学生可以不履行诺言,而是让双方在达成和解、结束谈判之时继续向对方释放善意和信心。至于今后若有一方果真违反协议,那也不是由另一方来提出制裁建议。共同关切法不但矢志不渝地坚持设法让作恶者本人主动停止作恶,它本身还有一个在峰会一周之后的回访程序。如果回访表明协议没有得到落实,新一轮的谈话、斡旋、谈判又会重启。

有趣的是,谈判双方各自都表示即使对方违约也给予宽容,无异于在提醒对方留意自己可能说话不算数。这比直接威胁对方说你说话不算数就会挨罚,要高明许多,也有效许多。就像阿伦森在劝人使用避孕套防范艾滋病实验①以及劝人节约用水实验②中所发明的"虚伪范式(the hypocrisy paradigm)"那样,在一个人宣传某种行为

---

① Aronson, E., Stone, J., Crain, A.L., Winslow, M.P., and Fried, C.B. Inducing Hypocrisy as a Means of Encouraging Young Adults to Us Condoms [J]. Personality and Social Psychology Bulletin, 1994,20(1):116 - 128.

② Dickerson, C.A., Thibodeau, R., Aronson, E., and Miller, D. Using Cognitive Dissonance to Encourage Water Conservation [J]. Journal of Applied Social Psychology, 1992,22(11):841 - 854.

时,或者在公开(甚至签名)承诺去做某事之后,用一个法子提醒他留意自己光说不做的虚伪,这会使他意识到,你的自我观念将自己视为一个诚实正派的人,但自己的实际行为未必如此。就是说,这种提醒会导致个体在内心发生认知失调,进而导致其以践行自己所宣传或承诺的行为来协调内部的认知。皮卡斯并没有这样解释共同关切法最后阶段的做法,但实际效果显示,确实如认知失调理论所预计的那样,使用"虚伪范式"进一步处理欺凌嫌疑人终止欺凌的承诺,增加了他们说到做到的可能性。

六、以善意替代恶意的"皮卡斯效应"

皮卡斯共同关切法最令人困惑甚至惹人非议的地方在于,校园欺凌调解员小心谨慎,费尽心思,一步一步地引导,最终却只让当事双方达成了一个终止欺凌的和解协议。人们不禁质问:欺凌者造了那么多孽,终止欺凌就没事了? 从伸张正义的角度说,他们难道不应该在终止欺凌的基础上更进一步,赔礼道歉并且修复欺凌所造成的所有伤害和破坏么? 这对受害人公平吗? 受害人怎么可能接受这样的和解协议? 必须承认,共同关切法并不刻意伸张正义,而专注于人道关怀。里格比甚至将它归为"人道主义方法(the humanistic approach)",与"道德主义方法(the moralistic approach)""律法主义方法(the legalistic approach)"并列为校园欺凌干预的三种基本方法①。下面的分析将揭示,这种人道主义方法虽然不刻意伸张正义,却为正义开辟了一条自动伸张的道路。

人们对于校园欺凌干预的人道主义方法时有非议,而力挺道德主义方法及律法主义的方法,原因之一是他们往往置身事外,并没有意识到校园欺凌当事人是同班同学、同校同学,无论他们的关系如何,都将长期相处。这个事实从坏的方面说,意味着

---

① Rigby, K. Bullying in Schools and What to Do about It (Updated, revised)[M]. Melbourne: Australian Council for Education Research, 2007.

遭罚挨训受辱的疑似欺凌者有无数的机会进行报复，不断骚扰和伤害受欺凌者；从好的方面说，意味着得到善待的疑似欺凌者也有无数的机会去改过、悔过和补过。共同关切法让欺凌嫌疑人和受害人坐在一起谈判解决问题，其实是一种博弈。明智的受害人在得到欺凌者真诚尊重以及终止欺凌的承诺这一情况下，权衡一番，是会接受和解建议的。尽管没有得到更进一步的赔礼道歉以及其他方面的修复，这对受害人来说确实不公平，但这是暂时的。

由于欺凌嫌疑人只对受害同学主动作出终止欺凌的承诺，他们说到做到并不困难。他们一旦真正终止对受害同学的欺凌，接下来采取更进一步的赔礼道歉和修复行动就会变得容易得多，自然得多。这个预估可以得到弗里德曼（Freedman）和弗雷泽（Fraser）所做实验的印证。两位心理学家曾经让一名实验员去邀请一组居民在一份赞同安全驾驶的请愿书上签名。由于这是一件惠而不费的好事，所有受邀居民都痛快地签署了这份请愿书。几周之后，另一名实验员带着一块写有"谨慎驾驶"的公益广告牌，一家一户登门拜访，请求居民同意在其前院竖立这块样子难看的大广告牌。结果发现，签署过请愿书的居民答应竖牌的比例远比没有签署请愿书的居民高。这表明，人们一旦就某种行为作出初步承诺之后，继续承诺进一步按照这个方向去行动的可能性会增加。实验者将这种通过请人帮小忙来促进其帮大忙的过程称作"登门槛技术"①。这种技术之所以奏效，是因为它通过请人帮小忙制造了一种压力，促使帮助者同意提供更大的帮助。或者说，之前惠而不费的小小帮助在心理上为后面更高要求的帮助提供了理由②。换而言之，后面更加友好的行为，会成为行为人在内心替自己前面所施小恩小惠进行自我辩护强有力的理由。

校园欺凌干预遵循同样的社会心理学原理。要求欺凌者立即悔过、改过、补过，如同请求没有签署安全驾驶请愿书的居民同意在其前院竖立一块"谨慎驾驶"广告牌，是很难奏效的。共同关切法止步于让欺凌嫌疑人主动终止欺凌这样一种轻而易

① Freedman, J. & Fraser, S. Compliance without Pressure: The Foot-in-Door Technique [J].
　　Journal of Personality and Social Psychology, 1966,4(2):195 - 202.
② 阿伦森.社会性动物(第九版)[M].刑占军,译.上海:华东师范大学出版社,2006:144.

举的善行,是因为接下来他们更有可能主动向受害同学真诚道歉。道歉行为一旦发生,他们又更有可能主动修补欺凌所造成的伤害和破坏。他们与受害同学朝夕相处,因而在终止欺凌之后的日子里有无数的机会,找到巧妙的方式向受害同学委婉而真诚地表达歉意,以种种充满创意和令人惊喜的隐蔽方式弥补过失。这不是比那种生硬的赔礼道歉更加值得期待吗!

如此美好的结局,都可以追溯到共同关切法运用的开端。调解员在介入学生中发生的疑似欺凌事件之前,不预先侦查,对事件中的过错刻意保持建设性忽视,在进行个别谈话和集体会谈时不责备欺凌嫌疑人,在疑似事件当事人峰会中不要求加害者赔礼道歉……这一切努力淡化或者抑制了疑似欺凌事件给欺凌嫌疑人造成的认知失调,避免欺凌嫌疑人在自我辩护中萌生或加深对受害人的憎恨和敌意。另一方面,欺凌嫌疑人在谈话中聚焦于对受害人艰难处境的共同关切,进而主动提出解决问题的建设性方案,并且与同伙商定共同行动的方案,与受害人一见面就表达真诚的感激和赞美,恢复其自尊,最后共同承诺终止欺凌,与受害人达成和解……一系列友好行为引发欺凌嫌疑人一系列新的认知失调,与正向自我认知相一致的自我辩护导致其说服自己相信受害人可爱且值得尊重。

这就是说,共同关切法阻止了欺凌嫌疑人对受害人萌生恶意,促发并且持续不断地强化他们对曾经伤害过的同学的同情和善意,最终使其以善意替代了恶意。欺凌嫌疑人这种态度上的转变,确保了他们真正履行承诺,终止对这个同学的欺凌。善意又确保了友好行为的逐步升级,从主动终止欺凌开始,进而升级为主动赔礼道歉,对伤害和破坏进行修补,对同学关系进行重建……这些友好行为又进一步强化并丰富他们的正向自我认知,他们会感受到自己的进步("我长大了"),感受到成长的力量("我能够帮助和保护弱小了"),甚至从改错补过中感受到正能量("我有改正错误的勇气")。这种不断丰富的正向自我认知,又会逐步改变他们对欺凌行为的态度。从"欺负同学会有麻烦"到"欺负弱小是一种幼稚的行为",直至"恃强凌弱是一种卑鄙的行为",他们不但会终止所有的欺凌行为,而且会成为学校里劝阻和反抗欺凌的中坚力量。

　　这正是皮卡斯共同关切法屡试不爽、取得成功的奥秘。欺凌调解员从一开始就对欺凌嫌疑人主动终止欺凌充满期待,并且在每一个调解阶段的每一步谈话之中耐心而富有智慧地调动欺凌嫌疑人的善意和同情心,将其全部心思都集中在对受害同伴的共同关切上。欺凌嫌疑人如调解员所期许的那样,最终成为友善对待曾经伤害过的同伴的学生,甚至成为校园里反欺凌的骨干力量。这种以善意替代恶意、以一个小善举促发一系列善举的神奇效应,是皮卡斯发明的共同关切法带来的。这种效应与"罗森塔尔效应"相仿,与"芈月效应"或"俄狄浦斯效应"相反,不妨称之为"皮卡斯效应"。

　　共同关切法特别适用于教师不明真相、一时难以定性的疑似欺凌事件。由于一线教师经常面对的就是这种疑似的欺凌事件,这种方法在学校日常生活中具有广泛的应用空间。但它并不是一种能够摆平一切校园欺凌的方法。皮卡斯提醒,如果教师目睹校园欺凌发生,或者确认校园欺凌正在发生,那就应该动用教师的权威,使用雷霆手段,立即制止欺凌,或者求助更加强大的力量加以制止。欺凌终止后还会有一系列的善后,包括批评教育、处罚以及各种伸张正义的修复性措施。皮卡斯建议,在这个时候可以辅以共同关切法,以利于深度干预,确保学生真正改过迁善。至于如何配合其他干预措施使用共同关切法,这是一个有待进一步探索的问题。

　　共同关切法有一个皮卡斯似未触及的棘手问题,那就是:万一欺凌嫌疑人坚决不承认受害人处境艰难怎么办? 上海的研究者在指导研究生于小学高年级试用共同关切法时,就遇到这个棘手的难题。学生百般回避抵赖,导致调解员与欺凌嫌疑人的个别谈话无法进行下去。调解员不得不中止谈话,让欺凌嫌疑人观察受害同学一周再说。不料一周之后,欺凌嫌疑人一见调解员就主动报告:受害人被一些同学骚扰和奚落,日子十分难过! 报告人又发誓说,他们只是在一旁观察,并没有加入欺凌者的行列。如此看来,欺凌嫌疑人若有机会真正以旁观者的身份观察受害同学的处境,也会导致其欺凌行为的终止? 这是不是意味着共同关切法还可以采用不同于皮卡斯原创设计的程序呢? 这也是一个有待深究的问题。

第六章

欺凌劝诫法与欺凌调解法

　　英国的教育工作者在使用"共同关切法"时,对它做了修改,创造出自己的"不责备法"。澳大利亚的教育工作者在使用"共同关切法"时,也做了适当修正。似乎,在将共同关切法用到具体情境中时,使用者都会对它做出一定的改动,以使其切合自己的理解。对此,皮卡斯不予置评。当我提出要在中国的学校里检验共同关切法的效果时,皮卡斯非常高兴,但坚持让我在使用时不要走样。"共同关切法"具有普适性吗?即它能用于各种不同的情境中,解决不同的欺凌问题吗?带着这样的疑问,我于2017年下半年到2018年上半年,先后在某城市四所初级中学的二十个班级中进行调解干预,检验共同关切法的有效性。这一段经历不仅加深了我对共同关切法的认识,也加深了我对校园欺凌及欺凌卷入者的理解,还让我意外地发现在处理欺凌个案时调解法与劝诫法并非不可兼用。

一、合作学校的难处

　　进入现场工作时才发现,有些问题我没有考虑好。首先是时间问题。初中生在校时间被规划得非常紧凑,以至于要找一个不低于半小时的完整时间段来开展校园欺凌的调查和干预工作相当困难。要么利用班会课或活动课,要么占用学生的午休时间。各班班会课一般统一安排在周一下午,而活动课一周一次,分别安排在各个下午最后一节课。学生的午休时间从上午十一点半到下午一点半。但这些都是课表上的安排,真实情况是午休时间会被分配给主课老师来上课。学生吃过饭便回到教室,从十二点半开始上课,直到下午第一节课之前十五分钟结束。如果班级没有课务安排的话,学生们从十二点半开始便趴在桌子上午睡。学校在下午五点一刻放学,除毕业班和值日生外,学生放学后很少在校园逗留。因此,必须在计划开展前提前安排好时间。由于具体的欺凌情况不明,有可能咨询者需要利用不同的时间段来完成一项欺凌干预,前后历时可能很长,这无形中增加了工作的难度。

同样需要提前安排好的还有谈话的场所。这个场所要求是一个私密的安静的空间。如果学校设有心理咨询室,那便很好。但如果学校不具备这些条件的话,只能选择空余的教室和办公室。教室和办公室里最重要的设备是窗帘。学生总是好奇,他们看到有同学被老师叫去谈话,总免不了扒着窗户张望嬉笑,不仅会干扰谈话,谈话对象的身份也会曝光。我在一所中学的田野工作就因为没有合适的谈话场所而不得不放弃。

综上所述,获得校长的支持是田野工作开展的先决条件,只有校长能调动相关资源,给予方便。但校园欺凌被暴露并不能为学校增光,尤其在教育部颁发《关于防治中小学生欺凌和暴力的指导意见》后,文件表示,如果学校发生欺凌事件,校长、分管法治教育副校长和班主任都要担责。在这样的局势面前,允许一个陌生人进入学校去调查欺凌并做干预,校长和教师要承担很大的风险。

所幸我得到了三所学校中两所学校校长的支持。由于时间、地点和经验的问题,我在最后一所初中开展的田野工作最为顺畅。

我所研究的这所学校坐落于老城区某小区里,最初是一所包含职业高中的完全中学。在20世纪80—90年代,正赶上人口出生率高的那一代人入学,学校初中阶段每个年级一度达到14个教学班级的规模,每个班人数都在50名之多。因为1989年和1990年这两届学生出类拔萃的中考成绩,学校声名鹊起,此后吸引了许多城市优质生源前来上学。但近些年在城市行政中心东迁的过程中,政府重新配置优质教育资源,学校在生源的数量和质量上急剧下降。职高早就已经没有了,初中每个年级保留了8个班,每个班的人数也降到40人左右。为了保证一定的学生数,教育局扩大了学校招生的区域。学生一半来自本地,另一半是外来务工人员子弟。从经济、社会和文化资本来看,学生的家庭背景属于中等以下水平。为了维护一贯的好名声,学校一方面通过分快慢班以及强化快班的方式，确保在全市中考中的排名，另一方面组建学校运动队，靠他们在全国重大比赛中夺取金牌来赢得社会声望。而那些慢班中无体育特长的学生，基本处于被放弃的状态。我的实验对象就在他们中间。

2018年5月10日，在我到校的第一天，分管法治教育的副校长已经安排好我做调研的8个班级，等待与我确认时间。这8个班级，初一和初二各4个，都是慢班。副校长之所以这样安排，也是出于配合我的工作，因为这些班级成绩不好，纪律差，按照她的想法，一定存在欺凌。

对相关班级的欺凌调查工作被安排到午餐后半小时的午休时间进行。如果下午第一节课正赶上体育课或美术课，便利用一节课的时间与欺凌者谈话。大部分班级则是在宣讲和调查后再找中午的时间或利用活动课与放学的一点时间进行谈话。经常发生的情况是，原本应该在一个时间段里完成对欺凌者们的全部谈话，被迫分成几段进行，甚至分好几周来完成。从5月11日到6月7日，8个班级一共用了不到一个月的时间。后来因为临近中考，不适合再去学校打扰，有些班级的回访没有完成，这项工作被迫结束。

由于时间宝贵，每一阶段的工作都要力争取得效果，因此，事前我会将要做的事情做好备忘录，防止操作起来有所遗漏。因为是对欺凌进行真实的干预，边听边记录是不可以的。但好在皮卡斯有一个与被欺凌者和欺凌者谈话的框架和脚本，提供了具体的谈话句式和用语，可以依靠它们来展开与欺凌卷入者的谈话，而不必顾虑他们之间的差异。但这依然是一种设想，现实情境中面对各种欺凌者时，很可能忘记这个谈话的结构，更遑论具体的句式和用语了。这一点将在下文中再讲。在一个阶段的工作结束后，我回到家中，便立即凭着记忆将谈话的内容及感受记录下来，并将情境中引起我注意的一些细节描述出来。在整个工作结束后，再对所有的记录进行整理。

虽然8个班级确实都存在欺凌，但初一(2)班和初二(2)班还是引起了我的注意。由于初二(2)班没有进行回访，不能观察干预的效果，所以这里选择初一(2)班作为样本，呈现干预的全过程。

初一(2)班之所以引起我注意，是因为在我进入教室进行提名调查时，这个班级有一半学生不能安静地听讲,这与其他班级大不相同。其中,有一个男生频频插嘴,嗓门很高,屡屡打断我的讲话。我被迫停下来几次,但这些男生却毫不在意,没有停止他们的行为。这让我很恼火,我只得提高嗓音,加快语速,也顿时觉得这样的讲演索然无趣。班级人数不多,有些学生不在班里。班级每个学生都是一人一张小桌子,两两将桌子拼在一起成为同桌。我注意到有两个男生坐在最后一排,独自一个人坐。他们一高一矮,一胖一瘦。

我在 5 月 11 日中午 12 点到 12 点半之间,在初一(2)班做被欺凌者提名调查。在 5 月 17 日中午 12 点到下午 2 点 15 分,与欺凌卷入者谈话。在 6 月 8 日下午活动课时间(大约下午 4 点半到 5 点之间)进行回访。

二、提名调查以及并不愉快的讲演

提名调查包括两个部分:一个 20—25 分钟的讲演和一个 5 分钟的匿名小调查。我本可以按照皮卡斯提供的范本来进行,他的演讲有一个结构。他首先介绍欺凌是一个普遍问题,让学生知道调查不是针对他们。然后把学生当成专家,与他们讨论为什么老师们无法解决欺凌。接下来介绍一种新的方法——"共同关切法",介绍调解的理念和程序。最后提出请求,即请学生信任自己,让自己来调解欺凌。

"我有一个问题。也许你们能帮我? ……当我给学生做一份问卷调查的时候,问'你见过欺凌吗?'或者'你曾被欺负过吗?'我得到的答案是,10%到 15%的学生似乎都被欺负过。……很高的数据,不是吗? 将近班级人数的七分之一。……但如果我要求他们在问卷上写下被欺负者的名字时,却没人写……你们能解释一下吗? (期待的答案是:'没人愿意让人知道自己被欺负了。')……但是,假设老师们只是用友好的方式和欺凌者们交谈,来引起他们对受害者的同情,(期待学生回应:'那样的话,受害者会因为受到太多关注而感到尴尬。欺凌者们会在老师背后继续欺负他们。')……你能推荐一种更好的方法来处理那些被报告的欺凌事件吗？（期待学生回应：'同伴支持者，他们注意到的东西比老师要多。'也许其他人会说：'但他们不能注意到每个角落。一个被欺负的人跑过去告诉他们自己被欺负了，这很尴尬。'另一些人则说：'同伴支持者会欺凌欺凌者，有时天真的人也不能例外。'……假如我们将欺凌看做是双方之间的冲突……假设我们不要试图找出谁有罪。不问'是谁先开始的？'我们只是要找出一个共同的解决方案。……一个成年人扮演调解员的角色……这是什么意思呢？……你们有谁在冲突中接受过调解员的帮助吗？……是的。你认为调解怎么样？……你喜欢吗？……为什么？……我称之为共同关切法。为什么？……是的，因为共同关切是共同解决问题的开始。……<u>你会信任我，让我在你的冲突（包括欺凌）中当一个调解员吗？</u>"（……指留出时间让学生思考。）①

用皮卡斯的范本在其他两所初中讲演时，效果不好。首先，学生们没有讨论问题的习惯；其次，他们对调解没有概念。所以我在初一（2）班讲演时，更改了讲演的结构和内容。这样做还有一个原因。该校曾在两个月前，邀请一位心理老师杨老师为全校师生直播了一堂有关"校园欺凌"的课。直播时我在场，因为这位杨老师正巧是我在第二所初中进行田野研究的联系人。杨老师利用网络上流传的视频为例，告诉学生校园欺凌形势严峻，国家对此非常重视，相继印发了两份文件，要求严厉打击欺凌，绝不姑息，对潜在的欺凌者发出严重警告。

杨老师对校园欺凌的态度与我恰恰相反。鉴于以上这些情况，我在讲演中增加了对被欺凌者伤害后果的描述，设想被欺负的人如果走向极端，就会出现灾难性的后果：要么自杀，要么杀人泄愤。学生们听到这里显然非常吃惊。同时，刻意消解对欺凌者厌恶的情感以及严惩的态度，从同伴关系的角度，告知学生欺凌是同伴关系中消

---

① Pikas, A. Class Discussion with Teenagers that Ended with Their Revealing the Names of the Victim(s) [EB/OL]. http://www.pikas.se/SCm/A2SCm.html.

极的一类,使关系中的人每一天都过得十分压抑。接着,介入调解这个概念,通过调解使消极关系变为积极关系,增进所有人的幸福。

在其他班级讲演时,我试图唤醒学生自己的经验,但这样的尝试在这个班并不成功。又由于这个班最后一个位置上又高又胖的男生不时高声插嘴,引起其他男生不停讲话,因此我就改为介绍自己的经验,讲述自己上初中时与同桌经常冷战的事例。我问学生,当我和我的同桌不时暗中较劲时,我们俩的好朋友为什么不帮助我们解决一下呢? 因为她们既不能体谅我们的痛苦,又觉得这是我们俩之间的事,应该由我们俩自己解决,不便插手。但这种想法是错误的。有时双方无法解决彼此间的矛盾时,最好由第三方来调解。"现在我很希望能够用调解的方式帮助那些受欺负的同学们解决欺凌问题,让欺凌者和被欺凌者在学校都能开开心心的,大家能不能帮我这个忙?"学生们纷纷点头。

我请学生完成一份匿名小调查,问卷包含三个简单的问题:(1)班上有没有欺负人的现象? (2)你在班上有没有被人欺负过? (3)班上谁的处境最糟糕,最需要帮助? 写下他们的名字。

三、与被欺凌者的谈话:一个可怜又可恨的人

将学生的问卷收集起来之后,我便让班长与我一起到谈话室。我与学生谈话的教室在初一教学楼一楼。这栋楼一共四层,上面三层分布着 8 个班级和 1 个办公室。底层三间最东边是办公室,最西边是教师餐厅,教师餐厅的西边是一座南北走向的平房,用作学生食堂。这栋楼的底层有一间教室是空的,里面堆放着旧桌椅,落满灰尘。我就在这间空教室的中间开辟出一块地方,擦干净两张桌子和几张方凳,围在一起,作为与初一学生谈话的地方。桌子上摆好我提前预备的饮料和零食。

班长是个个头中等的男生,言语不多,对老师很尊敬,一看就是一个勤恳的好学生。我让班长做联络人,帮忙把学生一个一个带出来谈话。之后,我们对第三题中出现的名字进行了统计,发现有 6 个学生的名字被多次提及:4 个男生,2 个女生,其中

有一个学生有听力残疾，需要佩戴助听器。

　　在前两所学校做调研的时候，被欺负的学生有一部分不愿意承认自己受到欺凌。当被告知他们的名字被班级同学多次提及时，他们会解释为是因为自己个性内向的缘故，让同学们误会了。但这种情况在这所学校没有发生。初一（2）班被同学提名的孩子毫不掩饰自己受到了欺负，迫不及待地要我帮助他们解决恼人的欺凌和骚扰问题，虽然他们对我能否解决问题将信将疑。女生刘小雨*反映有两个欺凌者会骚扰她，常常拍一下她，打一下她，拉她的头发。其中一个叫黄晓明，一个叫王小刚。黄晓明仗着自己个头高，块头大，欺负班上所有的人。女生李颖报告说，被黄晓明欺负后，她爸爸曾到学校来找过黄晓明，警告他不许欺负李颖。但黄晓明不仅没有任何收敛，在李爸走后，挥拳朝她脸上砸去，将她的眼睛打伤。至今，她的眼睛周围还有一大块淤青。据戴助听器的男生报告说，黄晓明伙同另一个同学欺负他，要他请客吃东西。另一个男生也说黄晓明经常欺负他，踢他、打他。

　　在所有受欺负的学生中，有一位学生让我很惊讶，他叫陈小春。当班长把他叫过来谈话的时候，我发现我在前一天见过他，就在这间谈话的教室。

　　当时是上午第三节课，我在谈话教室里等待学生下课。学生下课后，我要去四个班级做调研。一位女老师将陈小春带进来，看了看我，在我身旁靠窗的位置指了一张桌子给他，让他坐下补作业。看着他把书本从书包里拿出来铺在桌上后，女老师就离开了。陈小春见老师走了，便趴在桌子上翻书。我问他怎么回事，他说背书背不出来，老师罚他下来背书。我让他坐端正，他不理我。他翻了一会儿就开始闭上眼睛睡觉。我拍拍他的肩膀，问他为什么不背，他说反正也背不出来。他继续趴着，浑身骨头散了架似的，把脸侧着贴在桌上，一会儿一边像贴烧饼似的反复调换，不时叹息。第三节课下课，他把自己挪到教室门后边去了，可能不想被人看见。第四节课继续趴着，两只胳膊垂在身边。但是，一天当中的这个点儿实在不是睡觉的时候，即便假寐也难以打发时间。于是他改为吐口水了。我给了他一包纸巾，他将口水吐在纸巾里，

_____

　　* 本书所呈现欺凌案例中的学生人名皆为化名，后同。

不一会儿一包纸巾就用完了,他还在吐,吐在他座位周围的地上。我看他这般光景实在很讨厌,心想这个人无药可救了,便不再理他。第四节下课铃响后,我出去看学生就餐情况。等我再回到谈话室的时候,他已经和他的书包一起不见了,位置边留下一堆痰和纸巾。

就在刚才我在初一(2)班调查的时候,他来迟了。依然一副没劲的样子,手里拿着书本和笔,佝偻着身躯慢吞吞走到自己位置上,谁也不瞧。坐下来后,便埋头整理自己的桌子,手在抽屉里掏来掏去,脑袋也要伸进去的样子,恨不得让这个抽屉把他完全吸进去才好。

所以,当他无精打采地走进来与我交谈时,我很惊讶:怎么是这个邋遢鬼?

我请他与我面对面坐下,我们中间隔了一张小桌子。我给他倒了一杯果汁递到他手上,请他喝。他摇摇头,把杯子放到桌上。我问他,同学们说你受欺负了,对吗?他点点头。我对这个反应很满意,接着问,你可以告诉我是哪些人欺负你吗?他告诉我自己被黄晓明和王小刚欺负。黄晓明打他,王小刚总是向老师告他的状,不管他做了什么,王小刚都要去报告。他打不过他们,害怕被报复。我理解"不管他做了什么"的意思,是指他做的不好的事情。我点点头,告诉他我会和那两个同学谈谈,然后让他回班级去。这时,下午第一节课预备铃响了。

四、与欺凌者的谈话:两次谈话反差太大

我记下黄晓明和王小刚的名字,把班长喊过来,告诉他我要找这两个人谈话,问他今天什么时间有空。他告诉我下一节课是体育课,可以跟体育老师说一下,没关系。于是他去帮我把这两个同学一一叫过来谈话,并替他们跟体育老师请假。

首先被叫下来的是王小刚。我端详了一下王小刚的脸庞,这是一个长得很漂亮的男孩,五官精致,而且头脑很清楚。我认出他就是单独坐在最后一排不高不胖的那个男生。我倒了一杯橘子汁给他,示意他坐下。他接过纸杯,说了声谢谢,把杯子放到桌上,坐了下来,并没有喝。我觉得他很懂事。我问他是哪里人,住在哪里。他告

诉我原籍不在本地,小学三年级的时候随父母搬迁过来。然后我便转入正题,问他:"你知道陈小春吧?"他点点头,看着我,然后又低下头去。我接着问他:"你觉得陈小春最近怎么样? 他开心吗?"他又看向我,回应道:"不开心。"我问他:"你知道是怎么回事吗?"他说:"我让其他同学不跟他玩。"停顿了一下,又接着说:"只要他做什么不好的事,比如上课不专心、开小差什么的,我就马上报告老师。"我问:"你为什么要这样对他?"他说:"也没什么。一开始的时候他老要跟我们一起玩,我们不想让他跟着,他就骂我们。然后我们就打他。有时候别人打他的时候我也会推他。"我问他别人是谁? 他犹豫了一下,告诉我别人是黄晓明。我问他:"你跟黄晓明关系很好吗?"他说:"嗯,我们两家住得近,还有陈小春,所以经常在一起玩儿。现在我们不跟他(陈小春)玩了。"我又问:"那你跟班上其他同学关系怎么样?"他说他跟几个男生关系还可以,但主要跟黄晓明在一起。我接着问:"你从什么时候开始感受到陈小春不开心的?"他说,"就是听到你在我们班的讲话之后,我想起最近他很不对劲。我还跟我的朋友说,最近一个月陈小春怎么不说话了,不信你可以去问他们。"我嗯了一声,问他怎么不对劲? 他接着说:"以前我们打他,他会打过来;我们骂他,他会骂回来。但从你上次到我们班讲过之后,我就开始有点担心,他好像完全变了一个人,现在完全不说话了。"我问:"那你有什么打算?"他说:"我叫我的朋友不要再欺负他了。"他的眼睛直视我,让我感到他是真诚的。我点点头,告诉他一周后我会回访,看看这件事情有没有改变。

　　将王小刚送走没一会儿,班长将黄晓明带下来。黄晓明就是单独坐在最后一排的那个又高又胖的男生,也就是那个肆无忌惮高声打断我讲话的男生。我看着他的脸,这张脸长得一点也不好看。脸庞被晒得又红又黑,因为胖而被撑得紧紧的。眼睛不大,一脸油汗顺着脸往下淌,可能刚才在操场上进行了剧烈的运动。我觉得他一脸愚蠢又贪婪的样子,本能地感到非常厌恶。

　　我依然倒了一杯橘子汁放到他面前,让他喝点水。他说不渴,警惕地坐在方凳上。我只得进入正题,问他:"你知道我为什么找你过来吗?"他说:"不知道。"我说:"你打陈小春了吗?"他说打了,但只打了一次。我问为什么要打他? 他说:"有一次陈小春被他爸爸打,他就从家里跑出来,来我家找我。我让他睡在我家。第二天他爸爸问我有没有留陈小春在家睡觉,我说留了。但陈小春跟他爸爸说不是在我家睡觉的,他爸爸就说我撒谎,把我教训了一顿。所以我就打了他。"他讲的时候有点激动,语速很快。由于没有理清人物关系,我问了好几次,他重复了几遍,我才弄明白,他的意思是陈小春撒谎,让他背了黑锅,他才对陈小春下手。我又问他:"你还打谁了?"他矢口否认:"我没打人,就打了陈小春一次。"我说:"同学们都说你打人了,你总是欺负班上的同学。"他气愤地质问:"我没打人,谁说我打人了? 是谁?"谈话到这里进行不下去了。我忽然意识到,现在这样的谈话已经远离了"共同关切法",不知怎的,竟然采用了另一套完全不同的审讯式的谈话方法。但又不能回过头来重新开始,怎么办? 我只能硬着头皮跳到"共同关切法"的最后一步来收场:"你愿意向同学们做出什么承诺呢?"他马上表态,说以后不打陈小春了。

于是,我将他留在谈话教室等候,去操场找那几名被欺负的同学,告知黄晓明和王小刚的态度,询问他们愿不愿意接受他们的道歉。被欺负的同学一致不同意接受黄晓明的道歉,并指责他撒谎。就在我与王小刚谈话的时候,他动手打了李颖,说她告状。学生们现在都很担心会遭到他和王小刚的报复。

得知他明明才打了李颖,转脸就对我撒谎,我气冲冲地返回谈话教室去找他对质。当我走进教室,发现他不仅喝光了面前一杯饮料,还喝光了 1.5 升装饮料瓶里剩下的大半瓶饮料。他正心满意足地坐在凳子上等待事情如他所愿般地得到解决。真是个"厚颜无耻"的家伙,我心中的怒火急剧升腾。我用手一拍桌子,指责他撒谎。他马上一口咬定:"我没撒谎。"我气愤地瞪着他,他同样气呼呼地瞪着我,一点儿也不畏惧。

过了两分钟,我问他:"那你看现在怎么办? 是同学们在撒谎还是你在撒谎?"

他依然气愤地说:"我没有打他们,谁说我打的? 是谁?"

我越发生气:"我不会告诉你是谁,你应该清楚指认你的不是一个人而是很多同学,你刚刚才打了人,这个人是谁难道你忘了吗?"

我停顿了一下,接着又说:"你欺负很多同学,给他们带来不愉快和痛苦。今天我是来调解你与同学之间的关系的，如果你还继续打他们，我就号召所有人都不跟你玩，一起排挤你、孤立你！"

黄晓明紧绷着脸，把头扭向一边，一脸不服气。

我问他："你愿意向他们道歉并保证不再骚扰他们，尤其不再报复他们吗？"

他点点头。

黄晓明和王小刚是两个个性截然不同的欺凌者。黄晓明仗着自己身体强壮，蛮横无理地欺负同学。他丝毫没有接收我在班级讲演时传递的信息，他有他的行事逻辑和"小九九"。他的逻辑是用武力获取利益。当他被比自己强大的人压迫时，比如家长和老师，他便将受到的压迫发泄到比他弱小的同学身上，以此来达到心理平衡。他用武力警告同学，不许告密，甚至不许反抗。面对审讯，他也早就准备好一套熟练的应对方式，即抵死不承认，或避重就轻，以及事出有因。被迫道歉是可以的，在强权面前可以暂时低头；但是等到审讯结束，回到他的世界里，没有强权在场，他便又故态重现，打击报复。这样的逻辑和小盘算想来由来已久。面对这样一个惯犯，我的逼问显然是失败了。我除了借助更大的势力去压制他外，没有其他的办法对付他，但这违背了"共同关切法"的宗旨。我很沮丧，甚至开始担心受害者在这之后会遭到报复。

王小刚的理智与黄晓明的滥用暴力恰形成鲜明的对比。王小刚善于观察人、琢磨人，利用人的弱点来组织攻击。这可能与他身材并不高大强壮、头脑清楚有关系。他时时刻刻盯着陈小春，在别人施暴的时候上去推一把。利用同学排挤、孤立陈小春，甚至利用老师来让陈小春处处受挫。这样的手段实在阴险。可想而知，在黄晓明与王小刚的联手配合下，陈小春的日子有多艰难。细细思量，我不由得倒吸一口冷气。

幸亏王小刚还没有丧失理智。我在全班讲述欺凌对被欺凌者产生的危害，使他对自己的行为感到担心。他究竟是担心陈小春自杀，还是担心陈小春杀人，这个不得而知。我想他更担心陈小春自杀。他已经观察陈小春有一个月了。这一个月里，陈小春像变了一个人似的。如果陈小春自杀，他认为这与他有关。我猜他不想要这样的结果,他并没想要陈小春的命。

五、和解会议:强扭的瓜

然后我把那些受到欺负的学生都叫进来。被欺负的同学尽管不是非常愿意,但还是听我的吩咐围着一圈坐好。王小刚先道歉并作出承诺。我相信他,因为他已经意识到自己的行为可能造成的后果并为此深感不安。黄晓明也答应以后不再骚扰同学。我问受欺负的同学:"你们愿意接受黄晓明和王小刚的道歉和承诺吗?"他们点点头。

我又说:"现在我们达成了一个协议,黄晓明和王小刚不再骚扰大家,也不会背地里报复。但如果这个协议被打破,那么调解失败,我们就将这个问题交给学校的纪律部门来解决。我会在以后的时间里经常回访,观察我们调解的效果。大家同意吗?"所有人都表示同意,我问黄晓明:"你呢?"他气歪歪地嗯了一声。

我让他们解散,然后悄悄地留住了刘小雨。我不确定今天的谈话会起到什么样的效果,我把自己的手机号留给她,请她留意观察黄晓明和王小刚的情况。如果他们报复同学就给我打电话。

六、效果验证:其实欺凌者也不想要欺凌

6月8号我到学校做最后一场调解,对象是初二(2)班。我到学校的时候大约是下午四点半,这时正在上这一天的最后一节课。初一年级被统一安排为活动课。我往教学楼走,经过花圃,几个女生坐在那里聊天,其中有一个眼熟,我就跟她们打招呼。她们也跟我打招呼,并且要我请客吃东西。我笑起来,跟她们约了一个时间。然后,我请她们帮我叫一下刘小雨。这个时候初一(2)班的男生王顺围着我走来走去,我叫住了他。我问他班级情况,他说现在挺好的。然后我请他去叫陈小春过来,他飞跑出去。

刘小雨看到我很开心，我问她班级情况："黄晓明现在还欺负人吗？"她使劲摇摇头，说现在没有了，很好。

陈小春见到我也很高兴，他把两手背在身后，身板儿挺得直直地站在我面前，挺着胸脯，一脸红扑扑，眼睛亮晶晶地看着我，笑意盎然。我问他王小刚和黄晓明现在还欺负他吗？他笑着摇摇头，眼神里流露出感激。我很开心，鼓励他好好学习。

跟他们俩简短交流之后，初二年级还没有下课，我踱步到操场，沿着操场边的护栏散步。学生们在操场上很开心地活动着，有的打羽毛球，有的踢球，有些女生坐在操场上聊天。我看到校长从我身后走进操场，视察学生的活动。那天阳光很好，初夏的天气还比较凉爽，风吹在身上分外惬意。

我顺着栏杆往操场东边走，没想到碰到了两个男生，其中一个笑嘻嘻地跟我打招呼。等他们走近我才看清楚，原来是黄晓明。他的脸似乎瘦了一些，面色也没有那么黑了，因为他笑得很阳光。我惊叹道："喂，黄晓明。"他笑着，竟然有一丝腼腆。那个时候他已经与我擦肩而过了，但他依旧转过身来，面向我，倒着走。我接着说："黄晓明，见到你真高兴。"他继续笑着。

我感到无比开心，从他见到我的反应，我可以确定他后来再也没有打过同学了。原来一个人变好了之后，修复了与同学的关系之后，他自己也是如此轻松愉悦。

七、劝诚中的调解

尽管这次的欺凌干预取得了令人欣慰的成功，但在回顾整个流程，特别是调解环节时，我发现诸多细节值得深思。

首要的是，我作为调解新手，不慎踏入了常见误区，即在调解过程中未能坚守中立立场，任由愤怒情绪主导，失去了应有的理性，从一位中立的调解者转变为满腔怒火的审判官，将调解氛围转变为审讯场景。皮卡斯曾多次警示避免此类行为！我之所以失态，原因有三。

一是对调解技巧的生疏。皮卡斯的校园欺凌调解法植根于冲突解决理论，遵循其特有的调解框架。若我对冲突解决理论有所了解，便能更好地把握调解的核心原则。遗憾的是，我对此领域知之甚少，影响了对调解原则的准确应用。可见要想做一名合格的调解员，必须充分掌握有关欺凌和调解的知识与技巧。

二是情绪管理的缺失。无论是冲突解决还是校园欺凌调解，都强调在冷静状态下处理问题。皮卡斯指出，愤怒时，我们容易将对方极端负面化，而这并不符合事实。情绪失控后，愤怒升级，我们会指责欺凌者，迫使他们转而自我辩护，而非共同关注受害者的困境，这无疑增加了调解失败的风险。

三是权力不平等下的惯性思维，即倾向于以权势压制。这是从小形成的处理冲突的习惯使然。也就是说，调解者已有的个人经历会极大地影响调解者对冲突的看法和态度。[①] 所以有人指出，要处理好冲突，第一步也是最重要的一步，即调解者应该意识到他们对冲突会产生自发的且通常是无意识的反应，以及这些反应对他人的影响。[②]

至于干预为何最终成功，我认为原因可能在于两方面。一方面，皮卡斯的"共同关切法"通过分析欺凌团体的群体动力学来瓦解团队，逐个击破，让每个欺凌者对受害者产生同情，从而停止欺凌。但在实践中，我发现群体动力学同样能促进欺凌者间的相互劝诫以停止欺凌。在此案例中，王小刚作为欺凌群体的智囊，既能煽动他人欺负陈小春，也能利用陈小春的小失误挑拨其与老师的关系，其用心之深令人咋舌。然而，当他意识到欺凌可能带来的严重后果后，心生畏惧，主动停止欺凌并劝阻黄晓明。这体现了群体动力学的效应，一人收手，众人效仿。

另一方面，我的成功或许并非完全归功于"共同关切法"，还应归功于另一种名为"劝诫"的方法。黄向阳在其著作中定义，严厉批评欺凌行为及其动机、后果为"训

---

① 这些个人经历通常包括和兄弟姐妹、儿时玩伴之间的关系；家长、老师以及公众人物确立的应对冲突的方法；大众传媒（特别是电视、电影和网络）提到的概念和态度；以及社会因素，比如匮乏和贫穷。

② 罗纳德·S.克雷比尔等.冲突调解的技巧：调解人手册[M].魏可钦，何刚，译.南京：南京大学出版社，2011：15.

斥"，训斥并告诫则为"训诫"。训诫要求欺凌者反思行为，承诺不再欺凌，并警告再犯将严惩不贷。[①] 在调解中，我可能不自觉地采用了"劝诫法"或结合了"劝诫法"与"调解法"。"劝诫法"是一种传统的德育方法，"调解法"则源于冲突解决。两者结合，也可以阻止欺凌。

① 黄向阳.无人赊恨——校园欺凌判断与干预[M].上海：上海教育出版社，2022：242.

第七章

挑衅型受欺凌者与欺凌者的和解

　　无独有偶，2019 年 4 月，课题组成员之一在上海市静安区某公办小学实习时，也碰到了这类挑衅型受欺凌者遭遇欺凌的事件，我们仍然用"共同关切法"尝试进行调解，以此来制止欺凌。

一、非典型欺凌事件

　　一天中午，我在办公室遇到了一名被老师拖拽进办公室的五年级男生。他的衣服拉链大开，露出里面皱皱巴巴的黑灰色条纹汗衫，柔软地贴在胖乎乎的肚子上。老师很生气地批评他在午饭前后殴打两名同学的劣行，而他也很气愤，同时又很伤心，不停地抽泣着，不断地擦拭着的泪水和鼻涕，倔强地不肯认错。

　　他的表现引起了我的注意，我敏感地意识到事情可能没这么简单。在老师走后，我便开始与他谈话，试图了解这件事的内中隐情。一开始，这位愤怒又委屈的学生要么不说话，要么就在言语中发泄自己的情绪。

　　　　调解员："能跟我说说发生了什么吗？"

　　（学生不说话）

　　　　调解员："我是咱们学校新来的调解员教师。我只负责关心同学们的生活，帮助大家解决生活上的难关。对于你们向我求助的困难，我都会保密。请你相信我。我看你现在很难过，甚至有点愤怒，让我来帮助你，可以吗？"

　　　　学生："凭什么！凭什么只说我一个人！"

调解员："没关系,你先调整一下自己的状态,有话咱们慢慢说。我看你还在哭,你现在心里什么感受? 能告诉我吗?"

学生："生气,委屈。为什么只说我一个人错,不该批评我! 是他们的错! 是他们的错!"

调解员："虽然我不太明白你们之间发生了什么,但你能告诉我你现在怎么看待他们吗? 是把他们当同学? 朋友? 还是……?"

学生："仇人,敌人。我讨厌他们,恨死他们了!"

调解员："是什么让你这么讨厌他们呢?"

学生："他们两个以前大概在二年级的时候就总是惹我,打我一下或者踢我一下就跑开。班主任老师批评过,但是过不了多久,他们又会过来欺负我,今天课间他们又故意踢我。我今天就反击了!"

调解员："是啊,你反击了,但你现在好像并不快乐。"

学生："凭什么老师只说我一个人!"

调解员："你觉得怎么做才能让你心里感到平衡呢?"(询问他解决问题的意向)

学生："让我再打他们一顿! 他们不能还手! 狠狠地打他们一顿! 让他们五天五夜不吃不喝!"

在自我介绍和对学生的情绪表达关怀过后,我逐渐得到了学生的信任。他打开了话匣子,将事情的起因甚至历史都娓娓道来。原来这个叫寿琦宝的学生非常委屈。乍一看,这件事情的表象是他攻击刘小刚和李小华二人,但实情是他从二年级起便经常受到那二人的欺负。这次他怀恨在心,大胆反击,踢了二人,被老师逮了个正着。老师在教室里对他进行了严厉批评,并将双方隔离开,警告他们减少互动和来往。

明明是被欺负了,怎么老师还会那么严厉地批评他呢?

（一）一名激惹型被欺凌者的困境

原来早在二年级时，寿琦宝和刘小刚、李小华之间的矛盾就初现端倪。但老师的制止和劝诫并没有彻底将问题解决。刘小刚与李小华关系要好，相互呼应。刘小刚故意踢寿琦宝一脚，李小华也会上前凑个热闹补上一脚。终于有一天，气愤难耐的寿琦宝发起反击，三个人扭打在一起。袁老师立即当场制止，把他们叫到办公室狠狠地批评了一通，让他们意识到自己行为的严重性和错误性，然后动之以情、晓之以理，和气地告诉他们："在社会上遇到危险和困难要找警察，老师就是学校里的警察，你们遇到问题要向老师求助。"可是好景不长，袁老师的严厉批评和劝诫只起了短暂的作用。没过多久，刘小刚和李小华对寿琦宝的挑衅就又开始了。

直到五年级，小学毕业班的学生们达到了情感的宣泄期，寿琦宝又因为刘小刚和李小华的"故意一脚"，才在午饭前后愤然发起了反抗。这一次，在袁老师眼里，寿琦宝已经带有了暴力性格倾向，情绪易怒、屡教不改、行为暴力，只有将其隔离才能尽可能保持班级和谐，不生是非。

寿琦宝在班级中人缘不好，他在班上没有真正的朋友。一次课间，我和学生们闲谈，问他们在班级中谁是寿琦宝的好朋友，一群男生开着玩笑推推搡搡地说是"路人甲"。被推出来的"路人甲"一惊，连忙摇头说："不不不，玩得不好、玩得不好。"脸上还露出戏谑的笑容补充道："他那么脏，我才不是他的朋友呢！"其他学生也随势笑作一团，仿佛是借着"和寿琦宝做朋友"的名头和彼此开了个玩笑。学生们的逗趣手段表达出他们对寿琦宝的轻视和嘲讽，也表明了对寿琦宝的排挤。很显然，寿琦宝不是他们的好朋友，而是他们取笑的对象。寿琦宝被排除在群体之外，谁与他交好，谁就成了很蠢、很脏、很可笑的一分子，成了大家共同取笑的对象。

大家为什么要排挤和嘲笑寿琦宝呢？因为他成绩差、运动后会有汗臭味以及不勤换衣服的小陋习，使得他在日常生活中遭到同学们的区别对待，无法平等、正常地与同学们进行班级中的日常活动，连说话、传递作业、体育课活动时都不得安生。被隔离在班级公共活动正常范畴之外的寿琦宝，一直无辜地承受着不平等对待所带来的伤害，纵然心中有万分的悲伤和愤怒，也难以凭一己之力改变现状。

　　老师也想帮助寿琦宝改正缺点，多次教导寿琦宝改善个人卫生，做一个自尊自爱的人，这样才能被别的小朋友接受。老师还联系他的家长，希望家长能够帮助寿琦宝一起改善个人卫生，养成整洁有序的好习惯。但家长的配合度十分有限。在家长看来，寿琦宝的卫生已经很好了，偶尔漏带作业、衣着皱皱巴巴也实属正常，没有什么需要整理和改进的地方。于是，老师开始着重关注寿琦宝在校的学业情况。当他少带作业、漏带课本时，老师都会对他施以小小的惩罚，如口头批评、班级罚站、办公室补作业等。经常遭到批评的寿琦宝渐渐变得无所谓了，放弃了对自身行为的约束。老师对他的同情也一点点消失了。

　　寿琦宝渴望融入集体，曾尝试主动与刘、李二人沟通，以解决问题。一次体育课自由活动时，寿琦宝想要加入男生们的游戏共同玩耍，借机向刘小刚、李小华两人说明自己内心的不快，请他们停止不愉快的玩闹方式，平时不要再用踢踢打打的方式招惹自己。谁知，同学们见寿琦宝要来，立即各自逃开。刘小刚、李小华跑得尤其快，相互说着："别让他抓住！别让他抓住！"寿琦宝紧追着他俩在后面赶："等等我呀！等等我呀！"就这样，明明是共同游戏，却变成了一群男生"逃离寿琦宝"的追逐游戏——谁被寿琦宝抓住了，亲近了，谁就中了"病毒"，输了游戏。

　　老师的批评和同学们的歧视让寿琦宝感到十分委屈和愤怒。寿琦宝一直期待老师能够保护他免受欺凌，要么帮他狠狠地收拾那两个时常招惹他的学生，要么在他报复那两个学生的时候能够偏向自己，不要批评自己。因此，每当老师批评自己与同学闹矛盾的时候，寿琦宝便深感失望。

　　这时，父亲告诉他，受了欺凌就要还手，并教给他以其人之道还治其人之身的方法："如果他们再打你，就要还回去。这样，他们就知道你不是好欺负的了。"在老师那里找不到公平的寿琦宝接受了父亲的建议，决定"以牙还牙"。他开始主动打和踢那两个欺负他的人。他没有意识到自己的主动出击引来的却是同学们更强烈的憎恶，也失去了老师的同情。

　　他变得暴躁、易怒，无法控制自己的情绪。一些小小的挑逗都会令他勃然大怒，做出过度的报复行动。他的学习越来越糟糕，人际关系更是降到冰点。当他用踢人、扔纸球的方式试图引起其他同学的关注时，得到的却是越来越多的捉弄和嘲笑。他仿佛深陷泥潭，且越挣扎陷得越深。

　　主动出击并未能让两位欺凌者受罪，寿琦宝感到内心的怒火在升腾。他恨透了他们。

（二）两名欺凌嫌疑人

　　事实上，刘小刚和李小华并不是对自己行为带来的伤害全然不知情。尽管寿琦宝明确表达过自己不喜欢这样的玩闹方式，甚至用发怒、还手的方式表达自己的愤怒和痛苦，但刘小刚和李小华仍然选择了忽视，变本加厉地挑衅寿琦宝。寿琦宝越发怒越暴躁，刘小刚和李小华越觉得招惹他是一件刺激又富有挑战性的事。面对同学的反抗，这两个学生并没有想过停止、改变自己的行为方式，而是愈发觉得有趣。这种只顾自己开心，故意用挑衅行为、言语攻击别人，不在意别人感受的行为，早已伤害了寿琦宝。在许多人看来，这已经构成了事实上的欺凌。

　　但在老师和同学的眼中，这两名同学并不是班里的小霸王。他们只对寿琦宝做出挑衅行为，以此取乐，与其他同学依旧能友好相处，没有霸凌行为。老师认为："他们总是会捉弄一下寿琦宝，但是两个同学还意识不到这是欺负，他们觉得自己打一下、动一下是开玩笑的。"班级大多数同学也并不认为他们对寿琦宝的行为已经构成了事实上的欺凌，反而认为有趣。这两位同学挑衅寿琦宝就会逗乐他们，密切了他们之间"自己人"的关系。或者可以这样说，班级排斥寿琦宝的普遍氛围，培育乃至助长了刘小刚和李小华肆无忌惮欺凌寿琦宝的气焰。

　　在我开启双方调解之前，他们拒绝换位思考，拒绝体验寿琦宝的感受。他们这样为自己辩护："平时他也招惹我们啊""他真的很脏""我们班没有人愿意和他玩，我也没必要和他做朋友"。他们从内心深处认为自己是清白的，错不在自身。

（三）共同关切法及其调解程序

　　用于校园欺凌调解的共同关切法有着严格的流程和要求。皮卡斯规定，首先，教师了解情况后先分别与疑似欺凌者、受欺凌者进行沟通；其次，在双方间进行斡旋，穿梭谈判；然后召开峰会，让双方碰面，欺凌者对受欺凌者承诺停止欺凌，双方达成和解；最后调解员进行回访，确保双方履行承诺。共同关切法强调教师引导学生自己说出解决方案并付诸行动。这一关键要求在中国是否能够顺利进行并得到学生的响应？拥有严格谈判要求和流程的共同关切法，在上海快节奏的小学校园中是否可以取得相同的调解效果？作为一名初次尝试这种方法的研究者，我心里没有底。但是，正如皮卡斯所言，如果最后阶段的回访显示双方没有履行承诺，就要重启新一轮的调解。既然如此，我干脆简化流程，利用课间休息这些碎片时间进行快速调解，同时做好了通过多轮谈判达成调解的思想准备。

根据共同关切法的建议，调解员最好能够与欺凌嫌疑人逐个在密闭空间中进行访谈交流。但因学校空间、时间条件的限制，我未能找到合适的场地与学生进行一对一的密闭访谈。为了避免其他班主任老师的旁观，我选择了课间在图书走廊中与两位同学交谈。

二、第一轮调解：当事人相互指责和仇视

在寿琦宝"打击报复"事件后的第二天，我找到了刘小刚、李小华并与他们交谈，但初次谈话并不顺利。

我向学生说明自己仅仅充当调解员的角色，在他们的关系中保持中立。保证不对外泄露与他们谈话的内容、不对他们的言行进行评价。随后，我开始了与他们的谈话。

调解员：我昨天中午在办公室看到你们班的寿琦宝哭得很厉害，你们知道是怎么回事吗？

刘小刚：他那天神经病！他一直脾气不好的，莫名其妙地在吃饭前就过来打我，吃饭后又打了他（指向李小华）。

调解员：既然是这样，你们想怎么办？有什么想法吗？

李小华：不怎么办。谁想理他，脏兮兮的。

调解员：大家都是同学，同学同学，共同学习、共同进步。我帮你们和解，你们看怎么样？

刘、李：（沉默）。

在我表明调解员的身份和立场之后，刘小刚和李小华似乎放松了警惕和抗拒，主动提起寿琦宝的打人事件。但他们对寿琦宝是有怨念的，并没有要改善与他的关系的想法，因此用沉默拒绝了我的和解提议。

我想，两位学生刚刚被打，正在气头上，这时候立即让他们和解确实难度较大。于是，我开始不对寿琦宝的行为表示责备和否定，也不追问欺凌嫌疑人之前与寿琦宝的种种恩怨，而是用询问的方式表达了对他们之间同学关系的关心。但依旧得到了"老师我不想说，讨厌他"这样的消极回复。第二次尝试失败了。

虽然欺凌嫌疑人对寿琦宝的消极抵触情绪如此高涨，但我依旧不死心，进行了第三次尝试。我开始通过让他们介绍同学的方式引起他们对寿琦宝的关注。

调解员：嗯……我不太清楚你们之间发生了什么。本来是想请你们帮帮我，让我多多了解一下寿琦宝的。

刘小刚：算了吧，老师。跟你讲，他那个人脾气暴得很，这就是他最大的特点。

调解员：可是他那天好像也哭得很难过。

李小华：他有什么好难过的啊，他那天把我们两个莫名其妙地打了！

刘小刚和李小华对寿琦宝的敌对情绪非常高。

调解员：那你们接下来想怎么办呢？

李小华：离他远点就行了呗。

　　课间休息时间欢乐又可贵，两位同学迫不及待地冲向同伴群体，结束了令他们抵触的"寿琦宝"话题，我第一次尝试调解宣告失败。

　　此时，不仅欺凌嫌疑人对寿琦宝有着深深的抵触，寿琦宝也对他们有着强烈的仇恨情绪。在与寿琦宝初次沟通的过程当中，他多次表示"让我再打他们一顿！他们不能还手！狠狠地打他们一顿！让他们五天五夜不吃不喝！这样我才满意！"

　　　　调解员：你想要的再把他们打一顿、饿几天的报复形式，对老师来说确实有点困难。这样，你愿意让我来帮助你吗？为你们出谋划策，想想别的解决办法？

　　　　寿琦宝：好。

　　　　调解员：嗯……除了你刚才的解决方案，你还有别的想法吗？

　　　　寿琦宝：没了，必须让我狠狠地打他们一顿，都听我的，不吃不喝！

　　　　调解员：那……你看这样，如果他们承认自己的错误，并且向你道歉，你觉得你能原谅他们吗？能不再生气和讨厌他们吗？

　　　　寿琦宝：会考虑。

　　　　调解员：好的，我知道了。谢谢你相信我。

　　从双方言谈中可以发现，在欺凌关系中，欺凌者更强势、更占优势。问题解决不解决，对他们没有影响。被欺凌者更希望解决问题，因而他会一再作出让步。

　　但初次调解进展得并不顺利。因为第一次借鉴"共同关切法"进行调解，对方法的研究并不透彻，使用起来没有经验。因而在第一次调解时，技术的着力点错误地放在了急于让双方和解上，而不是引导欺凌者对欺凌问题的共同关切上。当然，这里面有一个难点，即欺凌者当时情绪很激动，这让他们很难克服主观态度，转向较为客观的立场，进而将注意力放在被欺凌者的问题上。

　　尽管第一轮调解没有很快达到目的，但起码我发现中立态度与指导的方式相结合也许更有利于引导学生平复情绪。另外，尽管两位涉嫌欺凌的学生采取逃避的策略,并不关心寿琦宝长期的艰难处境,但他们都做出了"离他远点"的决定,似乎有不想接触和招惹寿琦宝的打算,这也未必不是好事。

三、第二轮调解:当事人坦诚心迹

一周后,我从寿琦宝那里得知,他跟刘小刚、李小华果真互不理睬(也意味着互不招惹)好几天了,但好景不长。

> 调解员:你最近怎么样? 就是上次你在办公室里跟我说的那件事,你们之间和好了吗?
>
> 寿琦宝:没有啊。我不理他们,他们也不理我。但是上周五他们又来踢我。
>
> 调解员:你现在还讨厌他们吗?
>
> 寿琦宝:烦啊! 他们还和以前一样,就是不那么夸张了,我也不想打他们了。
>
> 调解员:你现在想怎么办?
>
> 寿琦宝:别惹我就行。

平静了一周,寿琦宝只想远离麻烦。只要能解决问题,他愿意作出让步。对于对方接纳自己,他已经不抱希望,只希望他们别再欺负自己了。

班级的欺凌氛围并没有改变,班级男生对于寿琦宝的嘲笑时有发生。在这一周的某天中午,一名患有轻微自闭症的学生在班上唱歌羞辱寿琦宝。我正好以此事为切口,尝试与刘、李二人进行第二次谈话,引起他们对寿琦宝处境的关切。

> 调解员:能跟我讲讲今天早上你们班同学唱歌的事情吗?
>
> 李小华:有个同学把《小邋遢》这首歌改成寿琦宝的专属歌了,歌词都改

成了他的名字。

调解员:寿琦宝什么反应呀?

刘小刚和李小华沉默不语,一耸肩表示没关注。

调解员:那你们知道他为什么唱歌说寿琦宝吗?

刘小刚摇头不答。

李小华:他自己可能想唱吧。

调解员:你们了解寿琦宝吗?

李小华:还可以吧。他就是脾气很暴,然后有一些脏、邋遢。

调解员:哦……是这样啊。

李小华:他情绪很暴躁的。

调解员:那你们敢和他亲近吗?

刘小刚:敢啊。有时候和他说说话,有时候搞他。

调解员摇头:我不是很明白。

刘小刚:是这样的,他逼我。他说你必须过来(和我)比试,我说你做梦,(他就说)"你给不给","你给不给"(刘小刚边说边伸手伸脚比画)。然后我一脚把他踹开。

调解员:好,那这周你们先帮我一个忙,但请保密。请你们观察一下他的日常情况,哪些人和他玩? 他的心情如何? 行吗?

刘小刚:好。

调解员:谢谢你们!

刘小刚和李小华迅速跑回班级。

这次谈话有一个收获,我发现在处理欺凌事件时,首先要将双方进行隔离。在双方冷静下来之后,才能与他们进行理智的谈话,引导他们做出理性的判断和决定。

当当事人能够运用自己的理智而不是被情绪所控制时,将欺凌者由与被欺凌者对立的立场转为第三方立场,有利于他们客观评价被欺凌者,以及被欺凌者所处的环境。这是"共同关切法"的关键步骤，是欺凌者愿意坐下来和平解决问题的至关重要的前提。

四、第三轮调解：身体欺凌停止了

在遭受长期欺凌的过程中，寿琦宝并非全然无辜，他不时有着主动出击的报复行为。并且，他一直不改的不良卫生状况也是他遭人嫌弃的主要原因。因此，我想劝他改一改自身的毛病。但这绝不意味着他活该受欺负，或他应为欺凌负主要责任。应该说，即便他身上发出难闻的味道，我们也不能剥夺他做人所应享有的受到平等尊重和对待的基本权利。

调解员：这两天怎么样，还有不愉快的事情发生吗？

寿琦宝：有啊，有一天，一个同学（患有轻微自闭症的学生）在班里把《小邋遢》的歌词改成说我了，好多人也都一起唱。

调解员：他们这么说你，你心里怎么想啊？

寿琦宝：然后我当时心里感觉……心里一下子就火了，我就冲过去对着李小华和刘小刚各踢了一脚……

调解员：我能理解你的愤怒。如果是我，我也会不开心。那你有没有想过你自己呀？大家为什么只说你呀？

寿琦宝：呃……确实平时比较脏。

调解员：大家唱歌这个事情，我能理解到你的不开心。但你觉得堵住大家的嘴，让他们不这样说你，最有力的证明是什么呢？

寿琦宝：嗯……自己卫生没问题。

调解员：你打算怎么做呢？

寿琦宝：就是平时很热的时候，喜欢拿自己的唾沫来抹一下脸，以后不这样了。

调解员：还有吗？一些小细节？

寿琦宝：还有就是我看到一张纸，或者拿着一本书在看的时候，经常会有意无意间地把书的角给撕掉。

调解员：哦……这样看起来就不整洁了，你是这个意思吗？

寿琦宝：对。

调解员：那能不能注意？

寿琦宝：好。

在我的引导下，寿琦宝很快能够认识到自己在个人卫生方面的不足，并且很积极地反思自身行为，配合我共同提出改正实施方案。

寿琦宝：对了老师，还有就是今天李小华和我互踩了一下。

调解员：具体跟我说说吧？

寿琦宝：（沉默）好吧，是我先踩了李小华，然后他又踩了我。

寿琦宝主动与我交流他和欺凌嫌疑人之间的矛盾，显然是想求好，求得关系的修复。我决定向寿琦宝透露与欺凌嫌疑人交谈过的事实。

调解员：好。老师现在告诉你，唱歌事件过后我已经秘密地和刘小刚、李小华聊天了。他们答应张老师，关注你的情绪，关心你，看看你每天开不开心，有没有遇到什么事情。别人答应会作出改变，寻求进步，你呢？想怎么做，有想法吗？

寿琦宝：至少……至少我不可能惹他们，不跟他们凑热闹踩他俩了。他俩老是一伙的，动一个另一个也来。

调解员：解决问题，我们双方都要努力。你首先要保证自己不发生什么状况之外的事情。那咱们两个说好了，一是不去招惹同学，二是注意刚刚说到的卫生细节。一周时间,咱们再见面。

　　寿琦宝:好! 老师再见!

　　一周后,在教学楼的走廊上,我发现了一个崭新面貌的寿琦宝,与初次见面时的邋遢模样大不相同。他穿着一身崭新、干净的衣服,白色 T 恤和一件格子衬衫,肩部的新衬衫折痕还挺立着。他依旧和其他同学打闹着,但笑得自信又开心。买身新衣服,让自己看起来清清爽爽,这是寿琦宝改变个人卫生的第一步,他做得很好。"今天真帅气!"我冲他笑着说。

五、第四轮调解:组织峰会失败

　　寿琦宝已经有所改变,如果欺凌嫌疑人按照我们的约定对寿琦宝进行了关注,一定会有所发现。于是,我再次筹备开展了两次与欺凌嫌疑人的交谈。第一次交谈是在寿琦宝换了新衣服的当天。访谈发现,欺凌嫌疑人对寿琦宝的关注点集中在学生行为规范方面,比如作业完成情况和上课说话。他们还报告班里有同学唱歌嘲笑寿琦宝,同时表明他们俩并没有再参与其中。这个令人欣喜的变化在与寿琦宝的交流中也得到了证实。

　　为了让欺凌嫌疑人能够发现寿琦宝做出的更多改变,时隔一周后,我又与他们进行了一次交谈。

　　调解员:我看他最近蛮干净的呀。

　　李小华和刘小刚:嗯! 这段时间是的!

　　李小华:他是在某个极端的条件下,比如说有人惹他了,有人故意打他,给了他一拳(才会暴躁起来)。如果有人跟他说对不起,他就说"那好吧"。

　　调解员:有人惹他,他才会暴躁?

　　刘小刚:是呀。一般的话,他以前会只动我们,但现在他不会了。

李小华:对,现在不会了。

对于这样的反应,我十分高兴。一方面,刘、李二人的认知出现了转变,能够客观地评价寿琦宝,他们观察到了寿琦宝在改进个人卫生方面和改变玩闹行为方面所做的努力。另一方面,寿琦宝遵循了和我的约定,他停止了挑衅行为。

调解员:我很高兴你们看到了他的进步。

刘小刚:但他还是有点脏。

调解员:彻底改掉缺点也需要一些时间。其实,我也悄悄找过他了。我告诉他,你们也会关注他的情绪和生活。他告诉我,你们为他做出改变之后呢,他也会同时做出一些改变,不招惹你们。他不来招惹你们……

李小华(快速接话):我们也不去招惹他。

在几次无责备、表示关切的谈话后,双方对我建立了信任,事情也正朝着好的方向发展。我想是时候召集双方举行一次对话(峰会)了,以使他们的同学关系能够恢复正常,即健康的关系。

调解员:你们愿意和寿琦宝一起跟我聊天吗? 让你们大家都在,共同商定小协议?

刘小刚:不要吧,老师。

李小华:我们也不想和他做朋友。没人愿意和他玩儿的。

调解员:如果你是他呢?

李小华:啊?

促成和解的峰会计划失败了。不论我如何劝说,欺凌嫌疑人始终不愿意和寿琦宝有更亲近的关联,李小华甚至拒绝换位思考。在寿琦宝被全班同学嫌弃的氛围下,他们认为和寿琦宝保持距离，互不侵犯就是最好的相处方式。在接下来的时日里，在我与寿琦宝的几次见面交流中了解到，欺凌嫌疑人遵守了承诺，没有对寿琦宝做挑衅和招惹的行为。刘、李二人对寿琦宝的身体欺凌停止了，但关系欺凌停止了吗？

六、调解中的劝诫

结合中国学生的特点和调解流程中遇到的种种问题，共同关切法在中国的使用过程当中并非一帆风顺，但效果却同样令人欣慰。此次尝试将共同关切法置于中国背景之下，有了四点发现可供讨论与分享。

首先，调解员促使欺凌嫌疑人充当旁观者去观察受害人的处境和心情，比调解员与欺凌嫌疑人的无责备谈话更有助于其形成对受害人的共同关切，也有助于其终止欺凌行为。受制于认知失调的心理压力，欺凌嫌疑人很容易陷入自我辩解的怪圈，也很容易用道德推脱的方式来合理化自己的行为。这种观察他人的方式委婉地促使欺凌嫌疑人在日常生活中关注甚至关心受欺凌者。相较于无责备谈话，观察的方式更有效地帮助了这起事件中的欺凌嫌疑人们去明辨是非，体谅受欺凌者。

其次，相比于完全中立、不劝诫、不指导的调解，有最低限度的劝诫和指导的调解更有助于中国学生摆脱欺凌的困扰。在中国"尊师重道"的历史文化影响之下，"师道尊严"这一思想深入人心。现代社会中，虽然教师权威受多重冲击被弱化，但多数学生对老师仍十分崇敬，具有依赖感。中立、不追责的态度虽然让中国学生没有陷入对教师和被惩罚的恐惧，但也让他们失去了方向。因而，中立、不追责帮助了中国老师们走近学生，了解欺凌事件，最低限度的劝解和指导帮助中国学生走出了欺凌的困境。

然后，欺凌双方相互承诺比欺凌者单方承诺更利于双方和解的达成。标准的共同关切法强调欺凌者向受欺凌者做出承诺并签订契约，以此作为欺凌结束的标志。事实上，在受欺凌者有挑衅行为的情况下，做出双向承诺是必要的。其一，双向的承诺取代了单向的承诺，体现了双方对各自责任的承担。其二，暗含了对彼此无法改变的缺点进行包容和宽恕。即便对方存在着自己不喜欢的缺点，做不到更高的要求，但只要对方不破坏达成的承诺，那么这些缺点也可以存在，能够被自己谅解和接受。相较于欺凌者的单向承诺，双向承诺似乎更符合孩子们心中的公平。

最后，形成关切和欺凌停止有可能同时发生。共同关切法运用时的重难点就在于引导欺凌嫌疑人对受欺凌者的艰难处境表示关切。标准的共同关切法认为，欺凌嫌疑人先形成对受欺凌者的关切，经过签订协定后欺凌才能停止。但实践证明，让欺凌嫌疑人用观察的方式，以第三方的角度感受受欺凌同学的真切艰难处境，学生可能自觉规范自身行为，停止对受欺凌者的伤害。当这种方式唤醒了欺凌嫌疑人内心对受欺凌者的关切，欺凌行为也随之消失，即关切受欺凌者和终止欺凌的现象可能随时发生。

第八章

欺凌双方交涉及同伴调解的模拟训练

　　反欺凌教育是学校干预欺凌的一项重要措施。反欺凌教育分为学校反欺凌政策制定与宣传和学校反欺凌课程。通过反欺凌政策宣传,可以使学生提高反欺凌的意识和敏感性,了解学校反欺凌的态度,了解学校赞赏哪些行为,不赞成哪些行为。通过反欺凌课程,学生可以学习反欺凌的技术和方法。

　　在我国,反欺凌教育内容早在 2003 年就已经以一课的篇幅呈现在公开出版发行的一套小学《品德与社会》教材之中①。后又被列入统编教材编写大纲之中,这方面的教育具体落实在 2019 年春夏正式使用的小学四年级下册《道德与法治》教材的第一单元第三课第二节“遇到欺负怎么办”之中②。这节课的教材和教法值得分析,教师教学指导用书中推荐的教学案例更值得研究,实践中一些特别行之有效的反欺凌方法也值得吸纳进来,为老师们在课堂上对学生进行更具实战性的反欺凌模拟训练提供翔实的方案和脚本。

一、站在受害人立场上的反欺凌教材

　　“遇到欺负怎么办”这节课是《道德与法治》统编教材四年级下册第一单元“同伴与交往”第三课“当冲突发生”下的第二节内容,是“学生冲突”框架下一个特别的话题。

---

① 鲁洁主编.九年义务教育六年制小学教科书实验本·品德与社会(四年级上册)[M].南京:中国地图出版社,2003:19—24.

② 人民教育出版社课程教材研究所小学德育课程教材研究开发中心. 义务教育教科书(五·四学制)道德与法治(四年级上册)[M],北京:人民教育出版社,2019.

教材中相关内容的构思似乎受到鲁洁主编的《品德与社会》有关"面对欺负和威胁"教材的启发,但立场颇有不同。

教材首先以一个小孩子的烦恼引出学生被同学欺负的日常经验。一位姓毛的小朋友在学校无端遭到同学取笑,还被起侮辱性绰号。为此,她写了一封信,向知心姐姐倾诉内心的苦闷。在这封信后还附了一份小贴士,列举出了小学里常见的同伴欺凌行为,提示使用这册教材的四年级小学生在心里想一想自己和班上是否有类似的欺负行为,这就将反欺凌课程聚焦于学生自身问题的解决上。

教材接下来图文并茂地呈现了一则校园欺凌故事:美欢故意将王玲的文具碰翻在地,不但不道歉,不赔偿被她损坏的钢笔,反而污蔑王玲斤斤计较,煽动其他同学一起嘲笑王玲小气。故事不仅呈现了小学生相对熟悉的身体欺凌(包括损坏物品),还引出了言语欺凌(污蔑和取绰号)及关系欺凌(社会排挤)这两种学生容易疏忽的欺凌类型,引导学生全面了解各类校园欺凌。故事之后引导学生们设身处地,说出王玲被欺凌时的内心感受,体会被欺凌者愤怒、委屈、伤心的心情,以及有苦难言的艰难处境,以激发学生痛恨和抵制欺凌的情感。

教材进而引导学生思考和交流对付欺凌的方法。一方面,指导学生站在被欺凌者王玲的立场设想应对欺凌的办法,同时明示讲理、澄清以及向老师、家长、同学求助等办法供学生参考和演练;另一方面,引导学生站在旁观者的角度思考目睹欺凌发生该怎么办。教材呈现了两类行动路向供学生选择,其中包括当面劝阻欺凌或向老师报告这类关怀行为,也包括旁观回避甚至跟着起哄当帮凶这类加害行为。教材鼓励学生诚实选择,并且与同伴一起交流作出选择的理由。教材希望学生在对不同选项的行为后果逐一进行预测和评估的基础上,最终能够选择关怀行为,去援助受到欺凌的同伴。

教材最后将欺凌问题由校内引向校外。先用一个问题情境引导学生思考在校外受到欺负如何有效保护自己,再用书信的方式呈现另一个问题情境,引导学生交流如何在保护自己的前提下摆脱烦恼。对于前一个问题,教材用小贴士给学生以明确指点;对于后一个问题,则不给予明确指点,反而邀请学生写回信为受欺凌者摆脱烦恼出谋划策,其实是在暗示学生向身边的成年人请教摆脱欺凌的各种妙计,然后将调查结果带回课堂进行交流。教材所开的知识窗公布了《中华人民共和国预防未成年人犯罪法》相关规定,既是鼓励学生理直气壮地保护自己免受欺凌,又是警告学生们欺负同伴会触犯国家的相关法律。

从表8-1总结的教育方案中可以看出,新近出版发行的统编小学反欺凌教材不是一套鼓励教师系统讲授的教学方案,而是一套以学生活动为中心的训练与指导方案。它明显不同于过往的反欺凌教材,不从旁观的立场谈论校园欺凌,而是站在被欺凌者的立场上,构建了一套针对欺凌者、被欺凌者和旁观者的反欺凌教育方案。但是,这套反欺凌训练与指导方案又设计得相当谨慎,既没有针对欺凌者严加批评和指责,更没有高喊"零容忍"和"严打"的口号,甚至都不使用"欺凌者"这种提法。这其实是在提示小学四年级的教师,不必把欺凌说得那么明确,不要给欺凌者贴标签,更不要发动全班学生孤立和排斥欺凌者。教材不提倡、不主张在小学四年级阶段采用"以牙还牙,以眼还眼"的方式去对付欺凌者。因为在解决校园欺凌的问题上,有比报应性惩罚更为人道、更为明智、更具教育意义的方式,那就是通过合作,引导学生化解积怨,相互关心[1],或者通过调解,引导欺凌者消除恶意,停止欺凌[2]。

表8-1 立足于受害人立场的反欺凌教育方案

欺凌当事人	教育方案	教育目的
欺凌者	在心里想一想,自己和班上有这类欺负行为吗?	不做欺凌者(从伤害到保护)
	请你说一说王玲这时的内心感受。	
欺凌旁观者	假如你看到王玲的遭遇,你会怎么做呢?	不做冷漠的旁观者、起哄的帮凶(从围观到保护)
被欺凌者	演一演,假如你是王玲,你会怎么做呢?	学会保护自己(从消极、本能应对到坚定自信地反应、积极寻求保护)
	如果在校外遭到欺负,如何保护自己?	
	在保护自己的同时,如何用合理的方式摆脱烦恼?	

---

① 顾彬彬.从严惩到调解:校园欺凌干预取向的演变及趋势[J].教育发展研究,2019(2):54—63.
② 顾彬彬.恶意是怎么消失的?——"共同关切法"与"皮卡斯效应"[J].教育发展研究,2020(22):
   65—76.

二、校园欺凌角色扮演

教材设置了一系列情境问题用于引导课堂活动。它在呈现"美欢欺负王玲"的图文故事后,马上邀请学生们说一说王玲受欺负时内心是什么感受。这是一个颇难回答的问题,除非执教者采用角色扮演法引导学生设身处地,体验受欺凌者内心的痛苦。其实,校园欺凌事件不仅涉及受欺凌者,还涉及欺凌者以及旁观者。为了充分认识和有效应对校园欺凌,追问欺凌实施者和旁观者内心的感受,引导学生们去探究和体察这两种角色的处境及心情,也是相当有必要的。

教师可以利用"美欢欺负王玲"的课文作为脚本,组织学生分小组开展角色扮演活动,表演这起同伴欺凌事件。简单的角色扮演只要求学生扮演欺凌者、受欺凌者和旁观者,进而合作把欺凌事件表演出来。复杂的角色扮演还包括表演前对问题的描述以及表演后对问题的讨论,新的发现或建议又可能引发新一轮的角色扮演①。所以,不妨让每个小组由四到五名成员构成,让他们轮流扮演美欢、王玲、起哄者、旁观者的角色,共同琢磨不同角色的行为、姿势、言语、口吻及内心感受,反复表演。表演结束后,教师可以请全班学生描述扮演王玲时的内心感受,引导他们体察到王玲见自己的文具被美欢故意碰倒在地的惊讶和不解、发现自己的笔摔坏时的伤心和痛惜、遭到美欢拒不认错赔偿时的不平和无奈、被美欢诬蔑小气时的委屈和愤怒、蒙受同学起哄嘲讽时的孤独和恐惧……这种在角色扮演基础上的交流和讨论,有助于学生了解欺凌对被欺凌者造成的伤害,产生不忍的同情之心。

角色扮演也可以用来引导学生设身处地,体察欺凌者的矛盾心态和自责感。像美欢那样,一边试探性地欺负王玲,一边又担心王玲奋起反抗,自己对付不了;一边巴望同学们前来围观自己英雄般赢得胜利,一边又担心围观的同学识破自己的伎俩,成

---

① Shaftel, F. & Shaftel, G. Role-Playing for Social Values: Decision-Making in Social Studies [M]. Englewoods Cliffts, N.J.: Prentice-Hall Inc, 1967.

为自己加害行为的证人；一边威胁大家不许告状否则就加倍报复，一边又担心纸终究包不住火，最后自食其果，吃不了兜着走。又或者，发觉自己行为过分，欺人太甚，对不住同学，可是内心又在寻找各种借口替自己的欺凌行为辩护；想对受到伤害的同学说一声"对不起"，却又担心对方不给面子，不接受歉意，还担心要承担种种不可意料的严重后果……这方面的角色扮演以及在此基础上的分析和讨论，不但有助于学生觉察到欺凌者的外强中干，也可以助长众人反欺凌的勇气和智慧。

角色扮演还可以用来引导学生设身处地，体察欺凌旁观者内心的纠结与忐忑不安。正如来自教育一线的观察所显示的那样[①]，校园欺凌旁观者对欺凌行为既讨厌，又恐惧。他们不想做欺凌者，也不愿意追随欺凌者，可是又不敢得罪他们，不得与他们维持某种关系。只要欺凌不发生在自己身上，就把它当成热闹加以围观。在围观中小心翼翼，设法撇清与受欺凌同学的关系，以免祸及自身。目睹同学惨遭欺凌和羞辱，于心不忍，心有戚戚，却没有任何实际的援助行动。他们并非没有想过向老师报告，为受欺同学求助，却又以老师不会相信或者不会重视为借口而放弃努力。他们期待有人振臂一呼，大家一拥而上把欺凌给制止了，可自己却懦弱退缩，不敢站出来为自己的同学发声。

学生借助角色扮演，不仅可以体察被欺凌者的痛苦，还可以揣摩所有当事人的内心世界——不仅可以观察欺凌者的矛盾心态，还可以探究欺凌动机；不仅可以体验旁观者无动于衷的冷漠，还可以探讨旁观者忐忑不安的复杂心态，以及令他们顾虑重重的种种难处。也就是说，角色扮演除了有助于师生体验各欺凌事件三类不同角色的处境和心情之外，还可以帮助师生从多个角度去探究欺凌问题。学生通过角色扮演，深入探究究竟是什么妨碍了欺凌的终止，也就为后面讨论如何制止欺凌埋下伏笔。

表8-2　校园欺凌角色扮演项目举要

扮演被欺凌者 （王玲）	① 被美欢欺凌的感受
	② 听到和看到别人起哄时的感受
	③ 如何自卫？

① 瞿春红.用角色扮演防范校园欺凌[J].中小学心理健康教育,2020(6):39—42.

（续表）

扮演欺凌者 （美欢）	① 欺负王玲感觉如何？
	② 为什么欺负王玲？有没有合理的原因？是不是模仿成人对待自己的行为？
	③ 除了欺负王玲外，有没有更好的解决问题的方法？
	④ 欺负王玲的后果如何？
	⑤ 在什么情况下能够停止欺负王玲的行为？为什么？
扮演欺凌旁观者 （目击者）	① 做一个旁观者感觉如何？
	② 为什么没有制止欺凌？有什么困难？
	③ 起哄会不会使得欺凌更恶劣？
	④ 做一个不作为的旁观者是不是和欺凌者一样坏？
	⑤ 怎样制止欺凌？制止欺凌时有没有正确的方法和错误的方法之分？

参考 S. Sharp & P. K. Smith. (1994). *Tackling Bullying in Your School*. London: Routledge, 59-67.

角色扮演也给欺凌事件当事人提供了角色互换、换位思考、相互理解的机会，因而成了引导学生探索欺凌问题解决之道的一种教育方法。对于班级现实生活中的欺凌者和旁观者来说，扮演被欺负者的角色，可以提高他们对被欺凌同伴的处境、需要、利益的敏感性以及设身处地为他人着想的移情能力，从而改变对被欺负者冷漠的态度；尤其是对于欺凌者来说，站在被欺凌者的位置更容易了解欺凌行为造成的后果。另一方面，对于被欺凌者来说，扮演欺凌者及旁观者的角色，有助于他们了解欺凌何以发生，体会旁观者为什么对受欺凌同伴的感受和需求显得不在乎，从而增长阅历，加深对人心和人性的理解，增长处理人际纠纷和同伴冲突的经验。这既可为应对当下所受的欺凌寻找到突破口，又可为预防以后遭人欺凌做好更周到的心理准备。

三、欺凌双方交涉模拟训练

如果说教材请学生道出王玲受欺负时内心的感受，是为了引导他们体察被欺凌同伴的处境和需求，从而产生抵制欺凌和帮助受害者的意愿，那么，教材进而要求学生扮演王玲这个角色,演示王玲对欺凌所做的反应,就是在利用美欢欺负王玲这个故事模拟出一种逼真的校园欺凌场景,从中训练学生应对欺凌的方法。

　　教材明示了多种应对校园欺凌的方法或策略。身为被欺凌者,王玲可以采取交涉策略,一方面跟美欢讲道理,要求她停止欺凌并且赔偿所损物品;另一方面向其他同学讲清楚事情的来龙去脉,揭穿美欢不怀好意的污蔑。王玲也可以采取求助策略,例如请在场的同学帮忙调解,或者去找老师主持公道,还可以向家长反映,让双方家长出面处理。教材还就如何应对校外欺凌向小学生推荐了回避策略——寻找机会,安全脱身;万一不能脱身,就先妥协,事后再报警。可以说,教材对小学生反欺凌方法的指导相当周全。然而,方法问题显然不是"应知"问题,而是"应会"问题。应对真实欺凌情境的方法,需要在仿真情境中先行预演。反复演练,直至精熟,方可临场发挥。

　　被欺凌者当场与欺凌者交涉,是及时阻止欺凌、防止事态扩大的关键。但是,被欺凌的学生容易被欺凌所震慑,其怯懦反应可能助长欺凌者的嚣张气焰。另一方面,被欺凌者若被欺凌所激怒,其攻击反应又可能招致更加严重的欺凌。可见,面对面的交涉既需要勇气,也需要经验。自信心训练作为一种提高人际与社会技能的治疗手段[1],在欺凌干预中常被推荐给那些用消极怯懦或攻击性方式回应欺凌而难以维护自身权利的学生[2]。这种训练让学生们逐渐习惯于对欺凌作出自信的回应——在与欺凌者交涉时清晰而直接地陈述自己的感受、目的和希望,坚定不移地保持对操纵性或攻击性伎俩的抵抗;捍卫自己的权利,又不侵犯他人的权利,也不激惹欺凌者,不给欺凌者进一步攻击授以口实。研究证明,这种训练可以帮助受到同伴欺凌的学龄儿童建立有效的社会沟通,用自信的行为取代攻击性或怯懦的行为,从而减少受人欺凌的情况[3]。

---

①　Salter, A. Conditioned Reflex Therapy [M]. New York: Capricorn Books, 1949.

②　Arora, T. Bullying-Action and Intervention [J]. Pastoral Care in Education, 1989,7(3):44 - 47.

③　Fatma, A. & Sultan, A. A. The Effectiveness of Assertiveness Training for School-Aged Children on Bullying and Assertiveness Level [J]. Journal of Pediatric Nursing, 2017 Sep-Oct; 36:186 - 190.

自信的回应在说话的内容和姿态上均有要求，需要结合具体的情境反复演练。例如，教师可以组织同桌的学生，一边模拟美欢欺负王玲的情境，一边讨论琢磨王玲说话的内容和方式。当美欢碰翻了王玲的文具，摔坏了其中一支笔，王玲可以坐在椅子上平静地说："你把我的笔摔坏了，你赔我。"当美欢污蔑王玲小气时，王玲放松地站了起来，直视美欢的眼睛，坚定地说："你把我的笔摔坏了，你赔我。"当美欢煽动其他好事者一起嘲讽王玲时，王玲继续坚持："你把我的笔摔坏了，你赔我。"如此反复多次，直到美欢感到对手无法被击垮而悻悻作罢。这种模拟训练的关键，不在于学生们知道说这句话，而在于学生反复练习，直至脱口而出，大声地说出这句话，对欺凌作出自信的反应。

我国教育一线的经验表明，类似的反欺凌情境模拟训练看似简单，却因为聚焦于行为训练而有利于受欺凌的学生或可能受欺凌的学生增强应对欺凌的勇气和能力[1]。其实，若是把欺凌者的角色考虑进去，这种行为训练也有利于欺凌者学会摆脱欺凌的困扰。如前所述，学生对自己普遍持正面认知，一旦发现自己伤害到自己的同学，内心通常都发生令自己难受的认知失调。为了捍卫正面的自我认知，他们往往会在内心通过归咎他人、推卸责任的方式进行自我辩护。这种"错不在我"的自我辩护又会加剧伤害行为，最终使欺凌者陷入伤害行为与自我辩护相互强化的循环之中。若要摆脱这种自我辩护，打破自我辩护与伤害行为相互强化的恶性循环，唯一的出路就是坦率地承认错误[2]，并且真诚地向受害同学道歉，承诺终止伤害行为，甚至承诺弥补过失。

同样的道理，这不只是认知或态度问题，更是行为问题。中国的孩子总体来说比较拘谨，像父辈、祖辈那样既不善于直率地表达善意和爱意，也不善于直率地表达歉意或悔意。这个方面，特别需要有意识的行为训练。例如，在模拟美欢欺负王玲的情形时，教师可以指导扮演美欢的学生对扮演王玲的同学大声地道歉并且请求宽恕：

---

[1] 李明隆.模拟欺凌：为孩子注入抗体[J].教育科学论坛，2017(35)：79—80.

[2] 塔夫里斯，阿伦森.错不在我：人为什么会为自己的愚蠢看法、糟糕决策和伤害性行为辩护? [M].邢占军，等译.北京：中信出版社，2014.

"对不起,王玲,请你原谅!"加上认错,可以说:"王玲,是我不对,对不起,请你原谅!"再加上保证,还可以说:"王玲,对不起! 是我不对,我以后不这样了,请你原谅!"如果追加一个补过的承诺,简直就完美了:"王玲,我赔一支新笔给你,请你不要生气了!"学生们反复练习说"对不起""是我不对""请原谅",使其成为一种表达习惯,事到临头才会脱口而出,将欺凌及其伤害化解到最低限度,甚至小事化了,将同伴欺凌扼杀在萌芽状态。

这么看来,从欺凌者的角度实施反欺凌训练有助于在事态尚不严重时就将其化解。既然如此,课堂中就不一定要围绕模拟情境进行分角色的反欺凌训练。执教者完全可以组织学生把上一节课学到的解决同伴冲突的方法和原则(如"交换意见,讲清道理"以及"商议办法,和谐相处"),运用于反欺凌的双向模拟训练上。更加详细的设计不妨借鉴一下美国儿童委员会为幼儿园和小学社会情感学习项目设计的那套训练学生处理同伴冲突的教案。这套教案的核心是为冲突双方提供一套建设性解决问题的程序[①]:首先,互不责备地说出问题所在;接着,想出对双方都安全且相互尊重的各种解决方案;进而,探究和预估每种方案可能带来的结果;最后,挑选出最佳方案,并制定落实计划。

上海市有学校训练学生反复运用上述程序去解决教室里、走廊上、餐厅里、操场上、校车上与同伴发生的各种冲突,在这个过程中逐渐培养起学生和平解决问题的意识和能力。我们也遵照这套程序,围绕美欢欺负王玲这起事件,设计了一个引导学生扮演欺凌当事人进行面对面交涉的双向模拟演练脚本(见表8-3)。

表8-3 问题解决模拟训练脚本

步骤	参考脚本
讲问题	王玲:哎呀,你把我的笔摔坏了。 美欢:我跟你闹着玩,没想摔坏你的东西。

---

① Committee for Children, Second Step SEL for K—5 [EB/OL]. https://www.secondstep.org/covid19support.

（续表）

步骤	参考脚本
想办法	王玲：可你就是把我的笔摔坏了，你赔我。 美欢：我又不是故意的，我不赔。 王玲：你摔坏我的东西，你不赔就不公平。 美欢：公平不公平不是你我说了算，我们叫同学来评评理吧?! 王玲：我们还是去找老师主持公道吧。
究后果	美欢：这种事情不好让老师知道！ 王玲：这种事情为难同学也不好！
选最佳	美欢：我们俩的事情最好还是我们自己解决。 王欢：你想怎么样？ 美欢：王玲，对不起！我摔你的东西，是我不对。我只想闹着玩，没想要摔坏你的笔，请你原谅！我明天赔一支新笔给你，请你不要生气了！ 王欢：美欢，听你这么说，我心里好受多了。你不用赔了，但请你答应我，以后不要这样闹着玩了。 美欢：好的，我答应你。

上述反欺凌模拟演练脚本几乎把教材建议的反欺凌方式都包容进来了，但它对课堂活动来说依然只是一个参考。这个脚本需要得到全班学生的检验、评议、修改和补充，成为大家心目中理想的反欺凌范本，才可以用作课堂演练。如果班上的学生有创作的才华和表演的兴趣，甚至可以发动学生重写脚本①，再把它发展成一部反欺凌课堂剧①。但是，无论是重写还是改写，都是必要的，因为这样可以充分吸纳这个年龄阶段孩子们的同伴欺凌与反欺凌经验，使课堂演练变得更加切合实际而不流于形式。

四、同伴调解模拟训练

教材还追问学生们：假如你看到王玲的遭遇，你会怎么做呢？这其实是在引导学

① O'Toole, J., Burton, B. and Plunkett, A. Cooling Conflict: A New Approach to Managing Bullying and Conflict in Schools [M]. Sydney: Pearson Education, 2005.

生扮演欺凌旁观者的角色,从中探索和学习反欺凌的方法。许多旁观者不理解的是,当他们目睹欺凌发生,实际上就已经卷入了欺凌事件之中①。冷漠地围观或躲避和欺凌一样坏。因为旁观者的冷漠表达了一种轻蔑和不友好的态度,而这种轻蔑本质上也是欺凌,会严重伤害被欺凌者②。校园欺凌旁观者经常是受到责备的对象,殊不知他们也是一股重要的反欺凌力量。那些容易遭受侵害的学生心里很清楚,欺凌发生时自己所能获得的安全和支持来自同龄人,来自那些不欺负人的同学,而非来自任何外部规则和控制。③ 可是,旁观者如何面对同伴欺凌却令人颇费思量。

教材给出了四种旁观者行为选项,供学生评议。很显然,教材期待学生见到同伴受欺凌时站在受欺凌者一边制止欺凌行为,或者向老师家长报告求助,而不要鼓掌、起哄、看热闹,也不要跟自己无关一样赶紧躲开。问题是,许多学生目击同伴欺凌,既不愿意无动于衷袖手旁观,也不敢挺身而出制止欺凌;教材提供的选项很可能使学生左右为难。教师教学指导用书弥补了这个缺陷,在袖手旁观和挺身而出之外,给欺凌目击者提供了第三种选择,那就是站在中立立场上进行调解④。

教师教学指导用书中实录的是上海市宝山区大华第二小学四年级某个班级围绕美欢欺负王玲事件进行的一场同伴调解模拟训练。欺凌调解避免了袖手旁观的冷漠,又避免了出面制止的风险,因而颇受小学生青睐。这个班的学生人人喜欢担任调解员,可他们在最初的同伴欺凌模拟调解尝试中实际充当的是裁判欺凌事件当事人哪一方有罪错的"法官",或者是告诉双方各做什么的"顾问"。

---

① 摘自 Coloroso, B. The Bully, the Bulllied, and the Bystander: From Preschool to High School-How Parents and Teachers Can Help Break the Cycle of Violence [M]. New York: Harper Collins Publishers, 2002:67.

② Coloroso, B. The Bully, the Bulllied, and the Bystander: From Preschool to High School-How Parents and Teachers Can Help Break the Cycle of Violence [M]. New York: Harper Collins Publishers, 2002:67.

③ 詹姆斯·E·狄龙.反欺侮:让学生远离恐惧[M].张禾,高连兴,译.哈尔滨:黑龙江教育出版社,2016:66.

④ 人民教育出版社课程教材研究所小学德育课程教材研究开发中心.义务教育教科书(五·四学制)道德与法治教师教学用书(四年级上册)[M].北京:人民教育出版社,2019:272—278.

调解员:美欢,你把王玲的笔摔坏了,你应该向她道歉。

美　欢:我就不道歉,怎么啦?怎么啦!

调解员:明明是你把她的笔摔坏了,然后你又当面羞辱她,你这是错上加错,你应该道歉。

　　扮演调解员的学生越投入,参与越真实,他们的表达就越具攻击性。他们对欺凌者指责越多,施加道德约束越多,欺凌者的抵制就越强烈。模拟调解的尝试纷纷以失败告终。学生们开始反思和讨论调解失败的原因。他们意识到,即使出于帮助受欺负者的目的,调解员也不能在态度上表现出对欺凌者的攻击(愤怒的指责或轻蔑的讽刺都是攻击)。相反,调解员只有把欺凌者当成是有良知的正派同学,给予他们应有的尊重,并在语气上表现得温和且友好,才能取得欺凌者的信任。若要求欺凌者对问题解决给予关注,调解者就不宜直接批评欺凌者,而应委婉地暗示被欺凌者受到了伤害。

　　执教者根据学生们总结的经验教训进行了调解示范。她邀请两名学生分别扮演欺凌者(美欢)和被欺凌者(王玲),先把被欺凌者拉到一边进行个别谈话,了解情况并征求其解决问题的想法;然后又把欺凌者拉到一边进行个别谈话,了解情况,转告被欺凌者的想法,并征求其解决问题的想法。执教者与两名学生在课堂上合作演示仅有这两段对话,如果再续上表8-3中欺凌者与被欺凌者达成和解的对话,那就构成了校园欺凌调解模拟演练的一个简易脚本(见表8-4)。

表8-4　校园欺凌调解模拟训练简易脚本

步骤	参考脚本
第一步: 与被欺凌者谈话	调解员:王玲,你们俩怎么啦?发生了什么事呀? 王玲:她把我的笔撞坏了,还不道歉。 调解员:那你想怎么解决呢? 王玲:我想让她跟我道歉。 调解员:你想让她至少跟你道歉,是吧? 王玲:(不作声,表示默认。)

（续表）

步骤	参考脚本
第二步： 与欺凌者谈话	调解员:美欢,刚才发生了什么事情呀? 美欢:刚才我不小心把她的笔撞坏了,她就一直跟我吵。 调解员:哦,你觉得你是不小心的,是吧? 那如果别人把你的笔撞到地上了,你会怎么想呀? 美欢:我当然会很生气啦! 调解员:在这件事情上,你觉得自己是不小心的,可也会让人生气,是吧? 那你有没有解决的方法? 你应该怎么做呀? 美欢:唔……我觉得……我觉得应该向她道歉。 调解员:你愿意向她道歉了,是吗? 我觉得你是个很大方的人,那既然你不小心把她的笔弄坏了,可以有什么措施,来让她原谅你呢? 美欢:我……我明天再买一支赔给她吧。 调解员:你愿意这么做,是吗? 那你去跟王玲说一说,好吗?
第三步： 双方和谈	美欢:王玲,对不起! 我摔了你的东西,是我不对。我只想闹着玩,没想要摔坏你的笔,请你原谅! 我明天赔一支新笔给你,请你不要生气了! 王欢:美欢,听你这么说,我心里好受多了。你不用赔了,但请你答应我,以后不这样闹着玩了。 美欢:好的,我答应你。

看来,校园欺凌调解的关键在于调解员与欺凌者的个别谈话。从执教者的亲身示范中可以观察到,在倾听欺凌者讲述时,充当调解员的教师并不反驳其说辞,更不指责其有意作恶。调解员接受其无心犯过的解释,同时暗示欺凌者,她的行为使王玲遭受损失,令王玲感到伤心和失望。调解员鼓励她想一想,作为一个大方的好孩子,从公平公正的角度出发,对自己不小心造成的损失和伤害应该如何处理。美欢一旦提出好主意,调解员就给予肯定,并且鼓励她带着自己的解决方案去跟王玲和谈。正如执教者当着学生们的面所做的课堂小结那样:"如果能够由欺凌者提出令受欺负者满意的解决问题的办法,那么调解的目的就达成了。欺凌者认识到自身行为给对方造成的伤害,提出停止行为,甚至补偿自己过失的举措,并征得对方同意,这样才能使双方真心接受和解。"

接下来学生模仿老师的样子，三人一组轮流扮演欺凌者、被欺凌者和旁观者，围绕课本故事反复进行同伴调解模拟演练。由于学生们有不同的生活经验，对欺凌情境及调解方法有不同的理解，课堂演练不时出现教师示范的调解脚本所没有涉及的新情况，学生们其实难以完全照搬老师示范的样子进行模拟调解。扮演调解员的学生不得不迎接扮演欺凌者和被欺凌者学生临场发挥中的种种挑战和刁难，模拟演练时成时败。教师密切关注各组学生的演练，相机点拨，从旁指导。师生相互切磋，逐渐总结出有效调解的若干原则：及时干预，避免恶化；问清原委，弄清事实；态度温和，友好倾听；不责备，不偏帮，尊重双方。学生们模拟调解演练同时成了同伴调解试验性探索，他们通过参与课堂演练获得的这种直接经验，自然比教师口授给他们的间接经验更有可能指导他们今后的调解实践。

这种在小学课堂模拟演练中形成的中式经验，跟国外欺凌调解研究取得的结论有颇多相似之处，但也有所不同。譬如，"共同关切法"特别强调，为了赢得欺凌嫌疑人的信任，调解员在调解过程中保持中立，既不偏帮欺凌受害人，也不责备欺凌嫌疑人，而把关注重点集中在欺凌受害人的艰难处境上。所不同的是，皮卡斯还提醒调解员对欺凌事件的细节刻意保持"建设性忽视"，这样才可能在与欺凌嫌疑人交谈时保持纯真的好奇心，成为真诚的倾听者[①]。共同关切法这种调解策略其实颇有道理，因为弄清楚事情真相既非调解的目的，也非调解的重点。调解员即便不了解情况，也不必刻意打听事情是如何发生的。欺凌双方当事人一定会主动陈述事实原委，从他们的言谈中就可以了解事情的真相。调解员对这些信息只需倾听，不做判断，而专注于将欺凌者引导到对共同解决问题的关心上来。根据共同关切法这一策略，调解员与其直截了当地问美欢"刚才发生了什么事呀？"不如开门见山地对美欢说"王玲很难过，对不对？"立即将关注的焦点集中在受害人的处境上。

共同关切法这种不追究、不责备的调解策略，既保护被欺凌者免受侵犯和伤害，

---

① 顾彬彬.恶意是怎么消失的？——"共同关切法"与"皮卡斯效应"[J].教育发展研究，2020（22）：65—76.

又使欺凌者保存体面和自尊。这种方法契合学校教育伦理,因而被誉为校园欺凌干预的"人道主义方法"①,颇受一线教师青睐。据报道,英格兰、苏格兰、澳大利亚等地教师使用这一方法调解学生中发生的欺凌事件,几乎无一败例。然而,由教师担任调解员,存在时间滞后和人手不足等问题。鉴于越早干预越有可能防止欺凌双方关系的恶化及怨恨与恶意的加深,把旁观的学生转变成为调解员及时予以干预便成为一种切实的需要。皮卡斯因此设计出一套名为"全班参与欺凌调解"课程,训练学生运用共同关切法去调解同伴当中可能发生的欺凌事件②,其中有颇多值得我国学习借鉴的地方。

但是,我国的做法也有可取之处。像上海市宝山区大华第二小学的老师那样,组织学生在模拟演练中摸索同伴调解的要领,较之于照着一套成熟的调解程序和方法进行演练,对学生更具锻炼价值。学生们在这样的课堂演练中不但能够习得同伴调解方法,提高同伴调解的能力和信心,还能从中习得欺凌当事人相互交涉的经验。因为同伴调解的课堂模拟训练虽然针对的是欺凌旁观者,但这种调解训练依然需要另有学生扮演欺凌者和被欺凌者的角色,这就兼顾了这两种角色的反欺凌训练。由于现实当中欺凌同伴和受人欺凌的学生也在这种训练中充当调解员,他们还可以通过扮演调解员这个角色找到作为欺凌者和受欺凌者摆脱欺凌的思路和办法。

课堂中的同伴调解模拟演练具有多种价值,可谓一举多得。这给老师执教统编小学反欺凌教材提供了两种思路。如果课时充裕,欺凌认知干预可以步步为营,组织学生先扮演欺凌受害者角色,再扮演欺凌实施者和旁观者的角色;反欺凌模拟训练也可以循序渐进,先分角色进行单向模拟训练,再对欺凌者与被欺凌者进行双方交涉、建设性解决问题的双向模拟训练,最后进行以旁观者为中心的同伴调解模拟训练。

---

① Rigby, K. Bullying in school: what to do about it [M]. The Australian Council for Educational Research Ltd, 1996:198.

② Pikas, A. ACBM Teacher's Manual (Vers. 6th) [EB/OL]. https://pikas.se/SCm/ACBM-ManualYear2002.pdf. 2002.

每一步演练均以前一步演练为基础，每一步演练的成功经验又转化为下一步演练的部分脚本。如果课时不足，课堂活动可以围绕同伴调解模拟训练展开，同时兼顾校园欺凌的角色扮演以及欺凌双方交涉的模拟训练。至于上述两种思路哪种更有效，则是一个有待进一步研究的问题。

第九章

学生冲突同伴调解的指导与训练

世界各地的非正规教育中或多或少都有训练和指导孩子学会解决冲突的方法,但是,未成年人之间的是非曲直通常由成年人出面仲裁。直到 20 世纪 60 年代,冲突解决才作为一个专项教育议题,在美国进而在英国和加拿大等西方国家的学校中逐渐受到重视,列入学校的正式课程,甚至成为一门校本课程或地方课程。英国这方面的实践和研究深受美国影响,但也有其特色。英国学校尤其重视学生冲突解决的同伴支持,在同伴调解的指导和训练上颇为细致,且有新意和建树。我国素有在冲突解决中以和为贵的传统,中小学长期坚持正面引导与纪律约束相结合的教育原则,在团结友爱的氛围中处理学生间的偶发纠纷。直到近年校园冲突加剧,恶性事件频发,我国才将学生冲突及其解决的内容正式纳入国家课程,在道德与法治统编教材中设同伴冲突专题,不但教导学生与同伴发生冲突时坦诚相见,协商办法,化解矛盾,还教导他们在自己无法解决问题时请人调解,解决冲突。① 然而,为训练和指导学生进行协商和调解而编写的教师教学用书②却显得相当粗放,有待进一步精致和细化。这个方面,英国中小学的一些做法是值得我们学习和参考的。

一、从国际冲突到学生冲突

西方学校的冲突解决项目或课程,其发生和发展深受国际时局和国际政治的影

---

① 高德胜.义务教育教科书·道德与法治·四年级下册[M].北京:人民教育出版社,2019:18—27.
② 高德胜.义务教育教科书教师教学用书·道德与法治·四年级下册[M].北京:人民教育出版社,2019:60—83.

响。第二次世界大战结束之后，世界分裂成以美国为首的资本主义阵营和以苏联为首的东方社会主义阵营。两大阵营长期对抗，又相互忌惮，形成冷战局面，直至 1962 年发生古巴导弹危机。热核战争一触即发，世界危在旦夕，世人方觉和平之可贵、对抗之恐怖。幸亏美苏首脑最终冷静下来，通过秘密谈判，化解了这场可能引发两个超级大国热战的古巴导弹危机。这又给世界带来了新的希望和启示。从反核战到反越战，美国民间掀起和平运动，世界和平、协商谈判、国际冲突解决随之成为学校教育的新议题。通过协商谈判解决国际冲突的智慧和策略，很快就迁移到了学校内部的学生冲突干预上。在教师和家长日益关注校园暴力的推动下，20 世纪 70 年代初，美国学校出现冲突解决课程。纽约市中小学一马当先，将冲突解决讨论正式引入学校的课程之中，实施由贵格会（Quakers）开发的"儿童友伴项目（Children's Project for Friends)"，对中小学生进行以非暴力为主题的和平教育。①

这种和平教育起初针对的是冲突双方，后来逐渐拓展到对第三方的教育。1978 年埃及总统萨达特和以色列总理贝京应美国总统卡特之邀，在美国总统休养地戴维营就和平解决中东问题举行会谈。两国元首在卡特总统的斡旋调解之下签订和平协议，终结了两国长达三十年的战争状态。卡特总统将其在外交实践中摸索出来的这套正义与和平取向的冲突解决哲学，推荐给美国法律界用以处理民事纠纷，推动各地建立"邻里司法中心（Neighborhood Justice Center，NJC)"。② 在他看来，一场耗时漫长、费用极高、令人痛苦不堪的官司犹如一场杀敌一万自损八千、充满血腥、代价高昂的战争，惨胜者赢得的不过是一场空洞的胜利。因此，律师作为代理人应当尽量避免客户上法庭。卡特指出，在庭外可以更有效更公平地伸张正义。在许多案件中，对客户最为有利的选择是通过调解、谈判或仲裁，或者通过双方当面讨论来解决纠纷。有时只要与不偏不倚的可靠人士一起回顾一下事实，就可以找到相对容易

---

① Isenhart, M. W. & Spangle, M. L. Collaborative Approaches to Resolving Conflict [M]. London: Sage, 2000:196.

② Maxwell, J. P. Mediation in the Schools: Self-Regulation, Self-Esteem, and Self-Discipline [J]. Mediation Quarterly, 1989,7(2):149 - 155.

的解决方案。① 这套用和平谈判替代敌对行动的理论令人耳目一新。② 影响所及，社会冲突和民事纠纷的调解也成了 20 世纪 80 年代美国以至西方学校教育的又一新议题。

如果说美苏古巴导弹危机的解除启发了以协商谈判为主题的冲突解决教育，那么，埃以戴维营协议的签订则开启了以居间调解为主题的冲突解决教育。但是，美国学校的调解课程起初聚焦于家庭、社区和商业纠纷，在学校内部并不提倡学生以居中调解方式帮助同伴解决冲突。同伴调解一度被认为对学校现有的冲突管理结构几无影响，因而显得多余。③ 20 世纪 80 年代末，同伴调解课程才出现于美国中小学教育，且一发不收，进展迅猛。④ 据全美教育调解协会（National Association for Mediation in Education）估计，到 1995 年秋，美国涌现出 6 000 多个以学校为基地的冲突解决课程，有 30 多万学生接受了基本的合作谈判技巧培训。⑤ 成千上万的美国学校将冲突解决技能的发展纳入其基本教育策略。据全国争端解决研究所（National Institute for Dispute Resolution，NIDR）的冲突解决教育网络（Conflict Resolution Education Network）1998 年估计，当时的美国中小学至少有 8 500 个冲突解决课程，这意味着至少有 10% 的公立学校开设了这样的课程。⑥ 在美国的影响和带动之下，同伴调解策

---

① Carter, J. Negotiation, the Alternative to Hostility [M]. Macon, GA.: Mercer University Press, 1984.

② 顾彬彬. 恶意是怎么消失的——"共同关切法"与"皮卡斯效应"[J]. 教育发展研究, 2020(22): 65—76.

③ Stacey, H., Robinson, P. and Cremin, D. Using Conflict Resolution and Peer Mediation to Tackle Bullying [C]. D. P. Tattum & D. A. Lane, eds., Bullying: Home, School and Community. London: David Fulton Publishers, 1997.

④ Levy, J. Conflict Resolution in Elementary and Secondary Education [J]. Mediation Quarterly, 1989, 7(1): 73 - 87.

⑤ Girard, K. & Koch, S. Conflict Resolution in the Schools: A Manual for Educators [M]. San Francisco, California: Jossey-Bass, 1996.

⑥ Bodine, R. J. & Crawford, D. K. The Handbook of Conflict Resolution Education: A Guide to Building Quality Programs in Schools [M]. San Francisco, California: Jossey-Bass Publishers, 1998: xiii.

略蔓延到世界各地。到 20 世纪 90 年代后期，这种训练和指导学生居中调解去帮助同伴和平解决冲突的校本课程甚至地方课程，在北美洲及大洋洲已经相当流行，在欧洲也变得越来越普遍。

英国紧跟美国，一方面派员到美国进修民事调解的理论和技术，另一方面邀请美国调解专家来英国讲学和培训调解员，还模仿美国成立了许多民间调解机构以及推广民事调解的非政府组织。20 世纪 80 年代末，在英国调解协会（Mediation UK）主任兼项目顾问利布曼（Marian Liebmann）、阿尔斯特大学冲突研究中心"相互理解教育促进学校项目"主任泰瑞尔（Jerry Tyrrell）等人士的倡导下，在"金斯顿朋友工作坊小组（Kingston Friends Workshop Group）"以及阿尔斯特、西米德兰兹等地的"贵格会和平教育项目（Quaker Peace Education Project，QPEP）"的推动下，英国开始将个人调解扩展到学校生活，用以训练和指导学生和平解决相互间的矛盾纠纷。1994年，英国调解协会年会显示其成员积极参与学校同伴调解的人数激增。① 同伴调解在 20 世纪 90 年代后期迅速成为英国中小学青睐的一种学生冲突干预措施。

相对于美国，英国在学生冲突干预上更加开明，更相信学生的力量。表面上看，美国学校的学生冲突干预取向多样，有的试图防止学生之间发生冲突事故，有的则聚焦于发展学生解决同伴冲突的人际与社会技能。② 实际上，预防和制止学生冲突才是美国学校的核心关切。20 世纪 90 年代以来，美国校园暴力日益严重，引起民众高度关注和焦虑。美国许多干预方案强调学生冲突的破坏性和不可取，因而竭力杜绝或压制学生发生冲突的机会，特别是对校园暴力冲突采取"零容忍"政策。英国人对学生冲突的暴力性也有类似担忧，但不及美国人那般焦虑。③ 英国不少干预方案认

---

① Tyrrell, J. & Farrell, S. Peer Mediation in Primary Schools [M]. Coleraine: University of Ulster, 1995.

② Johnson, D. W. & Johnson, R. T. Conflict Resolution and Peer Mediation Programs in Elementary and Secondary Schools: A Review of the Research [J]. Review of Educational Research, 1996, 66 (4):459-506.

③ Bentley, M. Conflict Resolution in Schools: An Explosion of Ideas [J]. Pastoral Care in Education, 1996, 14(2):3-6.

为学生间的冲突固然存在破坏性和扰乱性，但也有潜在的建设性和教育性。英国比美国更强调在对学生冲突进行谨慎管控的基础上加以积极利用，在冲突干预过程中发展学生的人际与社会技能，因而在学生冲突解决上更倾向于学生的积极参与及同伴间的相互支持。

综上所述，英美等国学校的冲突解决教育起初关注世界和平及国际冲突解决，后来逐渐下沉到社会冲突和民事纠纷解决，到 20 世纪 90 年代开始聚焦于学生冲突干预。英美等国致力于训练和指导少年儿童学会和平解决同伴冲突，既是出于学校内部冲突加剧的现实压力——不得不设法帮助学生维持正常的同学关系，也有长远的考虑——有意识地培养年轻一代的领导力，为他们将来参与解决社会冲突和国际冲突做准备。

二、英国学生冲突干预取迳的演变

英国学校对学生冲突的干预措施多种多样，[1]英国同伴调解技术开发的先驱斯泰西（Hillary Stacey）和罗宾逊（Pat Robinson）曾经从中识别出权威主义取迳、行为主义取迳以及学生中心取迳。[2] 这三种基本取迳各有千秋，适用于不同情形，共存于英国中小学。但是，三者在实践中存在竞争关系。从发展趋势上看，权威主义和行为主义取迳受到越来越多的质疑和非议而逐渐式微，强调学生参与和同伴支持的学生中心取迳受到推崇，成为英国中小学冲突解决的主流。

英国在 20 世纪 70—80 年代曾经持续关注学生的在校行为，并且从美国引入了行为主义风格的课程。行为主义取迳认为冲突具有破坏性和扰乱性，因而致力于通

① Sellman, E. M. The Processes and Outcomes of Implementing Peer Mediation Services in Schools: A Cultural-historical Activity Theory Approach [D]. Birmingham: The University of Birmingham, 2003:42 - 61.

② Stacey, H., Robinson, P. and Cremin, D. Using Conflict Resolution and Peer Mediation to Tackle Bullying [C]. D. P. Tattum & D. A. Lane, eds., Bullying: Home, School and Community. London: David Fulton Publishers, 1997:32.

过改变环境来预防、减少甚至消除冲突,通过操纵奖赏来鼓励可取的行为。其中有多种典型做法。例如分数奖励,在课堂上引入一种游戏,以随机的间隔给遵守课堂规则的学生打分,可有效减少课堂上的不当行为。① 又如午餐奖励,发奖券鼓励午餐管理员观察到的符合游戏场规则的行为,可显著减少午餐自由活动期间的学生冲突。② 再如,重新设计游戏场,重新引入传统游戏来占用学生的时间,可鼓励学生在课间和午间更频繁地进行非暴力游戏,从而减少冲突的发生。③ 正如倡导者所发现的那样,行为主义干预往往一实施就见效,但是学生的积极行为受奖励动机的驱动,通常会随着时间的推移而减少或消除。④ 因此,这些项目被批评为只在很短的时间内取得成功,而且高度情境化。⑤

与行为主义取迳强调教师暗中操纵环境不同,权威主义主张教师对学生果敢地实施行为管理。这种公开的行为管理依仗严明的纪律,通过课堂规则向学生明确可以接受的行为方式。遵守规则就会得到奖励,而挑战规则就会受到制裁。⑥ 所以严明的纪律和果敢的规训是干预的重点。所有的纪律均由成年人制定,不可协商;所有的规训均由成年人实施,不容忤逆。权威主义希望通过纪律和权威创造安宁的校园环境,减少包括攻击和暴力在内的破坏性行为的发生,保证学习更有可能发生;如果

---

① Merrett, F. & Wheldall, K. Playing the Game: A Behavioural Approach to Classroom management in the Junior School [J]. Educational Review, 1978,30(1):41 - 50.

② Roderick, C., Pitchford, M. & Miller, A. Reducing Aggressive Playground Behaviour by Means of a School-Wide 'Raffle'[J]. Educational Psychology in Practice, 1997,13 (1):57 - 63.

③ Ross, C. & Ryan, A. Can I Stay in Today Miss?: Improving the School Playground [M]. Stoke on Trent: rentham Books, 1993.; Lewis, M. Changing a Playground and Its Culture [J]. Education 3 to 13,1998,26(3):47 - 54; Parkin, J. & Klein, R. The New Player-Managers [N]. Times Educational Supplement-Friday Section, 1999 - 07 - 05:8 - 9.

④ Merrett, F. & Wheldall, K. Playing the Game: A Behavioural Approach to Classroom management in the Junior School [J]. Educational Review, 1978,30 (1):41 - 50.

⑤ Sellman, E. M. The Processes and Outcomes of Implementing Peer Mediation Services in Schools: A Cultural-historical Activity Theory Approach [D]. Birmingham: The University of Birmingham, 2003.

⑥ Department for Education and Employment. Circular 10/99 Social Inclusion: Pupil Support [R]. London: DfEE,1999.

学生发生冲突，破坏学习环境，则交由教师处理，其中的是非和责任全由教师来仲裁，制裁和惩罚决定也由教师做出。

　　权威主义取迳的干预方案因其强硬性而对学生进行着有效的行为管理，为学校的安全提供了必要的保障，也因其专制在英国民间及学术界饱受批评。首先，权威主义的专制将学生排除在规则制定和维护的程序之外，剥夺了他们学习处理复杂问题的机会，限制了他们自律品行及问题解决能力的发展；教师中心的纪律和规训剥夺了年轻人参与和成长的机会，不必要地延长了早期具体的绝对主义的道德发展阶段，迟滞了他们的道德成熟；来自权威的制裁和惩罚只不过使学生变得更加谨慎——习得各种逃避权威处罚的经验，却很少能鼓励学生改变其行为，也不能鼓励他们在没有惩罚者影响的情况下表现良好。[1]　其次，成年人的专制和专断对于未成年人乃是一种示范。例如，如果关键的成年人用专制的行为管理策略来应对校园欺凌，对欺凌者咆哮，进行言语攻击和羞辱，那么消极行为的循环就会得到加强。[2]　最后，教师单方面专断的仲裁和制裁抑制了积极师生关系的发展。教师以权威身份介入学生冲突，如果处理不当，就会加剧学生冲突，引发师生矛盾。特别是规则的应用不一致、由于立即使用制裁而使情况升级、在同龄人面前羞辱学生，往往造成学生对制裁者的怨恨和对抗。[3]　此外，许多有情感和行为障碍的学生难以适应严明的纪律和严格的行为管理，容易引起师生矛盾和家校纠纷。[4]　学校要真正做到包容，就要摒弃专制传统，将民主原则应用到教学、学习和行为管理过程中。[5]

　　学生冲突干预上的权威主义取迳一如行为主义取迳，均属教师中心的行为管理。

① Fontana, D. Managing Classroom Behavior [M]. Leicester: BPS books, 1994.

② Stacey, H., Robinson, P. and Cremin, D. Using Conflict Resolution and Peer Mediation to Tackle Bullying [C]. D. P. Tattum & D. A. Lane, eds., Bullying: Home, School and Community. London: David Fulton Publishers, 1997.

③ Mitina, L. M. Prognosis and Overcoming Teacher-Pupil Conflicts at School. School Psychology International, 1991, 12(3): 181 - 184.

④ Apter, S. J. Troubled Children/Troubled Systems [M]. New York: Pergamnon Press, 1982.

⑤ Osler, A. & Starkey, H. Changing Citizenship: Democracy and Inclusion in Education [M]. Buckingham: Open University Press, 2005.

对于二者的批评和反思,推动着英国学生冲突干预取迳转向学生中心的行为管理。与权威主义和行为主义依赖于成人的监督和控制不同,学生中心的行为管理强调学生的积极参与和相互支持。这种学生中心取迳植根于人本主义心理学,相信以人为本的课堂和课堂管理,正如罗杰斯(Carl R. Rogers)和福雷伯格(H. Jerome Freiberg)坚信,"以人为本的课堂管理促进鼓励积极参与合作学习环境所需的便利条件……以人为本的课堂强调关怀、指导、合作和自律的建立,以适应课堂上所有成员的发展。以人为本的课堂鼓励学生独立思考,互相帮助"。[①] 基于人本主义原则,以学生为中心的行为管理致力于建立一种合作的课堂环境,在学生个人自律和群体自治的过程中培养其反思技能和改变自己行为的能力。

　　儿童解决自己与同伴间的冲突,或者参与解决同伴间的冲突,需要儿童理解自己可能不熟悉的观点,具有同情他人的能力,需要他们学会区分越来越广泛的情绪以及对他人情感的共情,还需要他们从相信绝对的对错转变为承认社会规则的相对性及多变性。皮亚杰(Jean Piage)和科尔伯格(Lawrence Kohlberg)的研究表明,儿童的发展要经历不同的阶段,普遍地从以自我为中心、具体和绝对的世界观发展到需要更具复杂性、互惠性、同理心和相对主义的立场。[②] 学校在这个过程中可以发挥的最重要的作用之一,就是支持个人道德准则、自律以及内化的行为规范的发展。以学生为中心的行为管理致力于让所有学生承担解决学校冲突的责任,为学生提供一种既可以反省自身行为的负面影响又可以从老师及同伴那里感受到尊重和接纳的环境,它聚焦于发展一套内化的道德准则和行为规范,并鼓励内部控制点。特别是以学生为中心的纪律和调解,支持少儿通过合作、互惠和角色扮演逐渐发展出成熟、自主的正义概念。它要求学生养成一定的价值观、态度和社会认知技能,同时要求教师为这种素养的脱颖而出提供必要的心理空间——绝对权威人物的缺席,更有利于少儿形成

---

① Rogers, C. & Freiberg, H.J. Freedom to Learn [M]. New York: Macmillan, 1994:239 - 240.
② 皮亚杰.儿童的道德判断[M].傅统先,陆有铨,译.济南:山东教育出版社出版,1984;科尔伯格.道德发展心理学:道德阶段的本质与确证[M].郭本禹,等译.上海:华东师范大学出版社,2004.

平等、合作、团结友爱的观念。①

　　由此形成的学生冲突干预的人本主义或学生中心干预取迳,将学生间偶发的冲突视为一种教育资源,一种促进学生成长和进步的机会。② 为了给学生提供发展自我调节的机会,各种赋予学生更大责任的冲突解决课程或项目自 20 世纪 90 年代以来在英国中小学不断涌现,持续增长。③ 这些课程试图让学生掌握有助于其支持同伴解决冲突的策略。包括同伴辅导(peer mentoring)④、同伴咨询(peer counselling)⑤、同伴调解(peer mediation),⑥各种不同类型的同伴支持策略均见诸英国中小学。但就影响力及关注度而言,同伴调解最能代表英国中小学对学生冲突采取的人本主义干预取迳。

三、英式同伴调解及其程序原则

　　同伴调解在英国通常被视为向陷入争执、纠纷、冲突的同伴提供的一种服务,其

---

① Cremin, H. Peer Mediation: Citizenship and Social Inclusion Revisited [M]. London: Open University Press, 2007:81 - 82.

② Bodine R. J. & Crawford D. K. The Handbook of Conflict Resolution Education: A Guide to Building Quality Programs in Schools [M]. San Francisco, California: Jossey-Bass Publishers, 1998.

③ Bentley, M. Conflict Resolution in Schools: An Explosion of Ideas [J]. Pastoral Care in Education, 1996,14(2):3 - 6.

④ O'Connell, G. More Than Guardian Angels [J]. Managing Schools Today, 1995 (8):20 - 22.

⑤ Sharp, S. & Cowie, H. Empowering Pupils to Take Positive Action against Bullying [C]. P. K. Smith & S. Sharp, eds., School Bullying: Insights and Perspectives. London: Routledge, 1994; McNamara, C. "Say NO to Bullying!": A Message from Your Peers [J]. Pastoral Care in Education, 1996,14(2):119 - 24; Kaye, P. G. & Webb, A. "A Little Help from My Friends": A Secondary School Peer Support Programme [J]. Pastoral Care in Education, June 1996, 21 - 25; Cowie, H. & Sharp, S., eds. Peer Counselling in Schools: A Time to Listen [M]. London: David Fulton, 1996.

⑥ Unwin, R. & Osei, I. Peace Education, Peer Mediation and Development Education [J]. The Development Education Journal, 2000,6(2):4 - 7.

目的是帮助当事人找到双方都满意的方案,以和平的方式解决冲突;其基本的方法是充当和平使者在冲突双方之间穿梭斡旋,搭建沟通的桥梁,推动冲突双方进行对话、协商、谈判。英国中小学里的学生冲突同伴调解有一个特色,即给同伴冲突调解员提供一个调解脚本,以方便并确保小小调解员按照标准的程序和要求,对同伴冲突逐步展开调解。

对于英国学校的同伴调解有重大影响和贡献的是这个方面的先驱斯泰西及其追随者克雷明(Hilary Cremin)。斯泰西早在 1992 年就开始参加西米德兰兹贵格会在学校推广的同伴调解活动。1994 年,她建立了一个名为"催化剂(Catalyst)"的咨询机构,给那些想要提供调解服务的学校或社区担任顾问,编写教材,提供培训。① 美国学校调解协会(School Mediation Associates)创始人科恩(Richard Cohen)曾经将同伴调解过程形式化为 4 个步骤:第一步,搭舞台——调解员解释调解程序,确立基本守则,提出问题,确认冲突双方参与调解的意愿;第二步,听故事——冲突各方得到机会,不受打断地描述冲突情形,调解员关切地倾听并对各方的陈述进行总结;第三步,界定问题——调解员问当事人问题以揭示其感受,澄清不同看法,帮助当事人对冲突情况获得更全面的理解;第四步,提出备择的解决方案——调解员询问当事各方他们想怎么解决冲突,当事人在调解员的协助下对可能的解决方案进行头脑风暴,为妥善解决争执进行协商谈判,达成协议。② 斯泰西对这个流程进行细化和补充,发展出一套相当具有操作性的有关调解程序,推荐给英国学校。③

---

① 如见 Stacey, H. Peer Mediation: Skills Training for Life. Primary Practice [J]. The Journal of the National Primary Centre, 1996,17(3):1 - 3; Stacey H. & Robinson, P. Let's Mediate: A Teachers' Guide to Peer Support and Conflict Resolution Skills for all Ages [M]. Bristol: Lucky Duck Publishing, 1997; Stacey, H., Robinson, P. and Cremin, D. Using Conflict Resolution and Peer Mediation to Tackle Bullying [C]. D. P. Tattum & D. A. Lane, eds., Bullying: Home, School and Community. London: David Fulton Publishers, 1997.

② Cohen, R. Students Resolving Conflict: Peer Mediation in Schools [M]. Glenview, IL: Good Year Books, 1995:46 - 47.

③ Stacey, H. Mediation into Schools Does Go! An Outline of the Mediation Process [J]. Pastoral Care in Education, 1996,14(3):7 - 9.

斯泰西和罗宾逊 1997 年合作编写出版《让我们来调解：各年龄层同伴支持与冲突解决技巧之教师指南》，①极大地方便了一线教育工作者鼓励和指导学生对同伴冲突进行居间调解，有力地推动了同伴调解在英国中小学的推广。其中，最为成功的是克雷明从 1999 年开始在伯明翰市斯坦维尔小学（Stanville Primary School）进行的有关同伴调解的培训和实践。这个项目很快就推广到伯明翰市十多所学校。② 经过 7 年的坚持，同伴调解塑造出斯坦维尔小学别具一格的校风。这所学校的实践成了英式同伴调解的一个典型案例。③

表 9-1 以简明的方式显示了斯坦维尔小学的学生是如何对同伴冲突进行调解的。它们不仅是一套程序，也是学生进行同伴调解的基础脚本。两张表仅仅比较详细地展现了调解伊始阶段，调解员如何说话行事的脚本，而实际上在查明事实真相、促进冲突双方了解彼此的感受、征求冲突解决的备选方案以及最后达成和平解决冲突的协议等环节，调解员均有如何自信而得体说话行事的脚本。这些脚本乃是英国同伴调解教练员和辅导员长期实践从无数的经验教训中逐渐摸索和总结出来的。调解脚本可以说是英式同伴调解的一大特色。成套的脚本确保了受过训练的少儿调解员能够自信而有效地驾驭冲突调解的复杂局面。

有固定而清晰的调解程序，又有配套的调解脚本，同伴调解仿佛就容易多了。其实不然。这套脚本背后的调解技术相当复杂，这套程序背后的调解原则也相当严格。同伴调解的首要原则是保持中立和独立，对冲突事件不作是非对错的评判，更不选边站偏袒任何一方。与调解员中立与独立原则对应的是当事人自愿与自治的原则。除非冲突双方自愿接受调解，否则调解员不可以强行调解。当事人自己协商并决定冲

① Stacey, H., Robinson, P. and Cremin, D. Using Conflict Resolution and Peer Mediation to Tackle Bullying [C]. D. P. Tattum & D. A. Lane, eds., Bullying: Home, School and Community. London: David Fulton Publishers, 1997.

② Cremin, H. Pupils Resolving Disputes: Successful Peer Mediation Schemes Share Their Secrets [J]. Support for Learning, 2002, 17(3):138-143.

③ Cremin，H. Peer Mediation：Citizenship and Social Inclusion Revisited [M]. London：Open University Press，2007:81-82.

突解决的方案,调解员不可以越俎代庖就如何解决冲突提出具体意见。此外,调解员还必须遵循过程保密的原则,不能泄露调解过程所了解到的内情。因此,为了争取同伴的信任,调解员在调解伊始就得郑重其事地作出保密的承诺(见表9-1)。

表9-1　斯坦维尔小学调解细则

调解员承诺及守则	调解程序
	欢迎和介绍
	欢迎他们来调解
	告诉他们你的姓名
	询问他们的姓名
	调解员承诺
	我们不会说三道四
	我们不会偏袒任何一方
	我们不会告诉你们该怎么做
我们的承诺	**争执者守则**
我们会公正,不会偏袒任何一方	一个一个说,不打断对方
我们不会告诉你们该怎么做	以尊重人的方式说话
我们会保密,除非它伤害到你们或他人	不相互责备
你们的守则	**核实他们同意**
让彼此说话,不插嘴	**查明事实真相**
不骂人	找出先讲的那个人
从你自己的角度来谈问题——尽量不	询问其对事情的说法
责备或指责别人	反馈
	询问另一人对事情的说法
	反馈
	查明他们的感受
	询问甲方的感受
	询问乙方能不能明白甲方的感受
	乙方再问一遍
	问题解决
	征求解决方案
	请他们就解决方案达成一致意见
	结束调解

引自 Cremin, H. (2007) *Peer Mediation: Citizenship and Social Inclusion Revisited*. London: Open University Press, 111-112.

学生冲突的同伴调解不但对调解员有程序性要求，对自愿接受调解的当事人也有配合调解的程序性要求。如表9-1所示，同伴冲突调解员在作出居间调解各项承诺之后，会向发生争执、申请调解的各方提出他们需要遵循的守则，并且确认他们同意遵守这些规则。首先，一个一个地说，不可以插嘴打断对方说话；其次，以尊重人的方式说话，不可以咆哮和谩骂对方；第三，只从自己的角度谈问题，不可以责备和指责对方。冲突双方真正做到这三条其实是相当困难的。正是由于第三方努力居间调解，使用防止冲突升级的语言，不时在程序原则上进行提醒和规劝，双方才有可能以相互尊重、相对平和的方式对冲突过程进行复盘，了解对方的感受和想法，通过协商谈判找到双方满意的和解方案。实际上，一个群体若是逐渐习惯了通过同伴调解来解决矛盾和冲突，那就意味他们也逐渐习惯了通过平等尊重的方式进行协商谈判。

总之，同伴调解过程包含着同伴交涉。来自第三方的调解对于冲突双方面对面的交涉既是一种协助，也是一种训练。与其单独训练陷入冲突的学生进行面对面的交涉，不如将这种同伴交涉的训练融入同伴调解之中。这大概就是英国学校如此青睐以同伴调解来训练学生和平解决冲突的一个重要原因。诚如克雷明在"911"事件之后所言："同伴调解可以成为一种非常成功的策略。它不仅有利于促进更快乐、更和平的游戏场，而且是教育少儿创造性地应对冲突的关键技能。根据我的经验，冲突解决技能就像第二层皮肤——它们伴随每个孩子的成长，随着孩子进入越来越复杂的关系而变得越来越精密复杂。正如最近的世界事件所表明的那样，和平解决冲突的能力前所未有地成了生存的根本。随着我们进入21世纪，很难说孩子们需要学习的东西比这更重要。"①

---

① Cremin, H. Pupils Resolving Disputes: Successful Peer Mediation Schemes Share Their Secrets [J]. Support for Learning, 2002.

四、英式围谈会

同伴调解的程序性原则如此特别，又如此重要，却不能单列出来、通过反复灌输而得以落实。调解原则存在于调解技术及其应用的过程之中，因此，有关调解原则及相关细则的指导基本上都嵌在调解技能的训练之中。学校要建立同伴调解服务，学生就需要接受基本的冲突解决技巧和调解方面的培训。20世纪90年代末以来，英国各地学校涌现出大量培训手册来支持同伴调解的发展，其中颇具影响力的就是前面所提及的斯泰西。她除了1997年与罗宾逊合作为教师编写培训手册《让我们来调解：各年龄层同伴支持与冲突解决技巧之教师指南》外，还在2000年出版《少儿同伴调解训练：视频培训资源》一书，①又在次年出版《学会如何调解》一书，②详尽地阐述了调解员的培训项目，其中包括团队建设活动、倾听活动、围谈游戏、同伴调解角色扮演以及设计同伴调解服务。英国种种调解培训方案强调以自信、沟通和合作技能为基础的冲突解决问题的方法，聚焦于倾听、尊重、自信、控制情绪、平衡权力、沟通、合作以及协商解决问题等社会与情感技能的发展。而几乎所有的培训项目都是通过一种名叫"圆圈时间"或"围谈时间"（circle time）的活动形式开展的。③

"围谈时间"又称"围谈会（circle meeting）"，④即让一群人围成一圈，就某个议题轮流发言，其实就是一种特殊的小组交流形式。这种交流形式由来已久，延续至今，其雏形可见诸于远古原始部族、传统社会以及现代民间组织。人们或坐或立围成一圈轮流说话，可能纯粹是为了方便与会者进行面对面交流，也可能是为了创造一种非

---

① Stacey, H. Peer Mediation Training for Young People: A Video Training Resource [CD]. Bristol: Lucky Duck Publishing, 2000.

② Stancy, H. Learning How to Mediate [M]. London: Sage Publications, 2001.

③ Mosley, J. Quality Circle Time [M]. Cambridge: LDA,1996.

④ Mosley, J. & Tew, M. Quality Circle Time in the Secondary School: A Handbook of Good Practice [M]. London: David Fulton Publishers Ltd., 1999:51-54.

正式的会谈氛围以免过于正式的等级安排而刻意为之。在某些情况下，如此安排不仅是有意为之，而且关乎某种特殊程序。人们相信，按照这种程序开展对话交流，会给大家带来一些特殊的益处。例如，北美印第安人过去就常常坐成一圈，轮流对着一根羽毛或一根烟管说话。无论谁拿着这个物件发言，他的思路都不会被圈子里的其他人打断。又如，20世纪60年代以来，日本工业界为了克服管理层与车间工人之间的鸿沟，就采用了一种名为"质量环"或"质量圈"（quality circles）的方法，为解决产品质量问题、改进生产技术和工艺流程集思广益。日本产品享有高质量声誉，很大程度上可以归功于这种围谈方法的广泛使用。① 正如后来的追溯者所言："数千年来，这种圆圈一直是团结、治愈和力量的象征，许多文化都用这种象征性的圆圈来解决问题、进行讨论和实现目标。"②

北美印第安人这种古老的习俗以及类似现代工业界"质量圈"的方法，也常见于现代中小学课堂。然而，直到1975年，美国人巴拉德（Jim Ballard）才把这种课堂交流方式正式命名为"围谈时间"，并且将其形式化，③作为一种人本主义教育策略加以力荐。④ 相对而言，围谈会在美国通常作为一种比较轻松随意的团体活动形式用于小学及托儿机构，到了英国中小学则被发展成为一套程序相当严谨、技术十分讲究的人际与社会技能训练课程。20世纪80年代末，怀特（Murray White）开发出一套"魔法圈程序（Magic Circle procedure）"，在英格兰剑桥镇国王赫奇斯学校（Kings Hedges School）推行。⑤ 几乎与此同时，莫斯利（Jenny Mosley）创设了一门"圈本课程

① Mosley, J. Turn Your School Round: A Circle-Time Approach to the Development of Self-Esteem and Positive Behaviour in the Primary Staffroom, Classroom and Playground [M]. Cambridge: LDA, 1993:9.

② Mosley, J. & Tew, M. Quality Circle Time in the Secondary School: A Handbook of Good Practice [M]. London: David Fulton Publishers Ltd., 1999:135.

③ Ballard, J. Circlebook: A Leader Handbook for Conducting Circletime, A Curriculum of Affect [M]. New York: Irvington Publishers, 1975.

④ Timmermann, T. & Ballard, J. Strategies in Humanistic Education [M]. Amherst, MA: Mandala, 1976.

⑤ White, M. Magic Circle to Enhance Self Esteem [N]. Times Educational Supplement, 30/06/1989.

(Circle-based Programme)"，在苏格兰特罗布里治镇德冈特的约翰综合学校(John of Gaunt Comprehensive School)试用。① 这类开风气之先的尝试令保守的英国人耳目一新。如果说怀特的专著②提升了围谈会在英国的知名度和受欢迎程度，那么，莫斯利的不懈努力和深耕①则塑造了围谈会的英式风格。莫斯利通过培训、出版物和资源开发，在英国各地中小学试用和推广围谈会，其工作得到英国官方认可。她曾经负责为英国政府中小学国家战略（UK Government's Primary and Secondary National Strategy）的"社会和情感学习课程（Social and Emotional Aspects of Learning Curriculum）"撰写围谈会指南，为"社会和情感发展（Social & Emotional Aspects of Development，SEAD）"项目编写早期教育基础阶段（Early Years Foundation Stage，EYFS）围谈会指南，有力地推动了围谈会在英国中小学的应用。

20 世纪 90 年代以来的三十多年时间里，围谈会在英国得到了长足的发展和广泛的传播，以至于现在很少听说有哪所学校不以某种方式使用围谈会的。围谈会成了英国各地学校（尤其是小学）喜闻乐见的一种团体活动形式，②成了"公民（Citizenship）"以及"个人与社会教育（Personal and Social Education，PSE）"或"个人、社会与健康教育（Personal，Social，and Health Education，PHSE）"之类的综合课程常用的教学组织形式。③ 英国许多学校甚至将围谈时间或围谈会发展成了一类课程或项目，为儿童参与同伴调解提供冲突解决的话术和技能。

---

① Mosley, J. Some Implications Arising from a Small-scale Study of a Circle-based Programme Initiated for the Tutorial Period [J]. Pastoral Care in Education, 1988,6(2):10 - 16.

② White, M. Magic Circles: Self-Esteem for Everyone in Circle Time [M]. London: SAGE Publications Inc, 1999.

① Mosley, J. Turn Your School Round: A Circle-Time Approach to the Development of Self-Esteem and Positive Behaviour in the Primary Staffroom, Classroom and Playground [M]. Cambridge: LDA., 1993.

② Dawson, N. & McNess, E. A Report on the Use of Circle Time in Wiltshire Primary Schools [R]. The Scottish Office, unpublished research. University of Bristol, Graduate School of Education, CLIO., 1998.

③ Gutteridge, D. & Smith, V. Using Circle Time for PHSE and Citizenship: A Year's Plan for Key Stage 2 Teachers [M]. London: Routledge, 2008.

围谈会在英国中小学使用中发展出一套精致的训练流程与技术。莫斯利等人对围谈会的程式进行探索,经反复提炼,有多次重构和重述。① 从最近的实践来看,一场典型的英式围谈会通常从与会者轮流自我介绍开始,经过一个回合轮流发言的热身之后,到第二回合轮流发言才进入围谈会的主题,主题讨论结束之后还会再用一两个回合的轮流发言或放松活动来结束这场围谈会。②

相互介绍——让学生们轮流向与会者作自我介绍。如果与会者相互认识,便可让学生轮流表达自己的某种感受,或者透露自己的某种兴趣爱好,例如:"我叫某某某,我喜爱跳舞。"莫斯利还建议其英国同行,在围谈会人数多时,可以先让学生与身边的同伴配对,向对方作自我介绍,再由搭档向整个圈子里的人简要介绍自己。③ 这个环节是在进行团队建设,营造开诚布公、畅所欲言、相互倾听的氛围。

第一轮——开展一项热身活动。例如,一起玩"照着西蒙说的做"的游戏,让学生们轮流扮演西蒙,向其他同学发出"西蒙说向上跳""西蒙说吐舌头"之类的指令。谁要是没有马上照做或做错了,或者没有听到"西蒙说"的指令也照做,就会淘汰出局。这个环节是在帮助学生练习倾听和专注的技能,熟悉围谈会的基本规则,为参与后一轮的活动做准备。

第二轮——围谈会的主题活动通常是讨论问题和分享看法。例如,组织者抛出一个问题:"有人曾经拿走或弄坏你的东西吗? 告诉大家你的感受。"学生轮流回答完毕之后,组织者设置情境,继续提问:"美术课上你的一个朋友不小心将颜料泼洒到你

① Mosley, J. & Tew, M. Quality Circle Time in the Secondary School: A Handbook of Good Practice [M]. London: David Fulton Publisher Ltd. , 1999; Mosley, J. Circle Time of Young Children [M]. London: Routledge, 2005; Gutteridge, D. & Smith, V. Using Circle Time for PHSE and Citizenship: A Year's Plan for Key Stage 2 Teachers [M]. London: Routledge, 2008.

② Primary Behaviour Support Service of education Gates head Civic Centre. Circle Time for Schools [EB/OL]. https://educationgateshead. org/wp-content/uploads/2021/09/3535c-JH-Circle-Time-for-Schools. pdf.

③ Mosley, J. & Tew, M. Quality Circle Time in the Secondary School: A Handbook of Good Practice [M]. London: David Fulton Publishers Ltd. , 1999:52.

引以为豪的画作上。你是什么感受?""你觉得你应该如何做出反应?""你的朋友如何做才能让你好受一点?""你觉得这一事件是不是结束友谊好的理由? 为什么是或不是?"如果需要,还可以继续设置情境问题:"你们中午踢足球,大家开始争论球有没有进。最后有人因为不同意你的观点而抨击你、踢你,你会踢回去吗? 为什么?"每个问题都让学生轮流回答,轮到发言的学生可以回答,也可以跳过不答。但在抛出下一个问题之前,组织者会询问跳过未答的学生是否想补充发言,这是让所有的孩子都有机会说话和被倾听。这个环节是在鼓励学生谈论自己的感受,与他人产生共鸣,找到解决问题的方法。

第三轮——通常是一项搞笑的嬉戏活动。"奶奶的长裤""这是谁的声音?""穿心投篮"等英国少儿常玩的游戏,可以帮助他们从上一轮主题活动的紧张中摆脱出来,同时又在继续促进他们练习说话、倾听和合作技能。

第四轮——闭会活动。英式围谈会总是以庆祝成功的仪式或闭会游戏等积极的方式结束。闭会游戏一定是一项让学生镇静的放松活动,其中,呼吸活动或伸展活动被认为是结束会议的好方法。

英式围谈会不像美国学校里的围谈会那么随意,不只是带着一群小孩围坐在一起漫谈聊天。它包含严肃的议题,还有特殊的技术和规则,确保所有的学生都参与其中。英国人继承了北美印第安人的遗风,在围谈会上用一个小物件(海螺、彩色陶蛋、鹅卵石、小球、泰迪熊、话筒等)当作"说话对象"或"发言标志"在圈子里传递。谁拿到这个物件,谁就可以发言。这个物件也提示其他学生保持安静,恭敬倾听,不打断同伴发言。代表"说话对象"的物件从一个人手中传到另一个人手上,自然地带动着与会者轮流发言,使每个人都有时间和机会在圈子里表达自己的关切和意见,主动向群体寻求帮助,或者向他人提供帮助和鼓励。学生得到代表发言权的小物件,若不想发言,可以说"过",然后将物件往下传递。这意味着,不但发言权受到尊重,不发言也作为一种权利受到尊重。在一轮发言即将结束时,跳过的学生还会得到补充发言的机会。即使有学生跳过多轮不发言,或者鹦鹉学舌复述别人的回答,也被视为正常可以接受,而不会遭到取笑或忽视。得到这种善待和尊重的学生,在一次次围谈会的锻炼下,终究会慢慢变得踊跃起来,自信地发表自己的看法。

　　围谈会不但给每个与会学生同等的发言机会,锻炼学生公开发言的勇气和自信,而且训练学生得体地讲话,以尊重人的方式发言,不说令人难堪的话,并且保守秘密,不外传圈子里分享的信息。围谈会不但反复训练学生恭敬地倾听别人发言,不打断、不插嘴,还训练学生尊重别人说的每一句话,不嘲笑、不贬低,训练他们逐渐形成"没有错误的回答"以及"所有贡献都值得认可"的意识和习惯。①

　　英国中小学经常直接用围谈会去解决包括校园欺凌及同伴冲突在内的人际与社会问题,它同时具有一般的训练价值。围谈会将学生置于一种教师可控的真实情境或模拟情境中经受锻炼,增强自信,增进听说技能、情绪智能以及问题解决技能,理解自身行为如何影响到他人,形成共同体归属感及责任感,改善学生关系和师生关系。这些恰恰是同伴调解所需要的。因此,同伴调解的倡导者和支持者对围谈会钟爱有加,用这种训练组织形式来培训同伴冲突调解员,发展他们坚定的自信以及沟通、合作和问题解决的能力。譬如斯泰西和罗宾逊,他们在合编的培训教材《让我们来调解:各年龄层同伴支持与冲突解决技巧之教师指南》中,不但热忱地向英国中小学教师特荐布利斯(Teresa Bliss)等人共同开发的《举办围谈会》的书面指南②以及"快来参加围谈会"的培训视频③,而且在自己编写的这部培训教材里直接用围谈法去示范如何培训少儿调解员所需要的听说技能、情感支持技能、合作技能、情绪素养、冲突解决技能以及调解技能。④ 围谈会在调解员培训中的作用可见一斑。

---

① Stacey, H., Robinson, P. and Cremin, D. Using Conflict Resolution and Peer Mediation to Tackle Bullying [C]. D. P. Tattum & D. A. Lane, eds., Bullying: Home, School and Community. London: David Fulton Publishers, 1997:32.

② Bliss, T., Robinson, G. and Maines, B. Developing Circle Time: Taking Circle Time Much Further [M]. Lucky Duck Publishing, 1995.

③ ibid.

④ Stacey, H., Robinson, P. and Cremin, D. Using Conflict Resolution and Peer Mediation to Tackle Bullying [C]. D. P. Tattum & D. A. Lane, eds., Bullying: Home, School and Community. London: David Fulton Publishers, 1997.

五、从专设同伴调解员到人人都当调解员

围谈会虽非专为培训调解员发明的一种训练组织形式，却广泛应用于英国中小学冲突调解员的培训。据克雷明报告，这种培训在有的学校取得了成功。如她早期为斯坦维尔小学培训的调解员就相当能干且主动，他们不但能够在学校游戏场上成功地调解各类同伴冲突，还将调解技能迁移到家庭生活中。可是，克雷明同期为另外两所学校所做的培训却没有取得类似的成效。据她自己反思和分析，同伴调解背后的原则是以儿童为中心的人本主义原则，而那两所没能落实同伴调解计划的学校在主流文化上是跟同伴调解的人本主义原则背道而驰的。克雷明从中看出以儿童为中心的人本主义校风对同伴调解成功的重要性，因而强调："同伴调解计划若要蓬勃发展并持续数月数年，就不能只是做做样子。它们需要建立在真正赋能于少儿的基础上，并且相信争执者最有能力解决他们自己的冲突。更重要的是，这种信念体系需要得到资源的支持，并致力于使同伴调解发挥作用。这需要时间和金钱。同伴调解并不是一个轻而易举的选项。它并不是要放任一群学生在混乱的游戏场生活中尽其所能地进行管理。它是要有一套谨慎且管理有方的战略，以使少儿能够在一个敬业的教职员工团队的全力支持下，对他们自己的生活和关系承担起更大程度的责任。"①

诚然，同伴调解的成功有赖于调解员熟悉并遵循调解的程序规范，具备并且恰当地使用调解技能，也有赖于支持同伴调解的学校文化和群体氛围。但就具体过程而言，成功的调解还以冲突双方均有接受调解、和平解决冲突的诚意为前提，并且需要他们理解和遵守冲突调解的程序和规范，愿意配合来自第三方同伴的调解。像斯坦维尔小学那样的英国学校，其同伴调解计划得以顺利开展，除了像克雷明所指出的那样，得到了教职工团队以及整体学校文化的全力支持，还得到了调解对象的配合和支

---

① Cremin, H. Pupils Resolving Disputes: Successful Peer Mediation Schemes Share Their Secrets [J]. Support for Learning, 2002.

持。这种配合和支持得益于围谈法广泛应用于这些学校，而不限于调解员的培训。

如前所述，围谈会在英国学校有广泛的应用，不但专用于同伴调解员之类的专门培训，还常用于"公民"及"个人、社会与健康教育"之类的综合课程，甚至直接用以解决人际问题和社会问题。这种人人参加的围谈会在学校的大量和长期使用，营造出一种支持同伴调解、平等对话、协商谈判、和平解决冲突的学校文化和群体氛围。这种所有学生都参加的围谈会，不仅有助于少儿调解员提高其调解技能，更有助于所有学生习得人际与社会技能，并将其运用于和平解决自己与同伴的冲突之中。遗憾的是，英国学校的同伴调解过分执着于学生们对调解员的授权，执着于从学生中遴选调解员苗子并对他们进行集中培训，看重围谈会对专门担任调解员的少数学生的培训价值，却未充分注意到这种训练组织形式对于调解对象乃至全体学生的训练价值。

围谈会训练学生以自信和尊重人的方式发言，不说令人难堪的话，以耐心和尊重人的方式倾听别人发言，不打断、不插嘴，尊重别人说的每一句话，不嘲笑、不贬低。这些通过围谈会训练出来的听说技能，不只是调解员需要的沟通技能，更是陷入冲突的学生接受同伴调解特别需要的人际技能。可见，围谈会既是对调解员的训练，也是对争执者或冲突者和平解决冲突的训练，是对所有学生的同伴调解和同伴交涉训练。围谈会拘泥于培训少数学生成为同伴冲突调解员，就不能充分发挥其强大的训练作用。因此，我国在学习英国经验时，可以更进一步，面向全体学生举办围谈会，通过围谈会对所有学生进行同伴冲突调解的训练和指导，鼓励和引导学生人人都当调解员，在学会同伴调解的过程中学会同伴交涉。

第十章

拆拼课堂与卡洛斯效应

　　校园欺凌与暴力就像是切割了还会再生的肿瘤长存于学校之中，却是到了近些年才引起高度重视。2016年4月28日，国务院教育督导委员会办公室发起对校园欺凌的专项治理与督导。一个多月之后，时任国务院总理李克强作出批示，责成教育部会同相关方面多措并举，特别是要完善法律法规、加强对学生的法制教育，坚决遏制漠视人的尊严与生命的欺凌行为。

　　遵照指示，教育部会同中央综治办、最高人民法院、最高人民检察院、公安部、民政部、司法部、共青团中央、全国妇联，于2016年11月1日联合发布指导意见，指导各地、各部门配合中小学校开展校园欺凌与暴力防治工作。一年之后，教育部又会同上述部门以及人力资源和社会保障部、中国残联，联合颁发一个多部门参与的校园欺凌综合治理方案，并责成各地制定具体办法加以落实。

　　遵照教育部的指示，各省区市纷纷出台加强中小学生欺凌综合治理方案的"实施办法"或"若干规定"。伴随着国务院教育督导委员会发起的"中小学生欺凌防治落实年"行动，我国自上而下的校园欺凌综合治理于2018年达到高潮。在官方推动和民众支持下，对校园欺凌严惩不贷、决绝不姑息的"零容忍"成了我国政策和舆论的基本导向。

　　然而这并没有什么用，学校欺凌现象并未因此出现缓和的迹象。2019年10月14日，国务院教育督导委员会公布了2019年以来媒体报道的各地发生的95起校园欺凌事件，虽然是冰山一角，却足以令人震惊①。何况令人发指的恶性欺凌视频还在

---

① 国务院教育督导委员会办公室：《关于部分地区学生欺凌事件有关情况的通报》，2019年10月14日。

不时曝光,从欺凌者和拍摄者肆无忌惮的表现中,看不出"综合治理方案""实施办法"和"若干规定"有何明显作用,也看不出"零容忍"政策有强大的威慑力。国务院教育督导委员会无可奈何,再度下发通知要求各地开展防治中小学生欺凌和暴力专项整治,并且进行重点督导。其决心不可谓不大,措施不可谓不严。可据往年的经验教训,不难想象这次整治最后会是什么结果。

人们如此重视和痛恨校园欺凌,却又根治不了它。一定是哪里出了问题!

一、朋辈排挤与课堂竞争

严惩欺凌者以及落实校园欺凌与暴力零容忍政策的其他措施之所以效果不佳又有风险,是因为它们没有触及校园欺凌与暴力频发的根本原因。它们是一些治标措施或者说外围干预措施,恰似当年伦敦霍乱暴发时斯诺(John Snow)医生将架在井上的水泵手柄拿开,不让居民取用受到污染的井水。这个措施一下子就控制住了瘟疫的传播,却并未从根本上解决问题。斯诺医生进一步调查,直到发现井水的污染源是附近厕所排出的粪便,才找到了治理霍乱的根源干预措施——远离水井修建厕所。那么,校园欺凌与暴力频发的根本原因何在?究竟是什么原因导致学生们如此憎恨、反复奚落、排斥、欺凌与自己朝夕相处的同学?究竟是什么让哈里斯、克莱伯德、赵泽伟产生如此疯狂的想法、做出如此残忍恐怖的行为?

阿伦森用一整本书分析科伦拜恩高中杀人案。他在追查哈里斯与克莱伯德报复杀人动机的同时,也查明了校园欺凌与暴力频发的根源。阿伦森首先肯定哈里斯和克莱伯德携枪入校、杀人夺命是病态行为,但如同法庭否认赵泽伟杀人是因为精神失常,阿伦森也否认凶手哈里斯和克莱伯德是疯子或魔鬼。在他看来,虽然这两个凶手显得有些问题,比如情绪智能较低,不能解决人际交往问题,不能控制、排解自己的负面情绪,造成心理问题,但他俩依然属于正常人。因为他们在校一贯表现正常,未见任何异常,连在准备以及实施谋杀的整个过程中都表现得跟正常人一样情绪冷静,思路清晰。阿伦森运用了大量证据,证明凶手哈里斯和克莱伯德属于正常人①。

这就奇怪了,正常的人怎么会有病态的行为呢？社会心理学家认为这不足为奇。正如社会心理学创始人勒温(Kurt Lewin)的动力场理论所言,行为是人与环境的函数,就是说,特定的行为是人的内部状态与外部环境交互作用的产物②。正常环境中不正常的人(有心理或人格问题)可能会表现出变态的行为,正常的人在不正常的环境中也可能表现出变态的行为。换言之,行疯狂之事的人未必是疯子。这就是"阿伦森第一定律"。

在阿伦森看来,人是社会性动物,人的行为深受社会环境的影响,既受他人及其对待我们的方式的影响,也受所处环境中普遍社会氛围的影响③。可是,正如罗斯(Lee Rose)等人所做的"智力竞赛实验"表明,人们严重低估了这种影响的程度④。鉴于米尔格拉姆(Stanley Milgram)的"服从实验"⑤以及津巴多(Philip Zimbardo)"斯坦福监狱实验"⑥已经确证正常的人在特定情境下会做出不正常的举动(包括极其不人道的危险举动),人们不禁要追问:究竟是什么样的学校氛围使在校学生甚至毕业多年的学生做出如此绝望、毒辣、冷漠无情的变态行为？

阿伦森对美国三所高中进行了重点观察和分析。他发现,美国高中普遍存在朋辈排挤氛围——某些控制学校的小集团或小圈子对所不容的学生进行排挤的学校文化。运动员和富家子弟们成了众人追捧的明星,书呆子、邋遢鬼等则成为不受人待见的边缘人。阿伦森很惊讶,美国学校里各种封闭的、排他的小集团和小圈子居然在同学中营建出这样一种等级制,这在以平等和自由为宗旨的民主社会简直难以想象。

---

① 阿伦森.不让一个孩子受伤害[M].顾彬彬,译.上海:华东师范大学出版社,2019.

② 勒温.拓扑心理学原理[M].高觉敷,译.北京:商务印书馆,2003.

③ 阿伦森.社会性动物[M].邢占军,译.上海:华东师范大学出版社,2007:7.

④ Rose, L. Amabile, T. M. and Steinmetz, J. L. Social Roles, Social Control, and Social-Perception Processes [J]. Journal of Personality and Social Psychology, 1977,35(7):485-494.

⑤ 米尔格兰姆.对权威的服从:一次逼近人性真相的心理学实验[M].赵萍萍,王利群,译.北京:新华出版社,2013.

⑥ 津巴多.路西法效应:好人是如何变成恶魔的[M].孙佩妏,陈雅馨,译.上海:生活·读书·新知三联书店,2010.

更令他惊讶的是,那些"胜利者"的小圈子比外界的想象要小得多,而遭受排挤和打击的学生不在少数。也就是说,大部分学生每天都经历着被拒绝而感到羞耻和挫败的内部压力。

那些不幸遭到朋辈排挤的学生(包括哈里斯和克莱伯德)本身并没有过错。他们只是多多少少有些与众不同,或者只是不那么循规蹈矩而已。这并不是受排斥的正当理由,却被当作了遭受排斥的借口。他们无辜遭受朋辈排斥的唯一理由其实就是被有势力的学生看不顺眼,或者被他们看不起。

那些排挤人的学生未必是品行不端的坏学生。相反,他们很可能是老师心中品学兼优的好学生,众多同学眼中的英雄。事实上他们往往对多数同学相当友善,彬彬有礼,颇有人缘。可是,他们会排挤而且最终伙同大家一起孤立某个或某些与众不同、被大家看不顺眼的同学。他们拥有正常的道德观念,并且认为自己是正派人士。正因为他们拥有正面的自我认知,一旦因看不惯某个同学而奚落人家,就会发生认知失调,感到困惑:"我这么正直,怎么会做出如此残忍的事情?"为了缓解这种难受的感觉,他们会试图说服自己那个被奚落的对象既不善良也非无辜,以此来证明自身行为的正当性。比如,他们可能会自我说服:"他就是一个笨蛋,总做错事。假如有机会,他也会用同样的方式对待我。"这样的自我辩解会让自己好受一点,可也给接下来制造更多的伤害奠定了基础。他们一旦认定自己奚落的对象是一个可恶的人,活该倒霉受到攻击,就会在下次机会来临时发起更加凶狠的攻击,为自己最初的伤害行为辩护,也为更富攻击性的行为积累条件①。随着攻击的逐步升级,单个人实施的攻击就会逐渐演变成群体性排挤。

研究已确认,好孩子也会干坏事,欺负同学。② 他们拥有正常人的是非观,对多

---

① 塔夫里斯,阿伦森.错不在我:人为什么会为自己的愚蠢看法、糟糕决策和伤害性行为辩护? [M].邢占军等,译.北京:中信出版社,2014:20—21.

② Hymel, S. Eichl, K. A. S. Bonanno, R. A. Vaillancourt, T. and Henderson, N. R. Bullying and Morality: Understanding How Good Kids Can Behave Badly [C]. S. R. Jimerson, S. M. Swearer, and D. L. Espelage. Handbook of Bullying in Schools: An International Perspective. Routledge, 2010:101 - 118.

数人友好,却在对待异己时发生了道德撤退①——认定他们不是人而是"怪物""害虫",不是完整的人而是"人渣""蠢猪",从而理直气壮地攻击、奚落、排挤、孤立他们。他们这么做,非但不会心生不忍和愧疚,反而会有一种近乎为民除害的使命感和光荣感。就像在科伦拜恩惨案发生之后,那些奚落和排挤过哈里斯和克莱伯德的高中生在调查中肆无忌惮地数落这两个"怪物"生前的种种不是,振振有词地为自己的欺凌和伤害行为辩解②。这种"错不在我"的辩解和开脱,乃是认知失调的压力以及自我一致的动机使然。但是,他们的辩解恰恰坐实了众多学生曾经对这两个凶手实施过长期的奚落和排挤等欺凌行为。

校园里盛行的朋辈排挤文化,又可以从课堂中找到根源。课堂文化由教学方式和学习方式所建构。课堂活动最终通过评价达成目标。课程中的评价模式通常是这样的:以某一评价标准确保学生成绩正态曲线分布,使少数学生成为优秀者,大部分学生沦为中间平庸的阶层,还有少部分学生成为落后分子。评价实质上将大部分人淘汰,并将这样的淘汰合法化。这种精英教育在性质上注定了学校的学习是一场非常残酷的排他性竞争——他人的胜出意味着自己的失败,反之,自己的胜出也建立在他人失败的基础之上。为了在竞争中胜出,学生之间必定态度冷漠。

早在20世纪70年代初,阿伦森为了给实行种族融合的公立学校寻找到对策,解决课堂中的种族冲突与同伴排挤,曾经深入小学课堂进行现场观察。他注意到一个耐人寻味的课堂细节:当老师向全班学生提问时,不知道答案的学生赶紧把头低下,知道答案的学生则纷纷举手,争着回答问题。被老师叫到的学生得意洋洋,失去表现机会的学生则一脸失望,颇不情愿地将举起的手放下,然后期盼着同学答错,还有发言的机会。同学若是答对了,更是满脸沮丧;若是答错了,则笑逐颜开,兴奋地把手高

---

① Bandura, A. Moral Disengagement in the Perpetration of Inhumanities [J]. Personality and Social Psychology Review, 1999(3):193-209.
② 阿伦森.不让一个孩子受伤害[M].顾彬彬,译.上海:华东师范大学出版社,2019.

举。① 学生们不但为发言和表现机会展开竞争，更为高分、名列前茅以及老师的表扬、偏爱而展开竞争，为一切稀缺资源展开排他性竞争。这种竞争从小学课堂开始，一直延伸到高中课堂，甚至到大学课堂。

课堂中这种排他性竞争氛围非常令人不快——赢家洋洋得意的同时担心下次落败，输家垂头丧气的同时心怀嫉妒。每一个学习行为仿佛都是在向全班同学宣战，令人极度紧张。如果教师不能有意识地排解过度竞争之毒，课堂竞争对大部分学生而言就是伤害。如果不够幸运，不能承受失败和挫折以及由此招来的嘲笑和奚落，最终都会对自己失去信心。一些学生甚至会崩溃，最终自暴自弃。这样一种课堂结构，本质上默认了强者为霸、强者通吃，鼓励了强者对弱者的无情碾压，为形形色色的校园霸凌铺平了道路。它造成学生间的相互敌意和仇恨，也造成学生对学校生活的不满和怨恨。所以，校园欺凌以及因此引发的仇恨、报复、暴力、凶杀的根本原因，正是这种包括欺凌者在内的大部分学生所体验到的被拒斥、被压抑、被羞辱的学校和课堂氛围。

有人可能觉得耸人听闻，其实并未夸大其词。这是阿伦森基于事实运用群体动力学基本框架进行分析所取得的基本结论。他的《不让一个孩子受伤害》一书出版后引起美国读者的反省，特别是科伦拜恩高中枪杀案中一位幸存学生的家长，曾经特意致函阿伦森，对于书中把美国高中欺凌与暴力频发的根本原因归结为学校环境恶劣，深以为然②。身处学业竞争更加激烈的中国课堂之中的学生们对此的感触甚至会更加深刻。电影《少年的你》把一系列残忍的校园欺凌与暴力置于高考前激烈竞争的背景之下，如同阿伦森将美国高中欺凌与暴力频发归咎于学校中普遍存在的朋辈排挤和课堂竞争氛围。这并不是一种偶然的巧合，而是一种共识，或者说是一种共同感受。这是事实，尽管令人难以接受。

---

① Aronson, E. & Patnoe, S. Cooperation in the Classroom: The Jigsaw Method (3rd ed.). London: Pinter & Martin, Ltd. 2011: 3-4.

② An Unsolicited Letter from a Columbine Parent [EB/OL]. https://www.jigsaw.org/.

二、拆拼制合作学习

　　学校是文明的殿堂，课堂是求知的乐园。可它们在不知不觉中变成了人生搏斗的战场，弥漫着激烈的排他性竞争氛围。这种氛围令人紧张窒息，令人充满怨恨和戾气，使心理和人格正常的孩子也经常表现出包括欺凌和暴力在内的种种不正常行为。如何扭转这种氛围，让所有学生感到相互之间的有意义联合，彼此友善、合作、相互支持、相互关怀，就成了问题解决的关键。这似乎是一个非常棘手的难题，甚至是一个难以解决的问题。

　　诚然，许多学校，尤其是学前教育机构和小学都在积极鼓励学生学会分享与合作，但我们却很难在初中和高中看到它们努力向学生展示合作的重要价值。也许有个别学校取消了班级排名或年级排名，但却因此而招致家长的抱怨，认为这不过是挫伤那些认真学习的学生的积极性而已。也有合作学习的安排，但大多数情况下，为了一篇合作报告而将学生简单地分在一个小组里并不能保证真正的合作。这类非结构化的"合作"尝试反而会起到反作用——它们不过是更大范围竞争的反映而已。在这样的合作小组中，总是有一两个最强或最积极的学生冲在最前面，完成大多数任务；能力不强或不积极的学生最后几乎什么也没做，什么也没学到，并且感到自己不够好。① 期待团体合作的学生终究会感到失望。

　　阿伦森发现，想要让合作学习达到预期的效果，使用者需要认真使其结构化。他发明了一种名叫"拆拼制（Jigsaw）"的简单易行的方法。这种方法不仅能够有效转变课程竞争氛围，改善学生关系，还能够提高班级整体学习成绩。

　　拆拼制其实是一种特别有趣的小组合作学习方法。它首先对全班学生进行异质分组（6人一组为佳），让各组承担相同且复杂的学习任务；再将学习任务按小组人数拆分成若干部分，确保每一部分的学习时间和难度差不多，然后分派给学习小组每一

---

① 阿伦森.不让一个孩子受伤害［M］.顾彬彬，译.上海：华东师范大学出版社，2019：129.

位成员;接着把所有的学习小组都拆散,让各组负责相同学习任务的学生组成专业小组,合作学习,完成特定学业任务;再把所有的专家小组拆散,让专家们回到各自的学习小组,把自己掌握的那部分学习内容传授给同组其他小伙伴,同时向其他小伙伴学习其他部分的内容,小伙伴们互教互学,合作完成学习任务,掌握全部的应知应会;最后进行课堂测验,评价每个学生对整个学习任务的掌握情况。

在拆拼课堂中,每个学习小组都有共同目标,即完成复杂的学习任务,掌握全部的学习内容,在课堂测验中表现优良;每个小组成员都有个人责任,即负责先行掌握其中一部分学习内容,然后将学会的东西传授给其他组员,每个小组成员因此都从其他同伴那里受益,从他们那里学会其他部分的学习内容。这种合作的课堂结构,导致每个学生最后的测验成绩不仅与自己的学习能力与态度有关,还与所在小组其他同学的学习情况密切相关。只要其中有人没能掌握自己负责的学习内容,或者没能教会其他人,其他人的成绩就会受到影响。在这种形势下,所有学生不得不放下成见,为完成学习任务而同舟共济。他们必须认真倾听每个同伴的发言,询问请教,确保自己理解正确,并且全部掌握。如果有小组成员不能向大家讲述好自己学到的内容,那就需要大家给予鼓励而不是奚落,想办法帮助他,而不是遗弃他。

比如,在历史课上,学生们被分成 5—6 人一组。假设他们的任务是学习第二次世界大战。在其中一个拆拼小组中,让我们假设小 A 负责研究希特勒是如何在战前的德国攫取权力的。小组的另一个成员小 B 被派去调查集中营;小 C 的任务是研究大战中英国的角色;小 D 研究苏联的贡献;小 E 研究日本是怎样加入战争的;小 F 要了解原子弹的研制。

最后,每个学生都将回到他自己所在的拆拼小组,努力向小组做一个生动、有趣、组织好的报告。这种环境需要有特别的结构,使得其中任何一个成员要想获得其他五个部分的知识,都必须专心听每一部分负责人的报告。这样的话,如果小 A 不喜欢小 B,或认为小 C 是个讨厌鬼,并在他们报告的时候起哄或不理睬,那他就不能在接下来的考试中考出好成绩了。为了保证每份报告基于事实并且准确无误,学生并不会马上将他们的研究报告带回拆拼小组。在做完研究之后,他们必须首先和其他拆拼小组中被分配有同样任务的学生（每个小组都有一个）碰头。比如，那些负责原子弹主题的学生将聚在一起开会，像专家一样收集信息，讨论观点，成为该主题的专家，并且排练他们的汇报。我们把这样的小组称为"专家小组"。这对那些一开始可能就有学习困难或语言组织困难的学生尤其有用——因为这可以让他们从倾听其他"专家"并与其他"专家"一起排练汇报中受益，从而掌握汇报的方法，跟上学习的进度。

在专家小组会议之后，每个报告者都跟上了进度，回到原来异质结构的拆拼小组中。由每个小组中的原子弹问题专家向其他组员传授他/她学会的有关原子弹研制的知识。每个小组中的每个学生为整个小组展示他/她所具有的专门知识。在学生相互学习之后，进行考试。①

学生们在拆拼课堂中既相互依赖，又互惠互利。每个小组成员都带着一块拼板（分配到的学习任务）来到小组中与同学共享，不是单方面的给予，而是所有人对他人的目标都有所贡献。由于每个组员各自负责一部分学习任务的传授，他们对同学目标实现的贡献都是平等的，任何人的贡献都不容小觑。学生们在互教、互学、互助、互惠的过程中，彼此间的态度以及整个课堂的氛围都会发生变化。

三、拆拼制的效果

拆拼制是阿伦森 1971 年为美国德克萨斯州奥斯汀市公立学校实行种族融合而研制出来的一种课堂教学组织形式，有效地解决了课堂中频频发生的种族冲突和同伴欺凌问题。阿伦森及其团队的实验表明，使用拆拼制后个人层面的变化非常积极，折磨人的人变成了给力的帮助者，焦虑的"失败者"开始喜欢学习，感到自己被接受；只用了短短八周的时间，拆拼课堂学生的平均成绩就比传统竞争性课堂学生的平均成绩高，尤其是那些原先的失败者学习进步显著。同时，拆拼课堂产生了一种积极的

---

① 阿伦森.不让一个孩子受伤害[M].顾彬彬,译.上海：华东师范大学出版社,2019：130—131.

社会氛围,学生们相互喜欢,彼此尊重,嘲讽和欺凌急剧减少;出勤率统计显示,拆拼课堂的学生喜欢上学。最重要的是,学生学会了共情,能够换位思考,这为理解和宽容与自己不一样的人奠定了基础①。

若干年后,德克萨斯大学一名化名"卡洛斯"的大学生致函阿伦森教授,感念其再造之恩。他在信中回忆起当年上小学的一段痛苦经历,他曾因说话有西班牙语口音而长期遭受同学嘲笑和奚落。他告诉阿伦森:"您第一次来我们课堂,那时我是多么害怕、多么憎恨学校,我是多么蠢笨、什么都不懂。"可是,阿伦森走后,课堂发生了翻天覆地的变化,这个墨西哥裔美国小男孩的处境也随之发生逆转。他告诉阿伦森:"当我们开始以拆拼小组方式学习的时候,我开始意识到自己没有那么笨。那些过去我以为残暴敌对的孩子成了我的朋友,老师也对我很友好、很和善,事实上我开始喜欢这所学校了,并且开始爱学习了。而现在,我要去哈佛法学院了。"②

四、化解积怨的"卡洛斯效应"

卡洛斯的自我认知以及他与同学的关系在拆拼课堂中发生了巨大变化,个中原因值得深究。

首先,拆拼制提供了让学生实践共情的能力。所谓共情是指让自己站在对方的立场上体会对方的感受,获得对他人感受的敏感性和理解力,并准确判断自己的情感,做出恰当的回应。人生来就有共情的能力,但我们还需在实践中强化这样的能力。家庭是学生学习共情的第一场所,但学校也可以通过直接和间接的方式教授共情。拆拼小组的学习恰恰就是这样一种间接教授共情的方式。在小组

① Aronson, E. Blaney, N. Sikes, J. Stephan, C. and Snapp, M. Busing and Racial Tension: The Jigsaw Route to Learning and Liking [J]. Psychology Today, 1975(8):43-59.

② Aronson, E. & Patnoe, S. Cooperation in the Classroom: The Jigsaw Method (3rd ed.). London: Pinter & Martin, Ltd. 2011: 111-112.

里，一个孩子要表现好，他就需要练习感受小组其他成员的情绪。卡洛斯小组的成员必须理解卡洛斯，同理，卡洛斯也必须理解其小组中的成员，只有这样，他们才能相互配合完成任务。科学的心理实验证明，拆拼制小组中学生的共情能力明显高于其他学生。如果拆拼制学习持续几个月，那么学生就完全没有可讨厌的对象了。

这种共情能力有什么好处呢？当你能够感受到其他人的痛苦，能够发展出理解他人正在经历的痛苦的能力，你就获得了向他人打开心扉的能力。一旦你向他人敞开心扉，你就不会再欺凌他人，嘲笑他人，羞辱他人——更不可能会杀害他人。如果你有共情的能力，那么你欺凌或嘲讽别人的欲望就会下降。这就是共情的力量。拆拼小组合作学习的力量就在这里——它在那些不喜欢、不信任彼此、相互拒绝、嘲笑和打架的学生间建构起了共情。

拆拼制还有一个优势是传统竞争性课堂所缺乏的。拆拼小组为了一个共同的目标而奋斗，小组中每个成员都有一项特殊的才能。这项才能就是他已经学过的课文中的一段。要得到卡洛斯的一段课文，唯一的途径就是他与其他人分享。所以，拆拼制本质上是互惠的。

众所周知，当某人帮了我们一个忙，或者送给我们一份礼物时，会让我们对此人的情感发生积极变化，这是不言而喻的。不那么明显的是，它还通过另一种方式起作用：无论何时，如果我们帮助了某人，我们就会对那个人产生一定的好感。这是人类自我辩护倾向的一种表现。当我们试图说服自己采取行动时，我们就会试着证明这项行动的正当性。我们对待某人的方式——帮助他或是伤害他——会引导我们证明这样对他的正当性，而这又反过来强化了我们对他的情感。

如前面所分析的，那些自认为正派的高中生，一旦嘲笑和奚落自己看不惯哈里斯和克莱伯德，就会发生认知失调，进而将欺凌归咎于受欺凌者，以此自我开脱、自我说服。同样的道理，那些嘲笑和奚落过卡洛斯的小学生，在拆拼制小组合作学习的过程中也会发生严重的认知失调。他们一方面看不起卡洛斯，认为他是一个令人讨厌的笨蛋，另一方面自认为聪明，并且相信聪明人不干蠢事，例如，不会去帮助那些令人讨厌的笨蛋。可是,在拆拼课堂中,他们却把自己学到的内容传授给卡洛斯;而在卡洛斯讲授不顺利时,又不得不耐心给予鼓励和帮助。于是,他们陷入了"我是聪明人不干蠢事"与"我干了帮助卡洛斯这样的蠢事"的认知冲突之中。认知失调的压力以及自我一致的动机,会促使他们不由自主地忽视卡洛斯身上那些令人讨厌的缺点,而关注他身上那些显得可爱的优点。久而久之,这些学生就会说服自己:卡洛斯并不是个令人讨厌的笨蛋,他其实是一个又聪明又可爱的同学![1] 这样一来,他们就不再有令人不爽的认知失调了。

阿伦森发现,有关自我的信仰是人们所持有的最重要的认知,而且人们普遍持有积极的自我认知("我是好人不干坏事"以及"我是聪明人不干蠢事")。于是,当人们的行为或态度与自我的认知不一致时,就会产生最痛苦的心理失调。由于自我认知的重要性和中心性,人们抗拒改变自我概念。自我一致或认知平衡的动机促使人们通过改变态度及随后的行为来维持自我概念[2]。也就是说,在一般情况下,当发生与自我认知不协调的认知冲突时,人们倾向于采取与自我认知相一致的协调策略——放弃与自我认知不一致的认知。

类似的自我说服过程也发生在卡洛斯的心中。当卡洛斯在充满敌意和排他性竞争的课堂上屡屡遭到同学嘲笑和排挤,他就会形成"我是多么蠢笨、什么都不懂"的自我认知。可在拆拼课堂专家小组的学习中,他又有了"我懂了、我学会了"的新认知。这种认知与卡洛斯持有的消极自我认知不一致,导致他认知失调。他回到学习小组讲授自己学会的内容时,不由自主地表现得像是没有学会的样子,以此放弃"我懂了、我学会了"这个新认知,这样他就暂时不会认知失调了。可是,一次次的学习成功使他一次次陷入认知失调之中。最终,他只好放弃"我多么蠢笨,什么都不懂"这个习惯

---

[1] 黄向阳,阿伦森.不让一个孩子受伤害:校园欺凌与暴力的根源干预[J].教育研究,2019(12):145—151.

[2] Aronson, E. Dissonance Theory: Progress and Problems [C]. Aronson, E., McCuire, W. J. T., Newcomb, M., Rosenberg, M. J. & Tannenbaum, P. H. (eds.). Theories of Cognitive Consistency: A Sourcebook. Chicago: Rand McNally, 1968:5-27.

性认知，确立起"我并没有那么笨"的积极自我认知。而当他帮助同学，成功地向他们传授所学内容时，不但如前所述让他最终放弃了消极的自我认知，变得越来越自尊、自爱、自信，还使他逐渐喜爱上那些自己帮助过的同学，也就是说，那些他过去以为残暴敌对的孩子都成了他眼中的朋友。

置身于拆拼课堂，无论是曾经的欺凌者，还是曾经的被欺凌者，内心都会很纠结，"我是聪明人不干蠢事"（"我是好人不干坏事"）与"我在干帮助讨厌鬼的蠢事"激烈冲突，认知严重失调。他们只有改变对帮助行为的看法——从"我在帮助讨厌鬼"的认知变成"我在帮助一个可爱的人"的认知，才能将其与"我是聪明人不干蠢事"协调起来，从而消除内心不舒服的感觉。如果他们互助不断，他们就会尝试去寻求助人行为的合理性。或许他们会说服自己，对方是值得帮助的，或者对方并不笨、对方并没有那么讨厌。他们一旦认定对方是值得帮助的对象，接下来的帮助行动就会变得容易起来。最终，他们会发现彼此的态度已经改变。这样一来，拆拼制小组合作学习就成了化解学生怨恨的灵丹妙药。它化解了像卡洛斯那样的被欺凌者对欺凌者的怨怼和仇恨，进而避免了积怨成祸。它同时也化解了那些欺凌者对被欺凌者的歧视、厌恶和敌视，进而消除了由此衍生的排挤和欺凌。那种原先存在于学生间的消极情感、敌视态度和紧张关系就消失了，再也不会有学生招人恨了。

值得注意的是，上述效果并不是由直接的道德教导所致。在拆拼制小组合作学习过程中，学生彼此之间的态度无需教师主动干预，就会自然地发生积极的变化，而且这样的改变长期有效。当然，长期的欺凌所造成的人际不信任一旦形成，通过几次合作学习是不可能完全解除防范、消除不信任、化解怨恨的。它需要经过长时间的共同合作的努力。因此，阿伦森建议，最好在学生强烈的仇恨形成之前就使用拆拼制组织课堂教学，将学生带入一种合作的学习环境中，形成学生间友好、善意的学习氛围。阿伦森还建议，拆拼小组要经常变换成员。某一小组通过合作学习建立起了相互喜爱和同情的关系时，就应该重建小组①。就各种不同的题材和内容，与各种各样的同

---

① 阿伦森.不让一个孩子受伤害［M］.顾彬彬，译.上海：华东师范大学出版社，2019.

学一起学习之后，每个学生就会由衷地感受到同学之间的差异和不同是可以理解和接受的，千差万别、千姿百态、多种多样是值得欢迎的。

　　这就意味着，像拆拼制这样的小组合作学习及其营造的合作、同情、共情的课堂氛围，不仅是一种化解学生积怨的社会心理学方法，更是一种预防学生心怀怨恨的教育手段。正如阿伦森所报告的那样，拆拼制最初是为解决 20 世纪 70 年代美国学校中的种族冲突问题而发明的，后来发现它适用于化解各种因环境所逼而产生的恨意。阿伦森在《不让一个孩子受伤害》中，进而把拆拼制当作预防学生相互憎恨的最佳方案加以推荐。他曾经说，若科伦拜恩高中在发生枪杀之前，就在课堂上引用拆拼制教学，惨案则不会发生。哈里斯和克莱伯德就不会受到同学的排挤、嘲笑等折磨，不会对折磨他们的人不断积累仇恨，最终积怨成祸，残忍地杀害他们。

　　阿伦森的上述言论并非事后诸葛亮，而是一种富有远见的警告。可惜，尽管早在科伦拜恩校园枪击案之前三十年就有拆拼制的成功案例，尽管经过三十多年的实证研究证明这种方法非常有效，但它并没有被美国中小学的校长和教师们用于日常的教学实践。即便在科伦拜恩惨案之后，阿伦森在《不让一个孩子受伤害》一书中用经过科学检验的社会心理学理论，痛贬校园欺凌与暴力零容忍政策和外围干预措施的无效，重申针对排他性竞争氛围进行根源干预的效果，可依然没有引起美国教育界乃至全社会的关注。

　　2018 年 2 月 14 日，美国佛罗里达州道格拉斯高中发生大规模枪击事件。事件造成 17 人死亡，14 人送院治疗，成为美国历史上死伤最严重的高中枪击事件。凶犯尼古拉斯·克鲁兹采用的行凶方式和手段与科伦拜恩案颇为相似，让人不禁怀疑这是对科伦拜恩校园枪击案的模仿。他头戴防毒面具，投掷烟雾弹引发了火警。他配备雷明顿弹、AR-15 式步枪及多枚弹匣，在学校射杀。但他没有自杀，而是混入外逃的学生人流中逃跑。

　　克鲁兹与哈里斯和克莱伯德不同。他不是校园欺凌的受害者，反而是遭受校方怀疑的危险分子。他多次在互联网上发布暴力恐吓的信息，被两家私立学校开除，又被两所学校拒收。道格拉斯高中接收了他，他却因为威胁其他学生，遭校方警告，被禁止在校园内背背包。最后，他因威胁和殴打前女友的男友而被学校开除。可以说，开除他是学校为保护校园安全而贯彻落实零容忍政策的一个案例。但结局是可悲的。最终，他向开除自己的学校进行了残忍的报复。

道格拉斯高中枪击案再次印证了阿伦森关于校园欺凌与暴力发生根源的基本判断，可美国学校似乎并没有从中汲取教训，反而一意孤行，治标不治本，实行更加严厉的零容忍政策。

可能有人会说，这只是一个极端的个案，而且是美国的个案，这在我国并非普遍现象。其实不然。在我国，因受学校惩罚而暗中甚至公开报复学校及相关师生的事情并不少见，因受重罚而怀恨在心的学生也不在少数。电影《少年的你》非常自然地表现了这方面的问题。影片中那几个结伙欺负同学的高中生，最终被学校勒令退学。学校出于对她们前途的考虑，并没有开除她们，而让她们在家复习，准备高考，可她们并不领情。退学的处分让她们咬牙切齿，在校外对告发她们的受欺凌者进行更加疯狂的报复，最终为此付出沉重的代价。单纯的报应性惩罚并不会让受罚者幡然醒悟，痛改前非。① 惩罚反而是制造嫌隙最有效的手法之一。② 欺凌者一旦从学校惩罚中感受到羞辱，如同受欺凌者从欺凌中感受到羞辱，就会怀恨在心。仇恨就像毒药，让怀恨者陷入报复的情绪中不能自拔。正如欺凌会在受欺凌者心中埋下仇恨的种子，惩罚欺凌者也会在受罚者心中埋下仇恨的种子。这是事实，尽管令人难以接受。

我们的中小学曾经有过班集体建设和集体主义教育的传统，老师们曾经擅长于营造团结友爱的班级和校风，对阿伦森拆拼制及其防范积怨的原理不会无感，更不会抵触，反而会比美国人更能深得其要旨。老师们一旦领悟拆拼制小组合作学习的要旨，用这种没有失败者的学习方式，去营造无人生恨的课堂氛围，一定会得心应手，欣喜不断。当老师们可以用真正具有教育意义的方法去应对校园欺凌、化解积怨时，就可以告别令人怀恨的报应性惩罚，从而赢得更多的专业尊严，赢得更多的民众尊重。

---

① 顾彬彬.从严惩到调解：校园欺凌干预取向的演变及趋势[J].教育发展研究,2019(4):54—63.
② Peters, R. S. Ethics and Education [M]. London: George Allen & Unwin Ltd, 1966:272-273.

第十一章

学校道德共同体建设指南

学校是文明的殿堂,是年轻一代成长的家园。一代代未成年人在这里求学、交友,在这里学会过集体生活,并且从这里走向更加广阔的社会生活。因此,学校不仅仅是一种学习共同体。学校本质上是社会出于自身延续和发展而设置的一种机构。作为这样一种社会传承机构,学校以简化、净化和平衡的方式再现共同体生活的社会精神。求学于其中的学生、执教于其中的教师、服务于其中的员工,通过学与教的过程共享并共建诸多共同理解,经验与共,从而使学校成为一种休戚与共的道德共同体。学校的教育过程就是道德共同体形成和发展的过程。把学校建设成为团结友爱、公平正义的道德共同体,从正面不断发展和丰富学生关系,是学校的一种基本教育职能,也是预防学生关系恶化以至发生同伴欺凌的根本之道,还是欺凌事件万一发生可及时平息不致关系恶化的重要前提。如果学校未能建设成为道德共同体,而仅仅是学习共同体或知识共同体,校园欺凌之类的难题就不可能得到妥善而有效的处理。

一、建设全面关爱和公平对待学生的师德师风

教职员工是学校道德共同体的领导者,通过教学、管理、指导、训练、服务等工作培养学生,参与学校道德共同体建设;同时,基于教育伦理进行师德师风建设,引领学校道德共同体建设。加强以全面关爱学生、公平对待学生为教育伦理主旨的师德师风建设,本来就是营造团结友爱、公平正义之校风班风的题中之义,更是全体教职员工以身作则对全体学生施加的一种具有道德感染力的态度和行为示范。一校之教师

集体宜在工作伦理上达成底线共识：任何同事对学生漠不关心或厚此薄彼，都不利于学校培养团结友爱、公平正义的共同体，反而会助长学生间互不关心、相互排斥、相互对立以至频繁发生同伴冲突和同伴欺凌。

（一）全面关爱学生

第一，将学生当作社会成员加以关爱和教导。上学的孩子在学校是教师们的学生，也是其他学生的同学。他们在家庭中是父母的子女，有朝一日还将成家立业，为人父母，承担起生儿育女维持家庭和社会生活延续的责任。他们是某个村庄或小区的居民，与左邻右舍常来常往，为社区文明添砖加瓦。他们将从事某种工作或职业，藉此谋生并维护自己的尊严。他们参与社会、政治、经济、文化生活，最终成长为国家的中坚力量，成为社会主义建设者和接班人，建设国家，效劳社会，服务民众。学校教职员工不能仅将上学的孩子当作学生对待，而宜将每个学生都视为赋有诸多关系和角色的社会成员加以关爱和培养，决意通过长期而耐心的教导，助其实现全面的社会关系，承担全面的社会角色。

第二，促进学生德智体美劳全面发展。学生是整全的个体，教育的目的在于促进其德智体美劳全面发展。作为教育专业工作者，教师通过本职工作促进学生全面发展，以此来表达对学生的专业关爱，不但在教学工作中立德树人，全面育人，还在管理、指导、训练和服务工作中立德树人，全面育人；既在意学生学习进步，也在意其身心健康、品行端正、审美情趣和劳动素养，不偏不废，全面关心学生成长，促进学生全面发展。

第三，满足学生多层次需求。学生是多层次的生命体，教师设身处地为学生着想，体谅学生，思其所想，急其所需，通过满足学生各层次的正当需求表达对学生的关爱。作为教育专业工作者，教师须留意学生的日常表现，敏感于学生非同寻常的变化，从学生的言语及非言语信号中了解学生的处境和急需，为家庭困难学生寻求救济，助其解决温饱及学具等基本的生活和学习需求；从中识别学生生活和成长中的安全风险和潜在危机，据此及时给予管理和指导，采取针对性的保护措施；从中观察学生关系,指导和协助边缘学生摆脱孤单或孤立处境,融入同伴群体及班级集体;从中发现困难学生的点滴进步,藉此鼓舞他们自尊和自信,热爱学习,热爱生活;从中了解学生的兴趣爱好、特点特长,引导他们藉此确立生涯目标,开辟人生道路,走向自我实现。

第四,善待困难学生。学生是成长中的个体,不成熟是他们的共同特征,也是他们上学接受正规教育的正当理由。因此,失误、犯过错、出问题、遇到困难和挫折乃是学生的常态,也是学生的权利。作为教育专业工作者,教师务必相信学生历经艰难终将长大成人,务必以发展的眼光看待和处理学生当下的问题、困难、挫折、失误、过错,不离不弃,认真负责,做到严格管理、悉心指导、积极鼓励三者结合。对于学生表现出的担忧、恐惧、犹豫、彷徨、忧郁、焦虑、愤怒等情绪,不责备、不埋怨,而是予以同情性倾听、理解、安抚和疏导,并且采取行动改善引发其消极情绪的外部环境。对于学生学习上的差错,不责不罚,而是予以耐心指导,诲人不倦,帮助学生克服学习困难;对于学生品行上的问题,轻则予以规劝,重则可责可罚。批评学生,务必指向其具体行为,切忌指责其内在品质,负面批评之后必伴随以正面指导,给学生出主意,指引其改正的方向和方法。处罚学生,事先或事后当面与学生推心置腹地谈心,确保学生不但理解受罚的依据,而且明了有改过自新的机会和方法;在学生切实改正并弥补过失后,应及时予以认可和宽恕,采取行动帮助其恢复名誉、重新融入集体,以确保学生理解教师执行校规实施处罚的善意和苦心。总之,教师务必通过专业而周到的行动令学生切实感受到来自学校和教师的由衷关爱,避免成为不待见弱小学生、困难学生、另类学生的不良示范。

（二）公平对待学生

第一,同等对待全体学生。教师掌握的权力和教育资源乃至本人在校工作的时间及精力均属无排他性的公共资源,不得根据个人意志和好恶或者根据学生的性别、出身、家庭背景、社会阶层等无关因素,去分配和使用公共资源。教职员工要切实奉行同等尊重每个学生的教育伦理,在配用教育资源以及处理学生事务中排除个人好恶,对全体学生一视同仁,在学校层面给予同校同学待遇,在班级层面给予同班同学待遇。学校教职员工宜在教育公平上达成底线共识，共同努力，自觉革除教育界厚此薄彼、掐尖弃庸、嫌贫爱富、扶强凌弱等恶习，为年轻一代树立公平正义的榜样。

第二，区别对待相关因素各不相同的学生。在具体教育过程中遵循因材施教原则，根据学生的不同发展水平提出个性化学习要求，通过难度与进度的平衡（同样难度的学习内容允许学生学习进度不一，或者在同样进度中学习不同难度的内容）实施个性化教育方案；针对学生不同的个性特点，选用不同策略和方法实施教学、指导、管理、训练；根据学生不同表现和功过给予不同评价和奖惩；面对学生严重过失时，根据学生不同的动机和行为后果区分责任，并且区别对待，作出不同的处理。

第三，优待区别对待之下处境最不利的学生。教师不仅应该出于同情而优待处境不利学生，更应该出于公平正义而采取特别措施给予那些为某种因材施教区别对待制度的实行作出牺牲或贡献的处境最不利的学生以救济。全体教职员工需达成共识，在教学、指导、管理、训练、服务等工作中共同以排除个人情感的专业行动方式特别优待弱小学生、困难学生、处境不利学生，并藉此向学生集体呈现教师集体的正直、公平和正义。

（三）以身作则垂范学生

教职员工以全面关爱学生、公平对待学生的师德师风感染学生，引导学生为人正直、处世公正、团结友爱、公平相待。教师集体还以相互尊重、相互关心、相互支持、公平相待的行动参与学校道德建设，并且藉此以身作则垂范学生，引导他们尊重老师、公平对待老师。身为教育专业工作，教师体谅关心并公平对待同事，务必在学生面前维护同事的教师形象，切忌当着学生的面非议同事或者与同事发生冲突，在处理与同事的矛盾以及与学生家长的矛盾上，也要成为全体学生学习和效仿的榜样。

二、营造团结友爱的校风班风

道德与其说是教来的，不如说是感染来的。对学生最具道德感染力的莫过于教师言行举止的道德表率，以及学校共同体的道德氛围。教师集体通过师德师风建设为学生树立榜样，师德师风也是校风班风的重要组成部分，教师还通过在教学、管理、指导、训练和服务工作中营造一种与直接的道德教导相一致的道德氛围，培养团结友爱而不失公平正义、公平正义而不失团结友爱的学校集体和班级集体。

（一）建设平安校园和温馨教室

团结友爱和公平正义的校风班风，首先存在于师生感知到的物质环境及其相关的人文环境之中。校园、教室、场馆、餐厅、走廊、卫生间、楼梯间保持宽敞、明亮、整洁，设施充足、完备、安全、舒适、人人可及且方便使用，校园、校舍、教室的布置使师生倍感亲切、温馨、轻松，师生员工和颜悦色、言辞文雅、语气温和、彬彬有礼，沉浸在人人受到尊重和关怀的学校环境之中。

（二）开展丰富多彩的集体活动

开展形式多样、学生喜闻乐见的集体活动，充实学生的课余生活，确保学生兴致勃勃有事可做，以免其闲极无聊而惹是生非；利用集体活动的过程及结果（无论成败），不断增强集体的荣誉和凝聚力；吸引学生人人参加集体活动，鼓励学生在活动中运用并锻炼自己的力量、判断力、敏感性和分寸感，施展和发挥各自的才干、特点、特长或优势，为集体作出各自独特的贡献，藉此逐渐培养并不断增强学生对集体的忠诚与归属感；通过共同参与的各种集体活动，增进学生之间的接触、沟通、合作，促进其相互了解、相互信任、相互依赖；鼓励学生在活动中自由交往，自由结伴，相互学习，取长补短，培养和发展友谊，建立广泛而健康的同学关系；留意学生非正式群体的活动和动向，引导其形成积极向善的亚文化，防止其沦为联手对付其他同学的团伙，或者沦为相互争斗的帮派。

（三）营造团结友爱氛围

首先，推行相互尊重和相互欣赏的校园礼仪。培养学生和睦共处的基本礼仪，使全体学生养成见面时问好，分手时告别的习惯；为同学的杰出表现鼓掌喝彩，也为同学克服困难、争取进步加油助威；给取得成功或佳绩的同学以赞美和祝贺，也给暂时失利或处境困难的同学以安慰和鼓励；向关心和帮助自己的同学道谢，向自己冒犯过的同学致歉，也给主动道谢或致歉的同学以友好回应，帮助学生养成彼此欣赏、赞美各自优点以及心平气和有话好好说的文明习惯，戒除一言不合就逞凶斗狠、恶语相向的戾气与恶习。

其次，培养亲善友好的学生关系。从学生相见第一天起就制造"团结友爱""扶弱助小光荣""恃强凌弱可耻"的群体舆论，在日常生活、专题活动以及偶发事件中培养和加强相互关心、相互体谅、互助合作、齐心协力、共担责任、同甘共苦共进退的学生关系及集体氛围；扭转学生中的排他性与恶性竞争风气，避免故意制造失败者，避免他们心生怨恨，使学校成为更具支持性和同情心的地方。特别是在课堂教学中，时常利用课堂交流、小组合作、同伴辅导等方式营造共同学习、相互帮助、共同进步的学习风气，引导学生在学习中建立亲密、轻松、愉快的同学关系，切忌在课堂中诉诸"你赢即我输""我成即你败"的排他性竞争，制造人际关系紧张、各行其是、相互戒备、充满对抗和敌意的课堂气氛，以免学生耳濡目染逐渐形成自私、偏狭、互相猜疑、互不信任、互不合作、互相拆台、互相攻击等破坏性品质。

最后，建设以和为贵的学生文化。在学生及学生家长中，旗帜鲜明地坚持同学相处要以和为贵的基本取向，自始至终坚持抵制一切有损于同学和睦相处的言行的舆论导向，严禁任何人破坏学生关系，故意在学生群体中制造任何形式的隔阂、分裂、矛盾、对立、对抗；积极营造崇尚多样性、求同存异、宽容异见、包容异己的宽松气氛，推崇就不同意见和观念进行开诚布公的交流、对话和辩论，严禁学生故意排斥与众不同的同学；学生之间无论发生何种矛盾和纠纷，均以不激化矛盾、不制造冲突为底线，崇尚通过建设性的非暴力方式化解误会和矛盾，和平解决纠纷。

三、加强同等尊重的禁忌教育

学校亟需在学生群体中加强相互尊重的教育，务必使全体学生明白普遍性尊重与获得性尊重之别，谆谆教导他们，每个人都应该通过自身的努力、表现、成就去赢得他人的特别尊重，也应该同等地得到无条件的尊重，即同等尊重每个人的人格和基本权利，而不论其身份、地位、财富、性别、相貌、个性、智能、个人努力或表现如何；务必使学生明白学校既是学习的场所，也是交往的场所，必须同等尊重每个同学在校学习和交友的基本权利。学校须通过校规向全体学生明确违反同等尊重原则的各种校园禁忌，并且根据学生的实际表现不断修订和补充相关校园禁忌；通过道德与法治课程以及校会、班会或者专题教育，使学生理解学校厉行校园禁忌的道理，发自内心地拥护相关校规；并且在学校生活中切实坚守同等尊重的行为底线，决不容忍任何学生触犯相关校园禁忌。

（一）同等尊重同学的人格及其他基本权利的禁忌教育

第一，维护人格尊严的禁忌教育。引导学生承认并尊重每个公民作为平等的人的资格和权利，务必使学生明白每个公民的名誉权、肖像权、姓名权、隐私权、荣誉权受到宪法和法律保护而不容侵犯。学校须明令禁止学生讥笑、挖苦、奚落、戏弄、羞辱、辱骂等贬低和侮辱同学人格的行为，禁止故意披露同学隐私或揭短等侵犯同学隐私的行为，禁止造谣、传谣、诽谤等诋毁同学名誉的行为，禁止无中生有诬告陷害同学的行为，禁止取叫不雅绰号等侵犯同学姓名和肖像权的行为。

第二，维护人身自由的禁忌教育。引导学生承认并尊重每个公民对自己身体和行动的完全支配，有不受非法拘禁、逮捕、搜查和侵害的自由，务必使学生明白公民的人身自由受到宪法和法律的保护而不容侵犯。学校须明令禁止学生故意攻击和侵害同学的身体，禁止学生非法拘禁同学或者以阻挠、束缚、捆绑等方式剥夺或者限制同学的人身自由，禁止学生非法搜查同学的身体、箱包、卧室等，禁止学生强迫同学为自己办事效劳。

第三,保护私人物品的禁忌教育。引导学生承认并尊重每个公民对自身私人财产的完全支配,有不受非法破坏和侵占的权利,务必使学生明白公民的私人财产受到宪法和法律的保护而不容侵犯。学校须明令禁止学生故意污损或毁坏同学的衣物,禁止学生扣押、隐匿、毁弃同学的书包、书本、作业、学具、信件等,禁止学生敲诈勒索同学,禁止学生未经本人同意而动用或处理同学的私人物品。

(二)同等尊重同学在校学习权利的禁忌教育

学校和教师不仅通过同行对待学生的努力,还通过训练和引导学生相互尊重彼此的学习权利,来捍卫每个学生的受教育权。学校务必使全体学生明白每个同学在校学习的权利均受到国家法律和学校规章的保护而不容侵犯,明令严禁学生通过隐瞒不通知、疏远不配合、排斥不包容等不正当方式剥夺或限制某个或某些同学参加学校、班级组织的集体活动的机会,严禁学生使用任何方式阻挠或限制同学使用学校的公共设施和学习资源,严禁学生故意捣乱干扰同学的学习活动。

(三)同等尊重同学在校交友权利的禁忌教育

学校应理解并支持学生因志趣相投而交往甚密结下深厚友谊,更应倡导和鼓励学生不分交情深浅而与所有同学保持正常交往,以鼓励和引导全体学生发展广泛而健康的同学关系。教师应时时教导学生:在学校交朋友是每个同学的权利,每个同学都有好朋友是学校的期待;你可以不和某个同学做朋友,但你得帮助他找到朋友,至少不能阻挠别人和他交朋友。教师应警惕学生中的故意疏远和断交行为,一旦发现应立即予以规劝和疏通。学校须明令严禁学生故意破坏他人的同学关系,严禁学生阻挠他人与某个或某些同学交往,严禁学生以任何形式结伙孤立、排斥、排挤异己。

四、实施冲突和解的训练与指导

作为长期的同校同学甚至是同班同学,学生们正是在长期相处中逐渐学会和睦共处、融入集体生活的。教师要利用这样的机会，培养和发展学生间的友谊，从中训练并提升他们和睦相处的人际与社会技能，特别是利用学生中发生的冲突，训练和指导他们掌握和平解决同伴冲突的原则、程序与方法。

（一）倡导修复性正义及人道的关怀

首先，谨慎伸张报应性正义。学生及其家长乃至大众普遍怀有朴素的正义感，强烈要求"善有善报，恶有恶报"，强烈支持对恶行及作恶者采取"以牙还牙，以血还血"式的报应性行动。教师宜对这种报应性正义诉求表示同情和理解，但是作为教育专业工作者，不能迁就和屈从这种正义诉求。学校要在教师个体和集体层面达成共识，确认对学生冲突中的过错方或伤害方实施报应性惩罚在措施上的有限性以及在教育伦理上的巨大风险，并且通过校会、班会、亲师会或者特别设置的专题讲座、工作坊、宣传册，确保学生及其家长了解并理解校方最低限度使用报应性惩罚伸张正义的谨慎态度和政策。

其次，积极倡导修复性正义。在处理学生冲突时，不严惩重罚冲突中的过错方或伤害方，但要求其承担改正错误、弥补过失、赔礼道歉的责任，并且始终坚持将这种修复视为责任，严禁视之为惩罚；在过错方或伤害方尽到修复责任的前提下，引导冲突中的无过错方或受害方给予原谅或宽恕；促成双方了断积怨，达成和解，恢复正常的同学关系。同时，在学生中推行修复正义导向的和平解决同伴冲突的教育。选取典型案例作为教材，通过小组讨论、课堂辩论以及模拟演练等方式，指导和训练学生掌握修复性正义的程序和方法，鼓励和指导他们将交涉或调解的方法应用于解决同伴冲突。

最后，聚焦人道的关怀。引导发生冲突的学生出于珍视长期形成的来之不易的同学关系，停止争执和冲突，放弃追究当下冲突中的是非与责任，也不强求伸张正义，而照顾彼此重大关切，达成相互谅解，搁置冲突，继续保持友好的同学关系，在友好相处中寻找消除误会的时机，在发展友谊关系中化解冲突。

（二）冲突和解的交涉训练与指导

一是实践锻炼。学生长期相处，不免发生摩擦和冲突。学生一旦发生冲突，便是训练和指导学生学习和磨炼以富有创意的方式和平解决冲突的时机。教师应利用这种时机，鼓励和指导冲突双方进行面对面的交涉，训练他们逐渐掌握一套和平解决冲突的交涉程序和要求：聚焦双方共同面对的难题，谈论问题而不相互指责；就共同确认的难题，各自坦诚地提出安全且相互尊重的解决方案；预估各种备选方案的后果，通过协商挑选出双方认可的最佳解决方案；最后落实共同选择的解决方案，从而达成和解。

二是模拟演练。基于学生在教室、走廊、厕所、食堂、宿舍、操场、校车等场合经常发生的冲突，设置典型的学生冲突情境；组织学生围绕各种典型的学生冲突模拟情境，轮流扮演冲突角色，演练和平解决冲突的交涉程序和方法；通过相互观摩和评议，遴选出最佳交涉方案，形成配套的同伴冲突交涉脚本，供全体学生实战参考；鼓励学生一旦与同伴发生冲突，即灵活运用交涉脚本，设法与同伴和解。同时，鼓励学生将交涉脚本带回家，与家长继续切磋演练，形成适合自己个性的冲突交涉策略。

三是思想实验。经常提醒和指导学生在平时尤其是在开展活动之前设想可能与同伴发生的冲突，设想同伴可能会有什么感受的反应，在此基础上形成预防和应对冲突的和平交涉预案。总之，教师可以利用一切机会指导和训练学生养成与冲突同伴和平解决问题的意识和能力，当然也需要指导和训练学生养成一种意识和习惯：在双方通过交涉也无法解决冲突时暂时搁置冲突，去寻找共同信赖的同伴来调解，或去寻找共同认可的权威来裁决。

（三）冲突调解的训练与指导

首先，教师充当调解员。在处理学生冲突时，教师不宜急于充当裁判员，评判是非，厘定责任，代替学生进行思考和判断；也不宜急于充当顾问或导师，指手画脚，出谋划策，代替学生进行选择和决策。在情况并不紧急的情况下，教师应尽可能先尝试充当学生冲突的调解员，居间传话和调停，让冲突双方在第三方斡旋之下聚焦共同关切，寻求共识和共同解决问题的办法，最终双方自愿达成和平解决冲突的协议。

其次，在学生中培养调解骨干。教师在调解学生冲突时，宜邀请其他学生特别是知情的学生充当调查观察员或调解小跟班，以便其从旁观摩学习；在遇到调解困难时，可以邀请观察员出谋划策，甚至邀请其担当调解小助手，委派其担任适当的调解任务；在学生助手越来越能胜任同伴冲突调解，成为调解小能手时，教师宜择机退居幕后，担任学生冲突调解顾问，而由学生担当同伴调解骨干。学生作为骨干出面调解同伴冲突时，教师需鼓励和发动其他学生担当调解观察员，以便培养出更多合格的学生调解员。

最后，人人充当调解员。实践锻炼和模拟演练相结合，训练和指导全体学生人人都当同伴冲突的调解员，以便动员更多的力量及时介入，防止同伴冲突失控，帮助冲突双方达成和解。这种来自学校的同伴调解训练和指导，并不是鼓动学生挺身而出去主持公道、伸张正义、谴责不义，而是训练和指导他们在发生冲突的同伴不能通过双方交涉实现和解的情况下充当和平使者，因此，务必担任同伴冲突调解员的学生需要明白冲突调解的基本精神或要领：调解员保持中立，不持立场，不指责任何一方，也不偏袒任何一方；调解员首先要做的是将冲突双方有效隔离开来，确保双方暂停冲突；调解员接着要征求冲突双方的调解意愿，在征得双方同意调解的情况下还要努力取得双方承诺，不为难调解员要求其偏向自己；冲突双方只与调解员交谈，调解员在冲突双方之间来回传话，将他们对彼此的看法及要求传递给对方；调解员不当参谋，不出主意，但努力指出冲突双方各自解决方案中对方可以接受的部分，帮助双方找到意见接近的解决方案；调解员可以宣布调解失败，但提出另找调解员的动议，就更换调解员征求双方意见，以便启动新的调解。

（四）道歉指导

首先是思想引导。从行为的后果出发界定冲突双方的责任，并且以推己及人的方式引导学生换位思考，在此基础上理解并接受同伴冲突和平解决的起始条件：对自己做过的事负责任，即使是无心之过，也要对自己的行为后果承担道义上的责任，主动向自己冒犯或妨碍到的同学道歉，以此表达请求对方谅解的诚意。

其次是程序与方法指导，使学生意识到并习惯于一旦冒犯同学，立即承认过失并承担责任，对过失所造成的后果表示歉意，承诺改正过失且今后不再犯，诚恳请求对方原谅。指导学生学会以多种方式表达歉意，除当面说"对不起"外，还会通过电话、书信、短信致歉，或者通过赠送小礼物以及其他友善和富有创意的方式委婉表达歉意，或者通过双方的朋友或中间人转达歉意。

最后是心理辅导。学生可能因为担心自己要承担无法预料的责任，或者因为担心对方趁机要挟自己而不肯轻易认错。学生也可能因为担心对方不接受自己的道歉，或者因为担心道歉行为有失颜面而不肯轻易道歉。学生还可能因为认错道歉与美好的自我形象相冲突，从而在内心拒不认错。教师要设法帮助和指导学生消除认错和道歉的顾虑，缓解认错和道歉时的认知失调和心理压力。教师要努力避免学生在内心建立起"我是个好人从不干坏事，我是个聪明人从不干傻事"这种过于圣洁的自我认知，否则学生会陷入自我辩护进而陷入归咎他人的道德推脱之中。教师要充分利用学生身边发生的鲜活事例，特别是借助教师自己的过错现身说法，引导学生由衷地承认：人人都会做错事，好孩子也会做错事，做了错事会立即改正的孩子依然是好孩子；人人都会干傻事，聪明的孩子也会干傻事，能够及时发现和改正错误、从中吸取教训不贰过的孩子就是聪明的孩子。

（五）宽恕指导

一方面是应急指导。学生冲突的和平解决最终取决于受害方或无过错方的谅解和宽恕。受害学生痛苦、愤怒、委屈、怨恨以及渴望报仇雪恨的情绪应该得到充分理解和尊重，不得强求受害方无条件地原谅和宽恕过错方。即使在过错方受到批评和惩罚并且已经诚恳赔礼道歉的情况下，也不能要求或诱使受害方接受过错方的道歉。作为调解员或裁决者应该继续认真倾听受害方陈述事情的真相以及内心的感受，并且尊重其作出宽恕与否的决定。如果受害学生表示依然不原谅过错方，则要鼓励和指导过错方继续努力改过补过，表现足够的诚意，耐心等待受害同学回心转意。即使受害学生口头表示宽恕同伴,与之达成和解协议,调解员或裁决者也要关注并督促和解协议的落实,帮助双方巩固刚刚修复、还相当脆弱的同学关系,进而引导他们的同学关系走上"不打不成交"的发展道路。

另一方面是日常指导。在学生发生严重冲突之前就应该经常对学生进行宽恕教育,使全体学生明白:同学长期相处,矛盾难免;同学之间的矛盾并非不可调和,严禁进行你死我活、两败俱伤的争斗;同学之间的矛盾是内部矛盾,虽然要坚持原则不纵容罪错,但可以放罪错者一马,给予其改过自新的机会;作为学生,人人都可能犯错误,都可能冒犯甚至伤害到同伴;有希望得到宽恕,做了对不起他人的事才会勇敢而真诚地认错悔过、赔礼道歉、改过自新。宽恕认错悔过并赔礼道歉的同学,不仅是在鼓励对方改过自新、与自己重建友善的同学关系,也是在努力将自己从怨恨中解脱出来,不再受愤怒与怨恨的折磨,从而摆脱受伤害的心理阴影。宽恕教育应该置于更加宽广的人类关系教育之中,设法使学生感受到人类个体之间具有深刻联系,感受到每个人在内心都渴望和谐共处,若永不宽恕,一直记仇,就意味着自己一直在承受冲突事件的伤害,而且,受苦的不只是个人,整个世界都要一起遭罪。大家都是人,都会犯错,都会伤人,当学生们能够认识到彼此的角色可能互换时,就明白宽恕对于维持人类社会持续运转的非凡意义了。